职业生涯规划与就业指导

主编 王 妍 闫洪雨 孙 韬

苏州大学出版社

图书在版编目(CIP)数据

职业生涯规划与就业指导/王妍,闫洪雨,孙韬主编. —苏州:苏州大学出版社,2022.1(2024.1重印)
ISBN 978-7-5672-3773-5

Ⅰ.①职… Ⅱ.①王…②闫…③孙… Ⅲ.①大学生-职业选择 Ⅳ.①G647.38

中国版本图书馆 CIP 数据核字(2021)第 244170 号

书　　名:	职业生涯规划与就业指导
主　　编:	王　妍　闫洪雨　孙　韬
责任编辑:	周建兰
封面设计:	刘　俊

出版发行:	苏州大学出版社(Soochow University Press)
地　　址:	苏州市十梓街1号　邮编:215006
印　　装:	苏州市深广印刷有限公司
网　　址:	http://www.sudapress.com
邮　　箱:	sdcbs@suda.edu.cn
邮购热线:	0512-67480030
销售热线:	0512-67481020

开　　本:	787 mm×1 092 mm　1/16　印张:17.75　字数:432千
版　　次:	2022年1月第1版
印　　次:	2024年1月第3次修订印刷
书　　号:	ISBN 978-7-5672-3773-5
定　　价:	49.00元

凡购本社图书发现印装错误,请与本社联系调换。服务热线:0512-67481020

《职业生涯规划与就业指导》编委会

主　审　张明华
主　任　陈树一　孙曙光　徐生华
副主任　郭文锋　常利国　张　勇
　　　　秦国峰　郑志慧　吴景瑞
　　　　王　涛

《职业生涯规划与就业指导》编写组

主　编　王　妍　闫洪雨　孙　韬
副主编　陈　雷　付宪杰　康　添
参　编　高　龙　曹　月　王雪白
　　　　姜　拓　毕京铭　徐艳华
　　　　马孝男

前 言
PREFACE

《国务院关于印发"十三五"促进就业规划的通知》(国发〔2017〕10号)中指出:"十三五"时期,做好促进就业工作机遇和挑战并存。一方面,我国发展仍处于可以大有作为的重要战略机遇期,新型工业化、信息化、城镇化、农业现代化孕育巨大发展潜力,新一轮科技革命和产业变革正在兴起,新兴产业、新兴业态吸纳就业能力不断增强,大众创业、万众创新催生更多新的就业增长点,为促进就业奠定了更加坚实的物质基础。另一方面,国际经济形势依然复杂多变,国内一些长期积累的深层次矛盾逐步显现,经济发展新常态和供给侧结构性改革对促进就业提出了新的要求,劳动者素质结构与经济社会发展需求不相适应、结构性就业矛盾突出等问题凸显。就业是最大的民生,也是经济发展最基本的支撑。坚持实施就业优先战略,全面提升劳动者就业创业能力,实现比较充分和高质量的就业,是培育经济发展新动能、推动经济转型升级的内在要求,对发挥人的创造能力、促进群众增收和保障基本生活、适应人们对自身价值的追求具有十分重要的意义。

值得我们探究的是就业的结构性矛盾的凸显和人才需求侧改革的迫切性都将矛头指向了作为向人力资源市场输送资源的主要供给方——高校。所谓结构性矛盾,就是人才需求侧改革的方向,这其中专业方向与课程结构的调整、"双师型"教师队伍的配比、实践教学的深化改革、软硬件设施的合理配备等都不是一朝一夕之功,各高校对此非常重视。我们也发现,专业素质固然重要,但人才通用技能和职业素养的培养,往往被高校所忽视,而这正是用人单位所重视的,如此人才的成长才不会畸形与扭曲。而且,从职业生涯的长远制胜因素看,显然职业素养已然跑到了最前面。

如何让就业的三驾马车在学生就业时能够一马当先,这绝不是一蹴而就的功夫,而是时间和空间共同作用的结果,时间上我们可以影响的是大学在校时光,空间上我们可以帮助学生创造更多接触除校园环境之外的社会环境,尤其是职场环境。在学生进入其他环境前,学校当然要普及一些基本常识与技能,在帮助学生找到匹配的岗位时,再以教练的角色给予辅助和指导,直到他学会自行识别问题、评估问题、整合资源、制订调整方案、执行直至问题解决。

所以,综上所述,我们不可以将职业生涯规划与就业指导天然割裂开来,它们是上下游的一江水,无职业生涯规划的前期铺垫,就业指导就是无源之水;无就业指导的临门一脚，职业生涯规划就是无土之木。为此，我们各位多年奋战在一线的学生工作领导、就业指导教师与辅导员老师以学生在校时间为纵轴，以阶段时间遇到的高频困扰为横轴，编写了这本纵横交错、循序渐进的学生职业生涯规划与就业指导教材。

本书主要包括寻梦大一、造梦大二、追梦大三、圆梦大四四部分。环节设置上本书结合思维园地的案例导入与分析、导师寄语、牛刀小试等环节，打破传统理论的生硬植入，而是兼顾教材与工具书的双重作用，配套实战手册，成为学生贯穿四年的枕边书，陪伴学生生涯目标的设定、执行、修正与达成，本书可作为应用型本科院校师生的教材和教学参考书。

本书由王妍、闫洪雨、孙韬任主编，陈雷、付宪杰、康添任副主编，参加编写工作的还有高龙、曹月、王雪白、姜拓、毕京铭等。在编写本书的过程中，参考和使用了相关资料，在此谨向这些资料的作者致以诚挚的谢意。

编者

2021 年 3 月

目录

导论 / 1

第一部分 寻梦大一

第一章 职业生涯意识唤醒 / 9
第一节 生涯规划的前世今生 / 10
第二节 职业生涯规划指导理论 / 10
第三节 职业生涯规划发展的"心想事成"模型 / 13
第四节 大学阶段的生涯发展任务 / 15

第二章 自我认知 / 18
第一节 自我认知概述 / 19
第二节 兴趣与职业 / 23
第三节 性格与职业 / 31
第四节 能力与职业 / 41
第五节 价值观与职业 / 46

第三章 时间管理 / 57
第一节 认识时间 / 58
第二节 认识时间管理 / 59

第四章 初探职业世界 / 65
第一节 职业及职业分类 / 65
第二节 行业及产业 / 68
第三节 职业世界地图 / 69

第五章 公共关系礼仪（上）/ 75
第一节 礼仪概述 / 76
第二节 仪容仪态 / 78

第三节　社交礼仪　/84

第六章　社会实践活动　/93
　　第一节　对实践活动的认识　/94
　　第二节　国外大学生社会实践的经验借鉴　/98
　　第三节　社会实践注意事项　/99

第二部分　造梦大二

第七章　再探职业世界　/107
　　第一节　探寻自我的职业锚　/108
　　第二节　探索职场环境　/110
　　第三节　政策导向的就业通道　/112

第八章　就业信息搜集与职业生涯目标设定　/115
　　第一节　就业信息的搜集　/115
　　第二节　职业生涯目标的设定　/118

第九章　职业决策工具的应用　/122
　　第一节　决策风格测试　/123
　　第二节　决策方法　/124

第十章　求职技能要素与职业发展成长路径　/129
　　第一节　求职核心三要素　/130
　　第二节　职业发展成长路径　/131

第十一章　公共关系礼仪（下）　/133

第十二章　职业道德（诚信意识）　/139
　　第一节　职业道德的含义与特征　/140
　　第二节　职业道德的核心思想与指导原则　/142

第三部分　筑梦大三

第十三章　职业角色转换　/149
　　第一节　职场与校园的不同之处　/150
　　第二节　职场工作方式　/151
　　第三节　试用期　/153
　　第四节　职场新人三件宝　/154

第十四章 自我管理（压力管理） / 156
    第一节 认识压力 / 156
    第二节 诊断压力 / 157
    第三节 应对压力 / 161

第十五章 求职简历制作与投递技巧 / 164
    第一节 求职简历的制作 / 165
    第二节 投递求职简历的技巧 / 167

第十六章 笔试、面试技巧 / 169
    第一节 笔 试 / 170
    第二节 面 试 / 172

第十七章 毕业生就业权益 / 175
    第一节 毕业生就业权益概述 / 176
    第二节 毕业生就业权益的保障方式 / 178

第十八章 社会保险与住房公积金 / 180
    第一节 社会保险的概念与内容 / 181
    第二节 社会保险的缴存比例 / 181
    第三节 社会保险种类 / 182
    第四节 住房公积金 / 186

第四部分 圆梦大四

第十九章 职业生涯规划方案的评估与修订 / 191
    第一节 职业生涯规划评估的方法 / 192
    第二节 职业生涯规划评估的要点 / 193
    第三节 职业生涯规划的修订原则 / 194

第二十章 大学生身体管理 / 196
    第一节 身体管理对大学生成长的重要意义 / 197
    第二节 当代大学生的身体管理现状 / 197
    第三节 影响当代大学生身体管理的主要因素 / 198
    第四节 大学生身体管理的促进策略 / 199

第二十一章 大学生财商管理 / 203
    第一节 财商与财商教育 / 204

第二节 国外财商教育启示 / 207

第三节 培养健康的财富观 / 208

第二十二章 实习的意义及注意事项 / 214

第一节 实习的目的及意义 / 215

第二节 毕业生实习期间应注意的事项 / 216

第二十三章 求职陷阱的种类与应对策略 / 220

第一节 常见求职陷阱 / 222

第二节 求职陷阱的应对策略 / 223

第二十四章 应对消极心态 / 225

第一节 消极心态的种类 / 225

第二节 消极心态的应对策略 / 226

附录 / 232

附录1 高校毕业生就业创业政策百问（2020年） / 232

附录2 生涯金句100条 / 256

附录3 教育部推荐大学生必读书目100本 / 261

附录4 职场十大经典理论 / 266

参考文献 / 270

导 论

一、大学新生面临的挑战

用鲁迅先生的作品来比喻很多大学生大学四年的状态实在很贴切。大一时,是《彷徨》;大二时,是《呐喊》;大三时,是《朝花夕拾》;大四时,是《伤逝》。在上大学前,你对大学生活的预期是什么呢?是老师所说的"解放",抑或你有自己认定的"美好"?上大学之前,你对许多事情可以不用做决策,但是到了大学你就进入了"准成人"阶段,许多事情需要自己拿主意。这时,没有人再对你提出特别具体的要求,没有人再逼着你做作业,没有人考查你的生活细节,没有人会特别关心你与同学的矛盾,这时候的你好像变得更自由了,但其实此时你的责任更重。

孩子经常告诉父母"别管我",而父母会说"不管你,你怎么活"。这里的"管"包含两层意思:一则管束;二则生活起居和金钱上的照顾。大学生可能最期望父母别再管束,但希望父母照顾自己的生活起居。但这绝对是不可能的事情。所以,作为大学生,你需要在这两者之间找到"成人"的平衡点。再具体点说,你的大学将面临以下变化。

(一)生活环境的转变

作为一个刚入学的大学生,脱下高中校服,走进大学校门,进入了一个新的发展阶段,它意味着你要从思想、意识、心理及技能上做好充分的准备,从而实现从高中到大学的升级转换。从中学到高等学府,不单单是地点的变换,各方面都发生了很大的变化。

1. 环境的改变

自然环境方面,从相对封闭的高中到开放的大学;生活方式方面,从家庭生活到集体生活。这一切,对于一个刚刚离开家门的大学生,都会显得力不从心。

2. 管理方式的转变

从中学时老师、家长死盯硬管到大学管理相对宽松,很多脱去"紧箍咒"的大学生一时还不适应。

3. 学习方法的转变

从高中的满堂灌、题海战术到大学着眼于自主学习和能力提高,大学的学习方法发生了根本的转变。

4. 奋斗目标的转变

从高中时单纯地考取大学到大学时要面临人生许多重大选择,大学生会一时措手不及。

5. 人际交往的转变

从中学到大学,校园生活从简单到复杂;交往对象从本地的同学到来自四面八方的同学，交往范围迅速扩大。

（二）学习要求的转变

学习要求的变化主要表现在学习任务、学习内容、学习方式等方面。

从学习任务看，中学的学习任务主要是学习科学文化基础知识，而大学的学习任务，更多的是学习专业知识和专门技能，培养将来所从事职业需要的高级专门人才。

从学习内容看，中学教育是基础的、全面的、不定向的，大学教育则是一种教学内容较专、较深、目标明确的专业教育，除了一般的学科知识之外，大学所学内容与各专业学科领域发展前沿接近，与社会职业接轨。

从学习方式看，中学学习一般以课堂讲授为主，由教师"领着走"，考试"牵着走"，学生在上课、作业、复习考试循环往复中学习。而大学，学习模式转变为学生自主引导式，教师讲课采用案例式、互动式教学方法，注重培养学生独立学习的能力。学生不再拘泥于某些课题，而是通过多种形式如专业实验、社会实践等来学习实用知识，通过毕业设计或论文等形式独立研究问题，开展科学研究，参与老师的科研课题。这就要求学生学会独立思考、融会贯通、举一反三。学生进入大学后在学习上更多地靠自己，教师没有强制性的作业和学习计划，一切都由学生自己来支配。以教师为主导的教学模式变成了以学生为主体的自学模式。学生不仅要消化、理解课堂上学习的内容，而且要阅读大量相关方面的书籍和文献资料。可以说，自学能力的高低成为影响学生学业成绩的重要因素。从旧的学习方法向新的学习方法过渡，是每个大学新生都必须经历的过程。

实际上，在大学里很少有人过多地监督你、主动指导你，没有人给你详细地制订具体的学习目标。同时，大学新生还要改变一些原有的观念，在大学里，考试分数并不是衡量人的唯一指标，在大学里更注重的是综合能力的培养和全面素质的提高，这里的竞争是潜在的、全方位的。

（三）管理机制的转变

管理机制的变化主要表现在管理模式、管理方法、管理系统等方面。

从管理模式来看，中学实行学年制，学生修完所有课程考试合格后才能毕业。大学大多实行学分制，学分是衡量学生是否完成教学要求的标准，个别学校和专业学生不受学年限制，可以根据自己的实际情况修满学分后提前毕业，也可延长学习时间推迟毕业。

从管理方法看，在中学时代，教师对学生采取直接管理，事无巨细。学习目标、学习标准、学习成果检验都由教师制定。大学则更多地强调学生的自我管理、自我教育、自我服务、自我评价、自我约束、自我激励。

从管理系统看，中学的管理者是集中管理，是单线联系，而非多头领导，脉络清，要求具体。大学采用的是多方参与的引导式管理，学校很多职能部门都要参与其中，如教务处参与学生学习成绩的管理，校团委参与学校的社团管理与第二课堂活动管理，总务处参与学生用餐安全管理，保卫处参与学生人身与财产安全管理，等等。客观环境的变化，会导致学生对管理方式的不适应。从高中时的高压管理状态到大学时的松散管理状态，有些学生不能把握自己，开始逃课、上网、睡懒觉、虚度光阴。

（四）人际关系的转变

无论是高中阶段还是大学阶段，良好的人际关系是学生最希望达成的。不同的是，在高中单一的奋斗目标下，找到志同道合的朋友是很容易的；进入大学后，新生常会不自觉地用高中时的好友标准来衡量新同学，但由于在这种多元而又复杂的环境中，个人的职业目标和人生志向的差异，要找到一个在某一方面有共同追求的朋友，需要较长时间的努力。大学新生容易受高中时交友标准的影响，导致在交往中比较被动，从而阻碍了学生相互间的沟通和交流。

很多学生在高中阶段都是学习的佼佼者，受到老师的青睐和同学们的羡慕，他们成为同龄人的中心，无形中产生了过高的自我评价。然而进入大学，全国各地成绩优异的学生汇聚一堂，人才济济，相比之下，很多新生发现各方面比自己更优秀的同学比比皆是，这突然的变化使得许多新生一时难以接受。

大学生活之初是大学新生一段艰难的心理适应期。在这个心理转型与重塑的过程中，会产生不同程度的适应困难。能否在心理转型与重塑的过程中成功地从中学生向大学生转换，将直接影响到大学期间的学习和生活质量。

大学是一片蕴藏无限潜力与无穷魅力的海洋。刚进校的大学生，经历相对简单，生活阅历相对较少，缺乏社会经验。大学是人生非常重要的时期，大学生的成长与发展，将奠定人一生发展的基础，在这样的关键时期，大学生应认清形势，努力适应新的生活，完成这一历史性的转变。

（五）奋斗目标的转变

有人形容高考是高中生前方一盏最明亮的灯。同学们你追我赶地向着这一目标奔跑，虽身心疲惫但目标明确，虽生活紧张但内容充实。进入大学之后，单一的升学目标实现了，有些大学生失去了目标和动力，陷入失落与茫然。同时，由于中学生缺乏职业生涯规划意识，多数学生没有明确思考自己的未来，高考填报志愿时多半由教师、家长操办，学生只凭想象对专业的就业方向对号入座。进入大学之后，发现事实与想象不符，前途渺茫，众多大一新生缺乏生活目标和学习兴趣，常出现情绪低落、彷徨、迷失的现象。学生进入大学并不是意味着学习生涯的结束，还将面临就业等诸多复杂的问题。

成长的一个重要维度就是适应能力，适应能力体现在学生对新环境、新要求、新技能的认知转变上。要能够迅速适应新环境，明确大学阶段的新要求，利用大学资源学习、提高技能，这样才不枉费大学四年美好的时光。

二、大学生如何做好职业生涯规划

（一）在思考中规划

思考力是人对问题和事物的思考能力，一般通过思维深度、思维广度、思维高度、思维速度及思维方式等几个维度来考评。这是一种反映信息加工能力、透过现象看本质的能力，是归纳总结的能力。

对一项工作进行策划是一个思考的过程，对整个职业生涯进行设计也是一个思考的过程。在职业生涯规划这样一个重大行动实施过程中，无论是探索问题、发现问题、分析问题还是解决问题，所有的环节都与思考力的高低强弱及其运用技巧密切关联。此外，职业生涯规划作为一种在实践中规划，在规划下实践，在实践中更新规划的循序渐进的持续的学习过程，既锻炼了个体的认知能力、洞察能力、分析能力，也培养了个体的执行能力和可迁移能力（通用能力）。

（二）在规划中学习

规划的初衷是为学习寻找目的和动力，是为了建立一套科学明确的学习体系。通过目标的聚焦，有助于提高学生的学习动力、学习效率，发挥学生自身的潜力。持续稳定的学习则是为了加快规划目标的实现，二者间是相互依附、相互促进的关系。

职业生涯规划是一个持续的过程，甚至可以说是伴随人一生的过程。对于职业生涯规划的制定和实施，需要时间的考验和经验的积淀。个体在进行职业生涯规划的过程中应该保持一种持久稳定的学习态度，否则就不可能按期完成职业生涯规划的目标。

（三）在逆境中提升

一个能够在逆境中微笑的人，要比一个一旦面临艰难困苦就崩溃的人伟大得多。人无法选择的是境遇，而不是我们的态度。无论处于什么样的环境，我们都可以自由地决定外部条件对自己的影响程度。人的一生不可能总是一帆风顺的，在遇到挫折和失败时，学会自己操盘，我们就能战胜一切挫折和失败。

职业生涯规划帮助个体树立明确的自我意识，加强自我关注，培养正确的自我认知、客观的自我评价，实现正确的自我悦纳、积极的自我体验、有效的自我控制，同时也对个体实现自我提升起到了强有力的促进作用。

三、大学生职业生涯规划的误区

很多大学生认为职业生涯规划完全无用，因为计划赶不上变化；而有的大学生则将职业生涯规划当作续命草，全部期望都寄托其上；还有的大学生在制定职业生涯规划的过程中完全误解了规划的精髓，以至于错误领会和运用职业生涯规划。下面这些看法，在校大学生都应该引以为鉴。

（一）职业生涯规划"功利论"

许多学生认为职业生涯规划就是功利地为找工作而准备。一些大学生在制定职业生涯规划时往往忽视长远性和发展性，显得有些急功近利。职业生涯规划的本意是为了找到适合自己的工作，让自己获得成功与幸福的人生。如果我们能够站在长远的角度为自己日后的职业发展充分准备，那就可以加速进程。所以，在大学阶段规划职业是对自己人生负责的表现，切忌功利色彩过浓。

（二）职业生涯规划"无用论"

很多大学生认为做规划无用，原因很简单：计划赶不上变化。这是一种概念认识上的错误。规划不同于计划，计划是一种以主观愿望为导向的硬性趋于静止的规定。而规划是将主客观因素都考虑到，以客观规律为前提的动态的思想统筹安排。我们可以这样说，计划赶不上变化，但变化逃不过规划。因为对客观规律的尊重，增强了规划的周密性、可行性和成功的可能性。规划会在事前将自律差、环境不具备等因素考虑进去，并制定相应的应急策略。所以，变化本身就是规划要考虑到的因素。做最好的预算，做最坏的打算，这也是对规划的另一种解读。就好比要计划进行一次旅行，如果遇到突变，计划就会被迫改变。但如果是规划一次旅行，就要考虑到这次旅行的时间、地点，如果遇到突发事件，要怎样处理，是要延迟还是变换地点，旅行途中需要带哪些东西，如果有什么东西遗漏了，在哪里能够买到，等等。和计划相比，规划更全面、更客观、更有规律性。

（三）职业测评工具"万能论"

目前在校大学生中有着这样的一种认识倾向，通过做职业测评，测出自己所适合的职业。我们暂且不讨论具体的职业测评到底有多大作用、多大的可信度和有效度，先谈一谈测评手段。我们知道，测评主要是依据一定的行为投射反映内在心理，界定影响目标行为的关键因素并确定所占影响的权重，再结合一定的真实样本，通过测评个人对关键因素、关键事件的反应来做出一定判断，测评是通过外在因素来分析内在本质特征的，因此，我们不能迷信职业测评。很多测评选取的常模不是来自中国本土案例，这就更加大了测评的风险性。而且，国内的一些职业测评软件可信度和有效度往往没有测评公司对外宣传的那么高。职业测评报告只能作为我们分析自我和选择职业的一个参考，仅仅凭一个职业测评软件来为自己人生职业的前程做决策显然是不理智的。职业生涯规划是一定要将理论分析和实践验证及自我修正等手段加以综合并且通过一定时间才可以确定的；否则，单纯依靠理论分析或者单纯依赖职业测评是不能得出有效和准确判断的。

同学们，都说人生如梦，你可知这梦最美最甜的时光就在大学这几年的荏苒时光中，老师和家长都愿陪着你一起寻梦、造梦、追梦，直到你圆梦的那一刻，让我们正确解读大学，了解自己，探索职场，用自己坚定的信念和不懈的努力到达幸福的彼岸！

牛刀小试

1. 你试着畅想10年后自己的状态是怎样的？你的理想与现实能契合吗？怎样才能实现你的理想呢？

2. 青春不再来，光阴不复返，你的今天是你无数的昨天塑造的，这其中不只有你自己的付出，如果说除了你自己之外，最爱你、对你付出最多的那个人是不是值得此刻身在大学校园的你对他（她）表达感恩之情呢？试着给他（她）写一封信来大声说出你的爱，哪怕这是你此生唯一的一次写信呢！

第一部分

寻梦大一

第一章 职业生涯意识唤醒

学习要点

- 了解职业生涯规划理论的由来。
- 理解三种重要的生涯规划理论要点。
- 应用"心想事成"模型进行职业生涯规划。
- 明确大学阶段的生涯发展任务。

思维园地

不是每朵鲜花都能盛开在雪山之巅,雪莲做到了;不是每棵大树都能屹立在戈壁之上,胡杨做到了;不是每个人都能来援疆并扎根于新疆,她做到了……她就是新疆维吾尔自治区和田地区皮山县克里阳乡科员陈晓颖,她毕业于黑龙江东方学院2015级俄语专业。

2019年5月,她做出了决定一生命运的选择,放弃公费出国读研名额,选择参加新疆和田地区招考公务员项目。她做出的这个决定震惊了很多人,很多人都说她是个疯子……但她自己却说为了梦想甘愿做个疯子!

她的大学生活可以说是很多学弟学妹学习的榜样。从大一开始就忙忙碌碌,除了每天的早晚自习和课程之外,还参加了很多学生组织,如学生会、校青协、记者站。她每周三、周六、周日和青协的小伙伴们一起去附近的小学,一起去看望老人,等等。大二时,她一次性通过了俄语专业四级。大三期间她担任辅导员助理,还被评为校优秀学生干部、优秀志愿者,获得2017—2018年度国家奖学金,被评为黑龙江东方学院东方之星——学习之星、校三好学生、省三好学生。同时她也积极参加各类比赛,参加中国大学生俄语奥林匹克知识竞赛获一等奖,参加黑龙江省第九届职业生涯规划大赛获本科组特等奖,参加黑龙江省第十一届挑战杯获铜奖,等等。实习期间她还在俄罗斯伊尔库茨克州图库市当过翻译。

如今,她任新疆维吾尔自治区和田地区皮山县克里阳乡人民政府精神文明和社会事务办科员,工作已经快两年了,春节期间她把探亲的机会让给了同事,同批分配的同事都已经回家过年了,只有她还坚持在工作岗位,疫情期间她仍不分昼夜坚守在工作一线。

她为什么要选择服务基层?因为国家的丰厚政策?因为广阔天地能大有作为?面对这样的追问,她说:"这个世界上总有一些事情是需要情怀的,所以我就来了!别人眼中的天真,就是我以梦为马的边疆梦,黄沙定不负韶华!"

点评:陈晓颖的逐梦之路是在不断自我探索的过程中逐渐清晰的,在无数个辗转反侧的夜晚,她也不断地问过自己,在对未来推演的场景前,她明白了什么是别人眼中的好人生,而什么是自己内心喜悦的幸福模样。勇敢地做出选择后,剩下的就是坚定地前行,剩下的路并不痛苦,因为追逐内心的方向正是心之所在。

第一节 生涯规划的前世今生

从历史的角度看,生涯的概念还很年轻。在20世纪初以前,职业选择对多数人来说还不是什么常事。换句话说,"有一份职业"的理念自出现到现在也不过一百多年。在那之前,许多人只是自发地继承他们父母所从事的工作。当时,生涯选择几乎不存在,个人的职业生涯生来就是注定的,不必自己规划和决策,只需要沿着家庭为他铺设的道路走下去。

当然也有例外,比如有的家庭十分富有,属于特权阶层,愿意为子女支付大笔费用,他们就可以为将来从事某种专业化的工作做准备了。又比如,有人可以成为一名物理学家、教师、艺术家或政府职员。当然,所有这些职业都要求他受过良好的教育。

许多变化都是由外部力量引起的,那就是工业革命,而工业革命反过来又引起了其他的变革。在美国,新的大工业的发展,如石油业、铁路运输业、纺织业、肉类加工业、造船业、汽车业、公用事业、建筑业、木材业、银行业和钢铁业等使整个经济发生了巨大的变化。这些大工业所创造出的各种工作机会吸引了来自农场和乡村地区的劳动力。他们渴望积累财富,过上更好的生活。这些岗位是上一代人从未经历过的,是全新的。当时,社会有大量的就业机会可供选择。

20世纪初,成千上万的欧洲人举家搬迁,离开故国,移民到美国这个机遇之乡。美国代表的不仅是一片土地,而且是一种理想、一种机会,人们可以白手起家,做任何自己想做的事情。一个新来者可以进入一个新行业,开始一个生意,发展新的技能,并在这一过程中获得财富与成功。当然,这里也存在风险,人们也许会失败,但是有机会摆脱旧式的思维方式和生活方式。所有这些新发现的自由与生涯选择、生涯规划紧密相关。

1908年,一个名叫弗兰克·帕森斯的人为了帮助年轻人和成年人梳理这个日渐复杂的职业选择过程,在波士顿一个街道的住宅楼里创建了职业局。他指导求职者审视他们自己的个性特点,调查当地的就业状况,然后选择可能的最佳机会。这就是生涯咨询过程的开始。弗兰克·帕森斯本人也被称为"职业指导之父"。职业生涯理论的起源以弗兰克·帕森斯的著作《选择一份职业》的出版为标志。

第二节 职业生涯规划指导理论

职业生涯规划理论起源于20世纪初的美国,从20世纪50年代开始,西方学者提出了职业生涯规划这一新的概念。到目前为止,国外职业生涯规划发展迅速,已衍生出多门流派，即帕森斯的特质因素理论、舒伯的生涯发展理论和霍兰德的职业人格类型理论。霍兰德的职业人格类型理论在此我们不做介绍，在自我认知部分会有相关说明。

一、帕森斯的特质因素理论

帕森斯的特质因素理论又称帕森斯的入职匹配理论，是最早的职业辅导理论。美国波士顿大学教授弗兰克·帕森斯于1909年在其《选择一份职业》的著作中提出了一个全新的观点，即人与职业相匹配是职业选择的关键。他认为，每个人都有自己独特的人格模式，每种人格模式的个人都有其相适应的职业类型。所谓"特质"，就是指个人的人格特征，包括能力倾向、兴趣、价值观和人格等；所谓"因素"，则是指在工作上要取得成功必须具备的条件或资格。最重要的是，这些特质都可以通过心理测量工具来加以评量，同样地，这些因素也可以通过对工作的分析而了解。这就使得职业指导由理论分析走向了实际应用，从一般的定性分析走向了精确的定量测量。从此，职业生涯规划真正成为一门学科。

帕森斯的特质因素理论因具有较强的可操作性，它被人们广为采用，近百年来经久不衰。其具体步骤如下：

第一步，探究个人，即评价求职者的生理和心理特点（特质）。通过心理测量及其他测评手段，获得有关求职者的身体状况、能力倾向、兴趣爱好、气质与性格等方面的个人资料。这些测验包括：

（1）成就测验：用来了解一个人究竟学会了多少东西，又有哪些是对工作有价值的。

（2）能力测验：测试个人的最佳状态，并展现他在多大程度上能胜任某项工作。

（3）人格测验：测试个人未来最适合担任哪类工作，并可能实现多大的发展程度。

而后，通过会谈、调查等方法获得有关求职者的家庭背景、学业成绩、工作经历等情况，并对这些资料进行评价。

第二步，分析各种职业对人的要求（因素），并向求职者提供有关的职业信息，如职业描述、工作条件、薪水等。它包括：

（1）职业的性质、工资待遇、工作条件及晋升的可能性。

（2）求职的最低条件，诸如学历要求、所需的专业训练、身体要求、年龄、各种能力及其他心理特点的要求。

（3）为准备就业而设置的教育课程计划，以及提供这种训练的教育机构、学习年限、入学资格和费用等。

（4）就业机会。

第三步，入职匹配，即整合个人和工作领域的信息，这是特质因素理论的核心。在职业指导过程中，他提出了职业设计的三要素模式：

（1）清楚地了解自己，包括形象、能力、兴趣、自身局限和其他特质等资料，以便做到特性匹配，即不同的人去适合相应的岗位。

（2）了解各种职业必备的条件及所需的知识，在不同工作岗位上所占有的优势、不足、补偿、机会、前途，以便做到因素匹配，即要知道某类的工作适合什么样的人。

（3）兼顾以上两点，即指导人员在了解求职者的特性和职业的各项指标的基础上，帮助求职者进行比较分析，以便选择一种适合其个人特点又有可能得到并能在职业上取得成功的职业。

毫无疑问，特质因素理论为人们的职业设计提供了最基本的原则，我们可以在实际解决职业规划发展的问题中使用它。

二、舒伯的生涯发展理论

舒伯根据自己"生涯发展形态研究"的结果，将生涯发展阶段划分为成长、探索、建立、维持与衰退五个阶段。

（1）成长阶段：从出生至14岁，该阶段孩童开始发展自我概念，开始以各种不同的方式来表达自己的需要，且经过对现实世界的不断的尝试，修饰他自己的角色。这个阶段发展的任务是：发展自我形象，发展对工作世界的正确态度，并了解工作的意义。

（2）探索阶段：15～24岁，该阶段的青少年，通过学校的活动、社团休闲活动、打零工等机会，对自我能力、角色与职业做了一番探索，选择职业时有较大的弹性。这个阶段发展的任务是：使职业偏好逐渐具体化、特定化并逐渐实现。

（3）建立阶段：25～44岁，经过上一阶段的尝试，部分人会谋求变迁或做其他探索，该阶段较能确定自己在整个事业生涯中的"位子"，并在31～40岁开始考虑如何保住这个"位子"并固定下来。这个阶段发展的任务是统整、稳固并求上进。

（4）维持阶段：45～64岁，个体仍希望继续维持属于他的工作"位子"，同时会面对新的人员的挑战。这一阶段发展的任务是维持既有的成就与地位。

（5）衰退阶段：65岁以上，由于生理及心理机能日渐衰退，个体不得不面对现实，从积极参与到逐步隐退。这一阶段往往注重发展新的角色，寻求不同方式以替代和满足需求。

在上述舒伯的生涯发展阶段中，每一阶段都有一些特定的发展任务需要完成，每一阶段需达到一定的发展水准或成就水准，而且前一阶段发展任务的达成与否关系到后一阶段的发展。

比如一个大学一年级的新生，必须适应新的角色与学习环境，经过成长和探索，一旦建立了较固定的适应模式并且维持了大学学习生活后，便要开始面对另一个阶段——准备求职。原有的已经适应了的习惯会逐渐衰退，继而面临新的任务时又要经过成长、探索、建立、维持与衰退五个阶段，如此周而复始。

1976年至1979年间，舒伯在英国进行了为期四年的跨文化研究，之后他提出了一个更为广阔的新观念——生活广度、生活空间的生涯发展观。除了原有的发展阶段理论之外，较为特殊的是，舒伯加入了角色理论，并将生涯发展阶段与角色彼此间交互影响的状况，描绘出一个多重角色生涯发展的综合图形。这个生活广度、生活空间的生涯发展图形，舒伯将它命名为"一生生涯的彩虹图"，如图1.1所示。

（1）横贯一生的彩虹——生活广度。在一生生涯的彩虹图中，横向层面代表的是横跨一生的生活广度。彩虹的外层显示人生主要的发展阶段和大致估算的年龄：成长期（约相当于儿童期）、探索期（约相当于青春期）、建立期（约相当于成人前期）、维持期（约相当于中年期）及衰退期（约相当于老年期）。在这五个主要的人生发展阶段内，各个阶段还有小的阶段，舒伯特别强调各个时期年龄划分有相当大的弹性，应依据个体不同的情况而定。

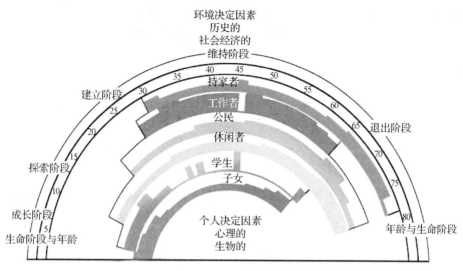

图1.1 一生生涯的彩虹图

（2）纵贯上下的彩虹——生活空间。在一生生涯的彩虹图中，纵向层面代表的是纵贯上下的生活空间，是由一组职位和角色所组成的。舒伯认为人在一生当中必须扮演九种主要的角色，依次是：子女、学生、休闲者、公民、工作者、夫妻、家长、父母、退休者。

第三节 职业生涯规划发展的"心想事成"模型

在经济进一步发展的当代，人们开始从"劳动力"回归到完整的人，我们需要更多地关注人的内在价值追求，而非简单的工具价值。就如同坊间流传关于马云的一段话：

有人赞叹马云说："我佩服你能熬过那么多年难熬的日子，然后才有今天这样的辉煌。你真不容易！"马云说："熬那些很苦的日子一点都不难，因为我知道它会变好。我更佩服的是你明知道日子一成不变，还坚持几十年照常过。换成我，早疯了！"

每个人都有自己的理想，理想是以客观可能性为内在根据，关于未来的美好构思、设计或愿望，是人的心理情感倾向与现实呼唤相结合的结果。一般来说，理想是指人们在实践中形成的，同奋斗目标相联系，符合事物发展规律，有实现可能性的，追求与向往的美好未来。人的本质的社会性、人类社会生活的多样性、人们对现实的认知和对未来想象的多层次性，决定了人们的理想是多方面、多类型的。总的来说，理想包括生活理想、道德理想、社会理想和职业理想。

马克思说过，在选择职业时，我们应该遵循的主要原则是人类的幸福和我们自身的完美。职业理想是人们对未来的工作部门、工作种类及业绩的向往和追求，它在人的社会生活中占有重要位置，甚至会影响人的一生。

大学生要根据自身的特点及社会发展变化的客观事实，树立崇高的职业理想，树立符合时代要求的人生发展目标，并付出行动，为职业理想和人生发展目标积极地储备知识，磨炼自己，积累经验，深入实践，掌握技术和技能，孜孜以求。

我们在过年送祝福的时候,最爱说的便是"心想事成",所以下面为大家推荐一个模型来帮助你心想事成。可以按照个体生涯发展进行实践,实践顺序如下:

一、心

对生涯形成一个整体性的认识,如"生涯的内涵""规划的内涵",从而明确生涯的可规划性、规划的边界、科学高效的规划方法等。

二、想

有了对生涯的意识,然后进入运筹帷幄的部分,对个人内在的价值观(Values)、兴趣(Interest)、偏好(Preference)(简称 VIP)和外在资源进行整合。

先从个人价值观(Values)入手,了解自己当前的价值观模式。所谓价值观,就是面对选择做出取舍的内在准则。明确了自己的价值观,就清晰了解自己行为的内在特质,明确可能的完善空间。

再从兴趣(Interest)来定位自己的职业匹配领域。首先说明,这里所说的兴趣与爱好有所区别。人在不同的心情下,在不同的年龄,喜欢的事情、爱好的东西可能会有所不同,但关注、追求的东西是相似的,如阅读、打球、追剧等。对个人兴趣进行准确定位,就可以大致把握自己未来"更高效"的领域。

另外一个认知角度就是偏好(Preference),即个人行为的倾向性,这个要素可以定位人的互动模式,从而了解最佳的工作状态,这也是进行未来定位的一个有效的内在因素。

运筹帷幄的第四个要素就是外在资源的盘点与拓展,也就是在外在环境里发现资源、机会及面临的阻力与挑战。世界上有几千种职业,基于自己的 VIP 特征,就可以做出大致的取舍,然后根据自己的资源、禀赋进行决策与行动,这是大学生制定职业生涯规划的核心主题。

对以上信息进行整合后,如何做出更优决策,也是值得学习的部分。我们大部分时候所谓的决策,其实只是决心,因为决策的前提是充分可行的选项。在决策工具选择部分,我们要学习更优决策的思路、方法,从而提升自己的生涯决策技能。

三、事

运筹帷幄完成的是个人的战略定位,接下来就要进入战术的落实。所谓"在战略上藐视,在战术上重视",指的就是谋划时要以理想主义为原则,"决胜千里"时则需要实事求是、脚踏实地、步步为营。为此,需要在大学期间夯实以下能力:

(1)系统化、结构化地掌握所学专业知识。这个时代信息的获取非常便捷,知识的掌握却越来越难,因为系统化的专业知识往往需要大量的时间积累,很难由碎片化信息积累而成。

(2)拥有本专业基本的技能与解决问题的能力。为了促进个人通用技能(可迁移技能)的提升,需要特别加强自己的执行有效性,为此需要培养个人的时间管理能力与沟通能力。时间管理能力可以提升个人单位时间内的投入产出比,沟通能力则可以提升个人拓展、整合资源的水准。

(3) 需要通过必要的刻意练习来使一些优秀的品质内化为自我的一部分。这时就需要了解习惯养成的策略。

四、成

经过前面坚实的积累，就可以厚积薄发，完成从学业到职业的顺利跳跃——高效求职。这一部分需要提升的是如何制作出让人眼前一亮的简历，呈现让人信服的状态，完成角色的顺利转换。这一部分包括以下内容：

(1) 如何开拓求职渠道。
(2) 如何写出一份令人眼前一亮的简历。
(3) 如何在面试中征服挑剔的面试官。
(4) 开创自己的事业：创业（广义）。

"心想事成"模型最核心的地方就是个人价值观。职业生涯规划与发展的主体首先是一个有自主性的人，而不是工具。职业生涯发展一定也附带着社会责任的实践。职业生涯规划发展的第一要务就是"认同且执着的人生理想、目标、期望或追求"，然后脚踏实地地去创造属于自己也属于社会的价值。只有这样，人们才不会自欺地以"吃得苦中苦，方为人上人"来自勉。当人们在为自己心中认同的理想、目标奋斗的时候，每一天都会是充实而快乐的。只要目标清晰、认同，客观之苦中一定会有内心之乐，如同前面陈晓颖同学的案例一样，当其他人多次问她："后悔吗？苦吗？"她都不假思索地说："一点都不后悔，后悔来晚了，我喜欢这里的人、这里的工作氛围，我真的觉得作为一名基层扶贫干部，新疆人民生活好了，我便幸福！"如果你现在的苦是基于某种人生追求，那么刻苦可能真的会是一件很享受的事情。

第四节　大学阶段的生涯发展任务

如果一个学生在大学仅仅完成了学习知识的任务，那他也只能说是完成了上大学任务的一部分。

上大学还有其他任务：学会做人，学习生活技能，学习生活方式，学会人际交往。学生通过与同学、教师和其他社会成员的交往，学习人际交往的技能。了解社会，了解各种社会成员，学习通过交往解决各种社会问题的能力。学习思考问题的方法、思路和观点。掌握先进的文化、观念和方法论，通过积极独立的思考，使个体发展与社会发展方向一致，从而规划自己的人生。

一、构建合理的知识结构

大学生不仅要具有相当数量的知识，还必须要形成合理的知识结构。在进行职业生涯设计时，大学生要能够根据职业和社会不断发展的具体要求，将已有知识科学地重组，建构专业知识与其他知识有机统一的合理的知识结构，最大限度地发挥知识的整体效能。

二、培养职业需要的能力

大学生进行职业生涯设计,除了构建自己合理的知识结构外,还要具备从事本行业岗位的基本能力和专业能力。一般来说,大学生应重点培养满足社会需要的学习创新能力、解决问题的能力、主动性和责任感、沟通协调能力、压力承受能力、社会适应能力等。

(一) 学习创新能力

(1) 跟随老师参加课题研究(如大学生创新创业训练计划项目)。
(2) 参加院系或学校举办的学习和科研活动,比如科研论文、学科竞赛、各类创新创业比赛等。
(3) 长期积累某一个领域的相关资料,并撰写论文。
(4) 参加社会实践活动,从实践中观察、提炼和创新。
(5) 向有创新精神的老师和同学学习,或者直接向社会上比较成功的专业人士请教。

(二) 解决问题的能力

(1) 尝试多角度、多层次地思考问题。
(2) 尽量在实践中检验自己的想法。
(3) 总结别人成功和失败的经验、教训。
(4) 在处理具体事务的过程中反复提高解决问题的能力。

(三) 主动性和责任感

(1) 从自身找到自己做事的动力。
(2) 信守承诺,不轻易放弃。
(3) 勇于为自己选择的结果、自己的情绪负责。
(4) 承担社会实践工作,尤其要承担比较重要的职责。

(四) 沟通协调能力

(1) 与宿舍的同学建立良好的关系。
(2) 与专家和教师多沟通。
(3) 在社会实践中和同学沟通交流。
(4) 承担一定职责并在工作实践中加强协调。
(5) 提高口头表达能力。
(6) 增强人格魅力。

(五) 压力承受能力

(1) 锻炼心理和身体耐力。
(2) 主动承担学习、生活和社会工作带来的压力。
(3) 学习一些调节压力的小技巧——如做一些轻松有趣的事情,进行心理放松训练,计划留有余地,设定合适的目标,控制情绪外露,等等。

(六) 社会适应能力

(1) 多关注环境的优点,这样你才可能去接近、去适应。
(2) 多和适应能力强的人交流。

（3）多行动，少空想。

（4）合理确定自己的期望和目标。

（5）思想上有主动适应社会的愿望。

在日趋激烈的就业竞争中，文凭固然是择业成功的敲门砖，但用人单位如今更看重的是求职者的实际能力。因此，英语四六级证书、计算机等级证书几乎成为用人单位招聘人才的必备条件，而应聘国家公务员、律师、会计等职位也必须取得相应的职业资格证书。要出国留学，还要参加 TOEFL、GRE、GMAT 或雅思考试，并要取得相应的分数。

牛刀小试

1. 画出你自己的生涯彩虹图，找到你现在的阶段，明确你的阶段任务。
2. 试着和你的梦想打个招呼，如果你是"梦想代言人"，你会对现在的自己说些什么呢？
3. 用你自己的语言概括"心想事成"模型的内容和要素。
4. 试问你自己："你觉得自己需要职业生涯规划吗？"
5. 每天叫醒你的是什么？是闹钟还是人生方向？
6. 你为谁而学？你该向谁学？你应当如何管理自己的学习？
7. 你的专业要求你毕业时具备怎样的能力？试把这个能力标准分解到每个月的学习目标中去。

导师寄语

人生如大海航行，而人生规划如同导航仪，它引导着我们的生命航向，有了航线，我们便不会偏离目标，更不会迷失方向，就能更顺利和快速地驶向成功的彼岸。

课后推荐

古典. 拆掉思维里的墙：原来我还可以这样活 [M]. 北京：中国书店，2010.

第二章 自我认知

学习要点

- 掌握自我认知的内容和方法。
- 了解自身的兴趣、性格、能力和价值观。
- 了解自身特点与职业选择的关系。

思维园地

小张从小就对机械比较感兴趣,高中时计划报考机械设计相关专业。由于高考成绩不是很理想,只能退而求其次。经过综合考虑,他选择到山东省某职业技术学院学习,以满足自己的机械师愿望。毕业后,因为城镇发展迅速,加上在学校这几年的时间,他对机械的热情冲淡了,所以小张决定回家乡寻求发展机遇。然而,家乡小县城的资源有限,小张最擅长的挖掘机技术在这里也没有太大的施展空间。经过一段时间的就业徘徊,出于生存和生活方面的考虑,小张接受了高中同学的邀请,到同学开办的小广告公司从事广告方面的工作。

经过一段时期的发展,小张在广告行业的工作还算稳定,通过个人的努力和学习,在设计方面也有了很大的进步和提升,但是小张一直觉得广告行业不是自己喜欢的工作领域,随着时间的推移,他开始对自己的工作有了越来越强烈的排斥感。经过多方面因素的衡量,小张决定改变当前的工作方式和状态,重新寻找一份工作,开启自己喜欢的生活。根据对自己状态的分析,小张觉得从事导游工作是自己喜欢的事,便辞去了工作,投入考导游证的学习当中。

点评: 从案例中可以看出,小张的职业成长过程比较清晰和单纯。所学专业及从事的工作都不是自己喜欢和擅长的,在一定的环境和条件下能暂时接受,但时间长了矛盾就会表现出来,这是为什么呢?经过分析,我们发现小张在大学期间对自己了解得不够充分,也不知道究竟要怎样去规划自己的职业生涯,对工作抱有随遇而安的态度。经过一段时间的工作,才发现问题的所在,他的这种职业成长方式比较被动。

正所谓亡羊补牢为时未晚。在这种情况下,小张需要及时对自己进行深刻的分析和认识,否则导游工作也不会做得长久。现如今的大学生中,有很大一部分人和小张一样,对自己的认识处于朦胧状态。对于未进入职场的大学生来言,更多的是要未雨绸缪,全面了解自身特点。那么,我们需要从哪些方面对自己进行认识呢?

第一节 自我认知概述

自我认知是对自己的洞察和理解，包括自我观察和自我评价。自我观察是指对自己的感知、思维和意向等方面的觉察；自我评价是指对自己的想法、期望、行为及人格特征的判断与评估。具体包括认识自己的生理状况（如身高、体重、体态等）、心理特征（如兴趣、能力、气质、性格等）及自己与他人的关系等。

一、自我认知的作用

为什么要在职业生涯开始规划之前提出自我认知这一概念呢？

自我认知在个体发展中有十分重要的作用。首先，自我认知是认识外界环境的条件。一个人如果不认知自己（图2.1），也无法把自己与周围相区别时，他就不可能认识外界环境；其次，自我认知是人的自觉性、自控力的前提，对自我教育有推动作用。人只有意识到自己是谁，应该做什么的时候，才会自觉自律地去行动。一个人意识到自己的长处和不足，就有助于他发扬优点、克服缺点，取得自我教育积极的效果。此外，自我认知是改造自身主观因素的途径，它使人能不断地自我监督、自我修养和自我完善。

图 2.1 最重要的是如何认识自己

在进行职业生涯规划之前，进行系统的自我认知，能够使自己真正地了解自己的爱好、兴趣、性格、能力特长和价值观等，以便找到一条真正适合自己的发展之路。在职业转换和职业发展中，通过继续进行深入的、循环的自我认知，找到自身工作和生活中成功和失败的原因，从中汲取经验和教训，可以有效地促使自己的职业生涯成功。

案例一

如何认清自己

一栋摩天大楼的主人每个月都为昂贵的电梯修理费而苦恼。因为大楼很高，电梯不是一按就到，乘客往往等得不耐烦，于是连续按按钮，所以电梯按钮坏得很快。人们虽然看见电梯灯已经亮了，但还是要再按一下才安心，好像别人按的都不算，非得自己的"魔术指"按一下，电梯才会来。

这个老板在电梯旁张贴许多告示，都没有效果，最后他想出了一个办法：若有人能使乘客习惯改变，便给予重赏。结果一名心理学家建议：在电梯门上装一面大镜子。因为当乘客看见自己的腹热心煎的状态时，会觉得很不雅观、有失风度，便会注意个人的行为举止，问题很容易就被解决了。所以，当人们一站到镜子前时，就立刻变得有礼貌，原先熙熙攘攘的人群，在镜子前都成了绅士、淑女，这就是镜子的妙用。

案例点评： 想认清自己，唯有通过心中的那面镜子，正视自己的内心。中国有一句谚语："知人者智，自知者明。"如果一个人能对自我有一个全面、正确的认识和评价，就能扬长避短、取长补短，从而控制自己、改变自己、完善自己，就能根据自己的实际情况，选择相应的目标为之努力。

课堂思考

1. 你是谁？你是什么样的人？
2. 你了解自己的性格吗？你最擅长做什么？
3. 你最喜欢做什么？你最看重什么？

二、自我认知的内容

自我认知一般包含三个维度。

1．生理自我

生理自我也称作躯体我，由自己的外在条件构成，包括性别、年龄、身高、外貌形象、体重、健康状况等。

2．心理自我

心理自我也称作精神我，指自我认知及自我概念，包括性格、气质、能力、兴趣、价值观、意志、情感、思维方式、道德等。

3．社会自我

社会自我是对自己在社会生活中所担任的各种社会角色的认识，包括对各种关系、地位、技能和体验的认知和评价，如教育背景、培训经历、工作经历、自己在社会上所扮演的角色、所承担的权利和义务、与他人的关系和在集体中的地位等。

古希腊德尔斐阿波罗神庙的门楣上有一句著名的箴言："认识你自己。"苏格拉底还把这句话作为自己的座右铭。我国古代圣哲老子也说："知人者智，自知者明。"从而衍生出了古训：人贵有自知之明。这些都是在强调，能够客观地了解和认识自己、对待自己，是最明智的、最难能可贵的，它对个人的发展、事业的成功和生活的美满有积极作用。

三、自我认知的常用工具

要更好地进行自我认知，就必须运用科学合理的方法对自己进行剖析。我们可以采取自我总结或与家人、朋友、同事等交流的方式来进行探究，也可以采用相对专业权威的心理量表进行相对客观的职业测评。这里介绍自我认知常用的两种工具。

（一）橱窗法

心理学家鲁夫特与英格汉提出"周哈里窗（Johari Window）"模型（图2.2），"窗"是指一个人的心就像一扇窗，周哈里窗展示了关于自我认知的四个维度。

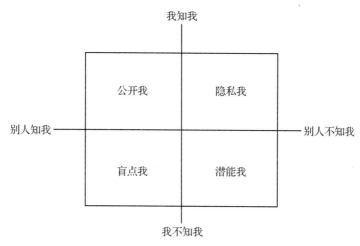

图2.2 "周哈里窗"模型

1．公开我

"公开我"也称"开放我"或"公众我"，属于开放区域。这是自己清楚、别人也知道的部分，所谓"当事者清，旁观者也清"。比如，我们的性别、外貌，某些可以公开的信息，包括婚否、职业、工作生活所在地、能力、爱好、特长、成就等。"公开我"的大小取决于自我心灵开放的程度、个性张扬的力度、人际交往的广度、他人的关注度、开放信息的利害关系等。"公开我"是自我最基本的信息，也是了解自我、评价自我的基本依据。

2．盲点我

"盲点我"也称"盲目我"或"背脊我"，属于盲目领域。这是自己不知道而别人却知道的部分，所谓"当事者迷，旁观者清"。"盲点我"可以是一些很突出的心理特征，比如有人轻易承诺却转眼间忘得干干净净；也可以是不经意的一些小动作或行为习惯，比如一个得意或者不耐烦的神态和情绪流露。"盲点我"可以是一个人的优点或缺点，因为事先不知、不觉，所以当别人告诉自己时，或惊讶、或怀疑、或辩解，特别是听到与自己初衷或想法不相符合的情况时。"盲点我"的大小与自我观察、自我反省的能力有关，通常内省特质比较强的人，盲点比较少，"盲点我"比较小。而熟悉并指出"盲点我"的他者，往往也是关爱你、欣赏你、信任你的人。所以，我们要学会用心聆听，重视他人的回馈，不固执，不过早下结论。

3．隐私我

"隐私我"又称"隐藏我"，属于逃避或隐藏领域。这是自己知道而别人不知道的部分，与"盲点我"正好相反。就是我们常说的隐私、个人秘密，不愿意或不能让别人知道的事实或心理。身份、缺点、往事、疾患、痛苦、窃喜、愧疚、尴尬、欲望、意念等，都可能成为"隐私我"的内容。适度的内敛和自我隐藏，给自我保留一个私密的心灵空间，避去外界的干扰，是正常的心理需要。但是"隐私我"太多，"公开我"就太少，如同筑起一座封闭的心灵城堡，无法与外界进行真实有效的交流与融合，可能会成为人际交往的迷雾与障碍，人们甚至会错失机会。勇于探索自我者，不能只停留在"公开我"的层面，还应敢于直面"隐私我"的秘密和实质。

4．潜能我

"潜能我"也称"未知我"或"潜在我"。这是自己和别人都不知道的部分，有待挖掘和发现。通常是指一些潜在的能力或特性，比如一个人经过训练或学习后，可能获得的知识与技能，或者在特定的机会里展示出来的才干，也包含弗洛伊德提出的潜意识层面，仿佛隐藏在海水下的冰山，力量巨大却又容易被忽视。对"潜能我"的探索和开发，能更全面而深入地认识自我、激励自我、发展自我、超越自我。学着尝试在一些全新的领域，挖掘潜力，会收获惊喜。勇于自我探索者，要善于开发"潜能我"。

应用启示：通过沟通分享的途径，不断减少"隐私我"，让"隐私我"向"公开我"不断转移，让更多的人深入了解你（图 2.3）；同时通过理性、客观、虚心接受别人的意见和批评（回应）让自己的"盲点我"越来越小；让自己的"公开我"越来越大，直面自我，自信开放，大方包容，同时不断开发自己的潜能。

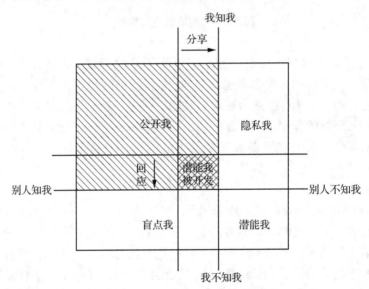

图 2.3 "周哈里窗"模型的应用启示

（二）SWOT 法

所谓 SWOT 法，就是将与自己密切相关的各种主要内部优势、劣势，以及外部的机遇和威胁等，通过调查列举出来，并依照矩阵形式排列，然后用系统分析的思想，把各种因素相互匹配起来加以分析，从中得出一系列相应的结论，而结论通常带有一定的决策性（图 2.4）。

S（Strengths）：优势，是内部因素，具体包括有利的竞争态势、充足的财政来源、良好的个人形象、较强的沟通人力、良好的人际关系、较好的成绩、较高的学历等。

W（Weaknesses）：劣势，也是内部因素，具体包括性格缺陷、语言缺陷、缺少关键技术、思考力不足、独断专横、竞争力差等。

O（Opportunities）：机遇，是外部因素，具体包括新机遇、新市场、新需求、竞争对手失误等。

T（Threats）：威胁，也是外部因素，具体包括新的竞争对手、替代人增多、需求紧缩、能力更高的人出现、偏好改变、突发事件等。

图 2.4　SWOT 分析法

运用这种方法，可以对自己所处的情景进行全面、系统、准确的研究，从而制定相应的发展战略、计划及对策。

案例二

不完美未必是缺点

有一个人家里有两只木桶。其中一只破了，拿它去盛水，水会从裂缝中流走。两年了，这个人仿佛并不在意水桶破损了似的，每天风雨不变地拿着它去挑水。那只有破口的水桶很在意自己的裂缝，很痛苦地认为自己不及那只完整无缺的水桶，不能好好地完成工作。有一天，这只木桶对主人说："我很惭愧，我让你每次都只能挑半桶水回家。"那个人好像没听到木桶的话似的，突然说："你有留意我每次去挑水走的那条路吗？一边开满了色彩缤纷的花；另一边呢，就光秃秃的，一朵花都没有。"那人接着说："我是特意把花的种子撒在路的其中一旁。每日去挑水时就顺道去浇点水。这两年来，我们村的所有庆典用来布置的花，都是大家在那里采的。没有你，又怎会有那么多漂亮的花呢？"

案例点评： 不要因为一个自己很在乎的缺点，就全然否定了自己。完美只是一个概念，只有接受自己的缺陷，才能接受别人，接受自己。

第二节　兴趣与职业

"兴趣是最好的老师"，兴趣是一种无形的动力，每个人都会对自己感兴趣的事物给予优先处理和进行积极的探索，并表现出心驰神往。兴趣是保证职业满意度和职业成就度的重要因素。

一、兴趣和职业兴趣

兴趣是个人探索某种事物和从事某种活动的态度和倾向。兴趣在人的心理行为中具有重要作用，一个人对某事物感兴趣时，便对它产生特别的注意，对该事物观察敏锐、记忆牢固、思维活跃、情感深厚。

职业兴趣是兴趣在职业方面的表现，是指人们对某种职业活动具有比较稳定而持久的心理倾向，使人对某种职业给予优先注意，并向往之。

过程训练一

感受兴趣

（一）课堂思考

回忆三个自己专心致志、废寝忘食、内心特别愉悦、忘了时空和自己的时候。请仔细地回想当时的场景细节及自己的感受。

（二）课堂讨论

人在什么时候最快乐、最幸福？

（三）相关理论

Flow 现象——兴趣与投入是人生幸福感的来源

美国芝加哥大学心理学教授米哈里·契克森米·哈赖（图2.5）利用30多年的时间对几百位各行各业的人进行了访谈，研究是什么让人们真正感到幸福和满足。

他发现和人们通常想象的不同，人们不是在很放松、什么事也不做（比如看电视、玩游戏）的时候最幸福，而是在专心致志地从事某种活动，甚至忘我地完全沉浸在活动当中时会感到最为愉快和满足，米哈里将这种状态称为Flow（流动）："聚精会神""忘我"的状态。

在这种状态下，人们并没有考虑做这件事可能会带来什么回报或担心自己的表现如何，只是忘情地投入其中，享受活动本身带来的快乐，而这个活动通常对我们的体力或智能有一定的挑战，人们也在最大限度地使用自己的技能，这时人处于积极状态下，如信心、希望、快乐、实现等，而不是处于逃避、焦虑、恐惧等消极状态下。人们在忘我地做自己喜欢的事情的时候是最快乐、最幸福的。

图2.5 米哈里·契克森米·哈赖

二、兴趣和职业的关系

显然，如果我们所从事的职业是自己所喜欢的，那我们的工作和生活会愉快很多，也更有可能从这样的工作中获得满足感。

大量研究表明：兴趣与工作满意度、职业稳定度和职业成就感之间都存在着明显的关联。因此，职业生涯规划也普遍将兴趣作为自我认知的一个重要方面，并研制出了多种量表来测量人们的职业兴趣。

职业兴趣对应的是职业分类和工作内容。因此，在很多情况下，对工作的划分很大程度上也是参照对职业兴趣的划分进行的。

兴趣与能力也有密切的关系，人们倾向于在感兴趣的事情上投入更多的时间，往往得以培养更强的能力，而由于有了较强的能力，在做这件事时，就会更得心应手，又增添了对事情的兴趣，从而形成良性循环。

但需要注意的是，以兴趣为动力，能力是可以培养的，但兴趣并不等同于能力，兴趣测评的分数也不代表能力的高低。

案例一

兴趣是最好的老师

计算机专业的张建爱好文学,平时常写文章,偶尔也有作品见诸报端,但他还是希望毕业后能够在IT行业工作。大三暑假,张建在经常访问的某国内知名文学网站的主页上,发现该网站正开展征文活动。此时他正好在生活中遇到了一点烦恼,于是有感而发,写了一篇情深意长的文章《离开你的第七天》,投给该网站。开学后,张建在IT行业中求职屡战屡败。一天,正为求职苦恼的他接到该网站的电话,告知他的文章获奖了。

于是,张建找到网站征文活动的负责人,该负责人得知张建的求职经历后,问他是否愿意到公司来工作,并许诺丰厚的待遇。张建大喜过望,求职的艰难让这份工作显得格外诱人,第二天张建便到公司实习,负责该网站校园版的审稿工作。上班后,张建成功策划了网站和学校的一次联谊活动,让他感到这份工作很有成就感,在试用期三个月过后,张建正式决定留在该网站工作。

案例点评：从这个例子中不难看出,从事与自己职业兴趣相匹配的工作,可极大地提升职业满足感和成就感。

三、自我兴趣探索

过程训练二

我的旅游计划

你获得了一次免费旅游的机会,有机会去下列六个岛屿中的一个(图2.6)。唯一的要求就是你必须在选择的岛屿上生活一年或者更长时间。请不要考虑其他因素,仅凭自己的兴趣按一、二、三的顺序选择你最想前往的三个岛屿。请你仔细浏览旅游手册上记载的这六个岛屿的特色。

R: 自然原始的岛屿。岛上自然生态保持得很好,有各种野生动物。居民以手工见长,自己种植花果蔬菜、修缮房屋、打造器物、制作工具,喜欢户外运动。

I: 深思冥想的岛屿。有多处天文馆、科技博览馆及图书馆。居民喜好观察、学习,崇尚和追求真知,常有机会和来自各地的哲学家、科学家、心理学家等交换心得。

A: 美丽浪漫的岛屿。充满美术馆、音乐厅、街头雕塑和街边艺人,弥漫着浓厚的艺术文化气息。居民保留了传统舞蹈、音乐与绘画,许多文艺界的朋友都喜欢来这里找寻灵感。

C: 现代、井然的岛屿。岛上建筑十分现代化,是进步的都市形态,以完善的户政管理、地政管理、金融管理见长。岛民个性冷静保守,处事有条不紊,善于组织规划,细心高效。

E: 显赫富庶的岛屿。居民善于企业经营和贸易,能言善道。经济高度发展,处处是高级饭店、俱乐部、高尔夫球场。来往者多是企业家、经理人、政治家、律师等。

S: 友善亲切的岛屿。居民个性温和、友善、乐于助人,社区均自成一个密切互动的服务网络,人们重视互助合作,重视教育,关怀他人,充满人文气息。

图2.6 岛屿特色介绍

讨论：

1. 我最想去的三个岛屿，按顺序排列分别是_____、_____、_____。

2. 如果教室分为6个区域，分别代表上述6个岛屿。请按自己第一选择的岛屿分组就座。同一岛屿的人互相交流：自己为什么选择这个岛屿，看看大家有什么共同的兴趣爱好，并归纳10个符合本组的关键词。

3. 结合讨论，进一步形成小组的讨论结果汇总单。

和我选择同一岛屿的人有：_____。

我们共同的兴趣爱好是：_____。

我们大多数想从事的工作是：_____。

我们组归纳的十个关键词是：_____。

4. 根据交流结果，给自己的小组命名并选取一个标志物和LOGO，在白纸上制作一张本小组的宣传图。每个小组请一位同学用2分钟时间展示自己小组的宣传图并介绍自己小组成员的共同特点。

5. 进一步思考，在活动中我们发现了什么？

（一）霍兰德职业兴趣理论

著名的生涯辅导理论家霍兰德（图2.7）自20世纪70年代以来，提出了一系列的研究假设。他认为：某一类型的职业通常会吸引具有相同人格特质的人，这种特质反映在职业上，就是职业兴趣。职业兴趣相同的人面对情境和问题会有类似的反应，从而产生特定的职业氛围，就是职业环境。人与职业环境的类型匹配是形成职业满意度和成就感的基础。

图2.7 霍兰德

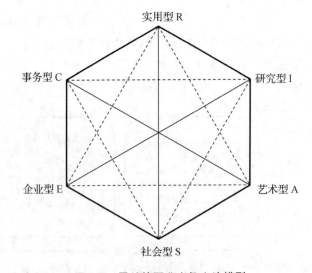

图2.8 霍兰德职业兴趣六边模型

职业兴趣和职业环境可归纳为六种类型：实用型R（Realistic Type）、研究型I（Investigative Type）、艺术型A（Artistic Type）、社会型S（Social Type）、企业型E（Enterprising Type）、事务型C（Conventional Type），如图2.8所示。

1．六种类型内容

霍兰德职业兴趣类型对照表如表2.1所示。

表 2.1 霍兰德职业兴趣类型对照表

类型	喜欢的活动	职业环境要求	典型职业
实用型 R (Realistic Type)	愿意使用工具从事操作性工作,动手能力强,做事手脚灵活,动作协调。偏好于具体任务,不善言辞,做事保守,较为谦虚。更喜欢与物打交道,通常喜欢独立做事	喜欢使用工具、机器,需要基本操作技能的工作。对要求具备机械方面才能、体力或从事与物件、机器、工具、运动器材、植物、动物相关的职业有兴趣,并具备相应的能力	技术性职业(计算机硬件人员、摄影师、制图人员、机械工程师),技能性职业(木匠、厨师、技工、修理工、农民、一般劳动)
研究型 I (Investigative Type)	喜欢探索和理解事物,学习、研究那些需要分析、思考的抽象问题,抽象思维能力强,喜欢阅读和讨论有关科学性的论题,喜欢独立的和富有创造性的工作,不善于领导他人。考虑问题理性,做事喜欢精确,喜欢逻辑分析和推理,不断探讨未知的领域	喜欢智力的、抽象的、分析的、独立的定向任务,要求具备智力或分析才能,并将其用于观察、估测、衡量、形成理论、最终解决问题的工作,并具备相应的能力	科学研究人员、实验员、教师、工程师、电脑编程人员、医生、系统分析员
艺术型 A (Artistic Type)	有创造力,乐于创造新颖、与众不同的成果,渴望表现自己的个性,实现自身的价值。做事理想化,追求完美,不切实际。具有一定的艺术才能和个性。善于表达、怀旧、心态较为复杂	喜欢的工作要求具备艺术修养、创造力、表达能力和直觉,并将其用于语言、行为、声音、颜色和形式的审美、思索和感受,具备相应的能力。不善于事务性工作	演员、导演、艺术设计、雕刻、建筑师、摄影、广告制作人、歌手、作曲家、乐队指挥、小说家、诗人、剧作家、厨师
社会型 S (Social Type)	喜欢与人交往、不断结交新的朋友、善言谈、愿意教导和帮助别人。关心社会问题,渴望发挥自己的社会作用。寻求广泛的人际关系,比较看重社会义务和社会道德	喜欢要求与人打交道的工作,能够不断结交新的朋友,从事提供信息、启迪、帮助、培训、开发或治疗等事务,并具备相应的能力	教育工作者(教师、教育行政人员)、社会工作者(咨询人员、公关人员)、心理咨询师、护士
企业型 E (Enterprising Type)	喜欢领导和支配别人,愿意向人推销自己的产品或观点,具有领导才能,希望成就一番事业。喜欢竞争,敢冒风险,有野心、抱负。为人务实,习惯以利益得失、权利、地位、金钱等来衡量做事的价值,做事有较强的目的性	喜欢要求具备经营、管理、劝服、监督和领导才能,以实现政治、社会及经济目标的工作,并具备相应的能力	项目经理、销售人员、营销管理人员、政府官员、企业领导、法官、律师
事务型 C (Conventional Type)	重权威和规章制度,喜欢按计划办事,细心、有条理,习惯接受他人的指挥和领导,自己不谋求领导职务。喜欢关注实际和细节情况,通常较为谨慎和保守,缺乏创造性,不喜欢冒险和竞争,富有自我牺牲精神	喜欢要求注意细节、精确度、有系统有条理,具有记录、归档、据特定要求或程序组织数据和文字信息的职业,并具备相应的能力	秘书、办公室人员、记事员、会计、行政助理、图书馆管理员、出纳员、打字员、投资分析员

2．霍兰德代码

个人的兴趣往往是多方面的，很少只集中在某一类型上，大家可能或多或少地具备所有六种兴趣，但偏好程度不同，通常我们会用最强的三种兴趣的字母来代表一个人的兴趣，这就是霍兰德代码，三个字母的顺序表示了兴趣强弱程度的不同，比如 SAI 和 AIS 的人具有相似的兴趣，但强弱程度是不同的。

霍兰德将其职业兴趣类型理论运用于美国劳工部制定的职业条目词典，借助其中职业分析的有关内容，将其中 12 099 种职业赋予霍兰德人格类型代码，编纂了《霍兰德职业代码词典》，为各类人员按照自己的职业兴趣类型搜寻合适的职业提供了广泛的应用前景。

3．六种类型的关系

各类型相互之间存在 3 种关系：相邻、相隔、相斥。如图 2.8 霍兰德职业兴趣六边模型中，任何两种类型的距离越近，其职业环境及人格特质的相似程度就越高。

相邻关系：如 RI、IA、AS、SE、EC 及 CR。属于这种关系的两种类型的个体之间共同点较多，如现实型 R、研究型 I 的人都偏好面对比较客观的环境，不太偏好人际交往，这两种职业环境中也都较少有机会与人接触，不需要处理太复杂的人际关系。

相隔关系：如 RA、RE、IC、IS、AE、SC，属于这种关系的两种类型个体之间共同点较相邻关系少。

相对关系：在六边形上处于对角位置的类型，相对关系的兴趣类型共同点少。一个人同时对处于相对关系的两种职业环境都有很浓的兴趣的情况较为少见，如艺术型与事务型。

（二）职业兴趣测验

人的个性与职业有着密切的关系，不同职业对从业者的人格特征的要求是有差距的，如果通过科学的测试，可以预知自己的个性特征，这有助于选择适合于个人发展的职业。

职业兴趣探索方法有以下两种：

1．标准化的职业兴趣测验

目前使用较多的职业兴趣测验是霍兰德自我探索量表（Self-Directed Search，简称 SDS）。

2．非标准化的评估

非标准化的评估结构化程度不高，常与标准测评结合使用，帮助个体更深入地了解个性化的信息。使用比较多的有兴趣岛和职业卡片分类法。

职业兴趣测评

您将要阅读的这个《职业兴趣自测问卷》（霍兰德自我探索量表简化版），可以帮助您做个性自评，从而获取自己的个性特征，了解自己更适合从事哪方面的工作。

请根据对每一题目的第一印象作答，不必仔细推敲，答案没有好坏、对错之分。具体填写方法是，根据自己的情况，选择"是"，得 1 分；选择"否"，则得 0 分。

1．我喜欢不时地夸耀一下自己取得的成就。（　　）
2．在工作中我喜欢独自筹划，不愿受别人干涉。（　　）
3．我喜欢做事前对事情做出细致的安排。（　　）
4．我喜欢做戏剧、音乐、歌舞、新闻采访等方面的工作。（　　）

5. 每次写作我都反反复复，不能一挥而就。（　　）
6. 我经常不停地思考某一问题，直到想出正确的答案。（　　）
7. 我喜欢小心谨慎地做每一件事。（　　）
8. 我喜欢抽象思维的工作，不喜欢动手的工作。（　　）
9. 我喜欢成为人们注意的焦点。（　　）
10. 良好的人际关系对我很重要。（　　）
11. 在集体讨论中，我常常积极主动，表现活跃。（　　）
12. 当我一个人独处时，会感到不舒服。（　　）
13. 我曾经渴望有机会参加探险。（　　）
14. 我喜欢修理机械一类的工作。（　　）
15. 我不喜欢参加各种各样的聚会。（　　）
16. 我喜欢说服别人依计划行事。（　　）
17. 音乐能使我陶醉。（　　）
18. 我办事很少思前想后。（　　）
19. 我喜欢经常请示上级。（　　）
20. 我喜欢需要运用智力的游戏。（　　）
21. 那种需要持续集中注意力的工作对我来说很容易。（　　）
22. 我喜欢亲自动手制作一些东西，从中得到乐趣。（　　）
23. 我的动手能力很强。（　　）
24. 和不熟悉的人交谈对我来说毫不困难。（　　）
25. 和别人谈判时，我总是很不轻易放弃自己的观点（　　）
26. 我很容易结识同性朋友。（　　）
27. 对于社会问题，我很少持中庸的态度。（　　）
28. 当我开始做一件事情后，即使碰到再多困难，我也要执着坚持。（　　）
29. 我是一个沉静而不易动感情的人。（　　）
30. 当我工作时，我喜欢避免干扰。（　　）
31. 我的理想是当一名科学家。（　　）
32. 与推理小说相比，我更喜欢言情小说。（　　）
33. 有些人太霸道，有时明明知道他人是对的，也要和他人对着干。（　　）
34. 我爱幻想。（　　）
35. 我总是主动地向别人提出自己的建议。（　　）
36. 我喜欢使用榔头一类的工具。（　　）
37. 我乐于解除别人的痛苦。（　　）
38. 我更喜欢自己下了赌注的比赛或游戏。（　　）
39. 我喜欢按部就班地完成要做的工作。（　　）
40. 我不经常换不同的工作来做。（　　）
41. 我总留有充裕的时间去赴约会。（　　）
42. 我喜欢阅读自然科学方面的书籍和杂志。（　　）
43. 如果掌握一门手艺并能以此为生，我会感到非常满意。（　　）

44. 我曾渴望当一名汽车司机。（　　）
45. 听别人谈"家中被盗"一类的事，我会同情。（　　）
46. 如果待遇相同，我宁愿当商品推销员，而不愿当图书管理员。（　　）
47. 我讨厌跟各类机械打交道。（　　）
48. 我小时候经常把玩具拆开，把里面看个究竟。（　　）
49. 当接受新任务后，我喜欢以自己的独特方法去完成它。（　　）
50. 我有文艺方面的天赋。（　　）
51. 我喜欢把一切安排得整整齐齐、井井有条。（　　）
52. 我喜欢做一名教师。（　　）
53. 和一群人在一起的时候，我总能找到恰当的话来说。（　　）
54. 看情感影片时，我常禁不住眼圈红润。（　　）
55. 我喜欢学数学。（　　）
56. 在实验室里独自做实验会令我很高兴。（　　）
57. 对于急躁、爱发脾气的人，我仍能以礼相待。（　　）
58. 遇到难解答的问题时，我常常坚持到底。（　　）
59. 大家公认我是一名勤劳踏实的、愿为大家服务的人。（　　）
60. 我喜欢在人事部门工作。（　　）

职业人格的类型（符合以下"是"答案的记1分，不符合的记0分）：

实用型：2、3、14、22、23、36、43、44、47、48
研究型：6、8、20、21、30、31、42、55、56、58
艺术型：1、4、9、17、32、33、34、49、50、54
社会型：10、12、15、26、27、37、45、52、53、59
企业型：11、13、16、24、25、28、35、38、46、60
事务型：5、7、18、19、29、39、40、41、51、57

请将得分最高的三种类型从高到低排列，得出一个三位组合答案，再对照《霍兰德职业兴趣类型对照表》，得出人格类型所匹配的职业。但需要注意的是，这个测试只是对自我局部的探索，要想进一步明确职业方向，还需要综合性格、能力、价值观及自我反省和觉察，通过学习和实践来进一步明确。

（三）职业兴趣理论的应用

通过对霍兰德职业兴趣理论中职业兴趣和职业环境的分类，我们能够了解并组织自己的职业兴趣，用以探索及理解工作世界，评估个人与职业的适配，从而探索哪些是适合自己的工作领域。

案例二

兴趣与现实

冯某是营销专业的学生，毕业后，他不想从事营销类的工作，一心想要找一份自己感兴趣的工作。冯某是一个兴趣广泛的人，他最想从事两种工作，第一种和电子游戏相关，第二种是当星探。对于第一个兴趣,他试过一份游戏测试的工作,但由于专业不对口,也没有专门的知识技能来满足职位要求,只能作罢。对于想当星探这一兴趣,显然有点不太现实,因为这一行业在我国还没有发展到规模化的需求,也不具备发展成为专门职业的条件,并且他对这一行业的了解只停留在想象阶段,因此也欲投无门。虽然他找过几份和销售相关的工作,但最终都以"没有兴趣"而辞职。就这样,冯某一直都没有找到称心如意的工作。

案例点评:从这个例子中可以看出,想要找一份称心如意的工作,除了要考虑价值观、兴趣外,还要考虑个人能力和行业的状况等多方面的因素。冯某屡屡辞掉工作,已经不是没有兴趣的问题了,而是缺乏必要的职业素养。另外,并不是所有的兴趣都可以发展成职业。就冯某个人而言,他需要多花工夫来了解自身的能力和分析现实的环境才行。

第三节 性格与职业

一、性格和职业性格

什么是性格?我们发现有的人对他人漠不关心,有的人热情豪爽;有的人对学习目的很明确,有的人不求上进;有的人谦卑有礼,有的人则高傲自大。在我们的周围,有些人办事很主动、有计划、很自觉,有些人做事很冲动或者很散漫、随意。在学习上有些人很有恒心和毅力,有些人害怕困难,不肯用功。

性格其实就表现在我们待人处事的态度和行为中。

性格也称人格特质,是个人稳定的态度和习惯的行为方式,是一个人在生活中,对他人、对事、对自己、对外在环境所表现出来的一致性的应对方式。

职业性格是指人们在长期特定的职业生活中所形成的与职业相联系的、稳定的心理特征。例如,有的人对待工作总是一丝不苟、踏实认真,在待人处事中总是表现出高度的原则性、果断、活泼、负责,在对待自己的态度上总是表现出谦虚、自信、严于律己等,所有这些特征的总和就是他的职业性格。

过程训练一

感受性格

(一)课堂活动

请同学们拿出一张空白纸,在纸上签下自己的名字。然后换一只手,再次在纸上签下自己的名字。

(二)课堂讨论

两次签名有什么不同感受?请用几个词来形容一下。

(三)活动点评

我们每个人有自己擅长的一面,也有自己不擅长一面,就如同我们的左右手,它们没有好坏或者对错之分。如果能够找到一个适合的环境，使我们在其中发挥自己的长处和优势，那我们就会很自信，并且往往会创造佳绩。

如果我们知晓自己性格上的"左右手"，并了解与之相适应的环境和职业，就能帮助我们做出合乎自己情况的职业选择。这样的匹配会使我们容易成为有效的工作者。

二、性格和职业的关系

（一）性格影响着职业适应性

一定的性格适于从事一定的职业。例如，乐观的人适合教师、社会工作者等职业；冷静的人比较适合会计、科研人员等职业；理性的人适合工程师、技师等职业。如果自己的性格和职业需要的性格相反的时候，那么工作的时候会遇到很大的心理冲突，工作上成功的概率也会较小。例如，一个比较缄默的人担任销售工作就不太妥当。缄默的人，往往乐群性比较低，喜欢对事不对人，而销售工作需要应付人与人之间复杂的情绪交流。所以，缄默的人如果担任销售的工作，那么在工作过程中，他不可避免地会有很多心理冲突。所以，在就业前要认识自己的性格。

（二）职业性格促进职业素质的提升

认识自己的性格有利于反省自己，提高自己的性格修养，使得自己更加适应职位，推动自己与周围人的人际关系。因为每个人的性格都有积极的和消极的两个方面，根据木桶原理，一个木桶中水面的高低取决于木桶壁上最低一个短板的位置。所以，对人而言，就是说每个人的短处会限制他的发展，所以要补短扬长。例如，有的人在工作中积极热情、乐于助人、好出头露面，但做事持久性不长，常表现得虎头蛇尾，这种人就应该注意锻炼自己的坚持性和持久性的品格意志；又如，有的人办事热情高、拼劲足、速度快，但有时马马虎虎，甚至遇事就着急，性情暴烈，这种人就应该在发扬其性格长处的同时注意培养认真仔细的精神，防止急躁；有的人做事深沉、认真、严谨，但有时优柔寡断、办事拖拉，这种人必须经常提醒自己"今天的事今天完成"，并逐步养成当机立断的性格。

每个人的性格都不能百分之百地适应某种职业，但可以根据自己的职业倾向来培养、发展相应的职业性格，也可根据自己的性格特征选择适合自己的职业。

案 例

专科女生如何顺利进入 IBM 公司

在众多研究生、本科生对就业前景忧心忡忡的时候，江西一所民办高职院校的两年制普通专科生曹某，在未毕业时就被福富软件、印度 INFOSYS、IBM 三家跨国软件公司同时选中。此事一出，顿时如一石激起千层浪，引得各大媒体争相报道。她也因此事被誉为"史上最牛女专科生"。

最近看了关于曹某的报道，令人震撼。没有优越的家庭条件，长相也普普通通，两次高考失利。这位貌似平凡的专科女孩，却得到了令研究生、本科生都羡慕不已的就业机会，这是偶然吗？但挖掘事件本质就不难看出，她成功的必然因素已大大超越了偶然因素，也就是说，她的成功并非偶然。

事实上，曹某身上所具备的品质才是令她耀目的"亮点"。

（1）异常地刻苦努力。

曹某来自四川泸州农村一个普通家庭，没有很好的家庭背景和条件，想走出农村，就必须加倍努力，这样的精神是她成功的重要条件之一。

（2）抓住一切锻炼机会。

竞选学生干部、组织英语角，并经常活跃在各种晚会、典礼等活动的台前幕后，曹某因此赢得了各种奖励和荣誉。扎实的专业知识外加多种实践经历，使她积攒了颇具竞争力的多项技能，逐渐成了同学中的佼佼者。

（3）高标准地历练。

曹某并没有选择家教、促销的兼职工作，而是参加并通过了 IBM 先锋实训基地第二期学员的考核，并且积极地应征成为一个日语团队的组长，她不仅是团队中唯一的女生，资历还是最浅的。

（4）有信心且经得起考验。

曹某在完成专科学业后，又参加了福富软件公司（FFCS）的面试，并成为被录取的 12 名人员之一；同时又应聘了印度 INFOSYS 公司，并获得了面试机会；后又因在 IBM 先锋实训基地的出色表现得到了 IBM 公司的试用通知。

（5）具有平和踏实的心态。

虽然被誉为"史上最牛女专科生"，但曹某并没有因为社会舆论和媒体报道而"冲昏头脑"，"我知道我是谁，自己不会找不到北"。面对各种热捧和非议，她能用如此平和的心态面对，确实很令人钦佩。

相信惊呼"专科生怎么这么牛"的人，从曹某身上蕴藏的亮点中一定能得到答案。

案例点评：就此事本身来看，曹某的故事之所以被争相报道，说明类似情况发生的概率并不高。与专科生相比，本科生读四年，理当比专科生学到的知识更多，但仅凭简单意义上时间的叠加，竞争力就一定强大吗？曹某的竞争力包含明确自身的目标、拥有刻苦的精神、善于掌握机会、敢闯敢拼、有信心和良好的心态等。而这些都是她人格特质的体现。

三、自我性格探索

过程训练二

我 的 性 格

思考一下，请用三句话描述自己最明显的三个性格特征。然后请求一位好朋友描述一下他（她）眼里你最明显的三个性格特征。

讨论：

（1）你自己的描述和朋友的描述有什么相同和不同之处？

（2）对于这些不同之处，经过思考之后，你能接受吗？如不能接受，请试图找找原因。

（一）MBTI 人格类型理论

1．MBTI 简介

MBTI（Myers-Briggs Type Indicator）的理论基础来源于瑞典心理学家卡尔·荣格（Carl Jung，图2.9）有关知觉、判断和人格态度的观点，由嘉芙莲·谷嘉·布里格斯（Katherine Cook Briggs）和她的女儿伊莎贝·碧瑞斯·迈尔斯（Isabel Briggs Myers）研究，后来发展成为心理测评工具，编制了《迈尔斯－布里格斯类型指标》。MBTI用途非常广泛，被用于自我探索、职业发展、人才选拔、管理培训、恋爱与婚姻咨询、教育咨询中。

图2.9　卡尔·荣格

2．MBTI 中的四个维度

MBTI 分别从四个维度来考察个人的偏好，这些偏好并无优劣之分，却形成了人与人之间的不同，它们各自识别了一些人类正常的和有价值的行为，也可能成为误解和偏见的来源。MBTI用四维度偏好二分法来评估一个人的类型偏好，每个维度偏好二分法均由两极组成，具体如表2.2所示。

表2.2　MBTI 性格理论中的四个维度

维度	维度含义	两极构成
驱动力的来源	你更喜欢将自己的注意力集中在何处？从何处获得活力？	（E）外倾—（I）内倾 Extraversion—Introversion
接受信息的方式	你如何获得信息？	（S）感觉—（N）直觉 Sensing—Intuition
决策的方式	你是如何决定的？	（T）思考—（F）情感 Thinking—Feeling
对待不确定性的态度	你如何与外部世界打交道？	（J）判断—（P）知觉 Judging—Perceiving

（二）通过 MBTI 理论了解性格

1．能量倾向

能量倾向：你更喜欢将自己的注意力集中于何处？你从何处获得活力？可根据表2.3判别你是外倾性格还是内倾性格。

表2.3　外倾和内倾的区别

□外倾 Extraversion（E）	□内倾 Introversion（I）
注意力和能量主要指向外部世界的人和事，而从与人交往和行动中得到活力	注意力和能量集中于自己的内心世界，从思想、回忆和情感的反思中得到活力
关注外部环境	关注自己的内心世界
喜欢用谈话的方式进行沟通	更愿意用书面表达方式沟通

续表

□外倾 Extraversion（E）	□内倾 Introversion（I）
通过谈话形成自己的意见	通过思考形成自己的意见
用实际操作或讨论的方式能学得更好	用思考、在头脑中"练习"的方式学得最好
兴趣广泛	兴趣专注
好与人交往，善于表达	安静而显得内向
先行动，后思考	先思考，后行动
在工作和人际关系中都很积极主动	当情境或事件对他们具有重要意义时采取主动

性格理解活动一：E-I 维度

课堂活动：你是内倾还是外倾？

6 人一组，在小组中分享自己是属于内倾性格还是属于外倾性格，为什么如此判断？将外倾性格的同学和内倾性格的同学分成两组，相互说一说通常对对方的印象是什么，相处的时候需要对方做些什么，自己应该注意些什么，能从对方学习些什么。

结合讨论和关于内倾和外倾的特点描述，判断自己是内倾性格还是外倾性格。

课堂小测试：根据选择判断自己的能量倾向

1. （　）方式能够让你感到自己充满活力。
   A．与其他人交往互动　　　　B．一个人独处
2. 愿意将能量投向（　）。
   A．外部世界，与人交往，处理各种事物
   B．内心世界，独自沉思默想
3. 更喜欢（　）消磨时间的方式。
   A．被众人环绕　　　　　　　B．独自一人消遣
4. 下面（　）方式让你感觉更舒服。
   A．先采取行动，再考虑遇到的情况
   B．在行动之前先对事物加以通盘考虑
5. 你更喜欢（　）。
   A．成为一个公众人物　　　　B．只想做自己

2．信息接受

信息接受：你如何获取信息？可根据表 2.4 判别。

表 2.4　感觉和直觉的区别

□感觉 Sensing（S）	□直觉 Intuition（N）
用自己的五官来获取信息。喜欢实实在在的、确实已出现的信息。对于周围所发生的事件观察入微，特别关注现实	通过想象、无意识等超越感觉的方式来获取信息。喜欢看整个事件的全貌，关注事实之间的关联。特别善于看到新的可能性
着眼于当前的实际情况	着眼于未来的可能性
现实、具体	富于想象力和创造性

续表

□感觉 Sensing（S）	□直觉 Intuition（N）
关注真实的、实际存在的事物	关注数据所代表的模式和意义
观察敏锐，并能记住细节	当细节与某一模式相关时才能记住
经过仔细周详的推理一步步得出结论	靠直觉很快得出结论
通过实际运用来理解抽象的思维	希望在应用理论之前能对之进行澄清
相信自己的经验	相信自己的灵感

性格理解活动二：S-N 维度

1. 请给"海洋"下定义。
2. 请描述一下你的辅导员。
3. 观察图 2.10 并描述留下的印象。

图 2.10　性格理解活动图

课堂活动之后，你有什么发现？请结合 S 和 N 两个维度的描述确定自己的倾向。

3．信息处理

信息处理：你是如何做决定的？可根据表 2.5 判别。

表 2.5　思考和情感的区别

□思考 Thinking（T）	□情感 Feeling（F）
通过分析某一行动或选择的逻辑后果来做决定。会将自己从情境中分离出来，对事件的正反两方面进行客观的分析。从分析和确认事件中的错误并解决问题中获得活力。目标是要找到一个能应用于所有相似情境的标准或原则	喜欢考虑对自己和他人来说什么是重要的。会在头脑中将自己放在情境所牵涉的所有人的位置上并试图理解别人的感受，然后在此基础上根据自己的价值判断作出决定。从对他人表示赞赏和支持中获得活力。目标是创造和谐的氛围，把每一个人都当作一个独特的个体来对待
喜好分析的	善于体贴他人、感同身受
运用因果推理	受个人价值观的引导
以逻辑的方式解决问题	衡量决定对他人产生的后果和影响

续表

□思考 Thinking（T）	□情感 Feeling（F）
寻求一个合乎真理的客观标准	寻求和谐的气氛和积极的人际交往
爱讲理的	富于同情心
可能显得不近人情	可能会显得心软
公平意味着每个人都能得到平等的待遇	公平意味着每个人都被作为独特的个体来对待

性格理解活动三：T-F 维度

你怎么选？

想象一下：你是一个篮球队的队长，你必须评选一名队员为"年度篮球先生"。最后有两个候选人：A 和 B。那么你倾向于：

A，很明显他是一个明星队员。虽然他还是一个低年级学生，但是他为球队赢得了许多分数，并使得全队获得年度金奖。虽然说 A 是天生的运动健将，但是他还是非常尽力地打好每场比赛。所以，出于公平起见，选择必须仅仅根据赛场表现来做出；否则，就会有偏袒，会开一个不好的先例。相信所有的人都会毫无异议地同意 A 获得这个荣誉。

B，虽然 B 不是最佳的球手，但是他付出了超出常人的努力去练球，总是拿出 150% 的努力打好每场比赛。每一场比赛他都热情高涨，并且很好地鼓动其他的战友共同努力。而且 B 是高年级学生，因为家境问题，高中毕业后就得找份工作，而不能进入大学学习。所以，这次可能是他唯一一次获得这样荣誉的机会。奖金还可能使他有机会继续读书。

很显然，第一时间迅速选择 A 的，其处理信息倾向于思考；选择 B 的，其处理信息倾向于情感。请结合 T 和 F 两个维度的描述确定自己的倾向。

4．行动方式

行动方式：你如何与外部世界打交道？可根据表 2.6 判别。

表 2.6 判断与知觉的区别

□判断 Judging（J）	□知觉 Perceiving（P）
喜欢将事情打理得井井有条，过一种有计划的、井然有序的生活。喜欢做出决定后继续下面的工作。生活通常会比较有规划、有秩序，喜欢把事情敲定下来。按照计划和日程安排办事对他们来说很重要。从完成任务中获得能量。	喜欢以一种灵活、自发的方式生活，更愿意去体验和理解生活而不是去控制它。详细的计划或最后的决定会使他们感到被束缚。愿意对新的信息和选择保持开放，直到最后一分钟。足智多谋，善于调节自己适应当前场合的需要，并从中获得能量
有计划的	自发的
喜欢组织、管理自己的生活	灵感
有系统、有计划	随意
按部就班	开放
爱制订短期和长期计划	适应，改变方向
喜欢把事情落实敲定	不喜欢把事情确定下来，以留有改变的可能性
力图避免最后一分钟才能决定或完成任务的压力	最后一刻的压力会使他们感到精力充沛

性格理解活动四：J-P 维度

你会去吗？

假设现在是周五下午，你在本周日上午要参加大学英语六级考试。这是你最后一次机会参加这个考试了，而你感觉自己有不少东西还没准备好，因此打算在今晚和周六好好复习一下。但是，你忽然接到电话，一个好朋友从外地过来了。你们已经好久没见面了，他邀你今晚去看他，他周六早上就要离开。你会去吗？为什么？

请同学们说说自己的想法。认真倾听每个同学的发言，判断哪些同学可能是判断型的，哪些同学可能是知觉型的。并结合 J 和 P 两个维度的描述确定自己的倾向。

在 MBTI 测评结果中，每个维度上一个人只能是一种偏好，如一个人是内倾型的就不可能是外倾型的，是知觉型的就不会是判断型的。但是，这并不代表一个人是内倾的就没有丝毫外倾的特征，这就好像习惯于使用右手的人不代表他的左手完全没有用处，有很多时候需要左右手配合。

性格也是如此，一个人如果是内倾型，就意味着在绝大多数情况下其自然反应是内倾的，但也有外倾的时候。在特别的情况下，甚至可能主要表现为外倾。所以，不要绝对地看测评的结果。

我们根据上面的学习和理解活动，会得到一个由四个字母组成的 MBTI 代码，请在表 2.7 中找到自己对应的代码，看一看在你所属的类型描述和你了解的自己有多少相符。当然，通过前面的一个活动往往很难一下就准确地判断你的 MBTI 类型。所以，除了完成前面的活动以更好地理解 MBTI 类型外，你最好做一些正式的 MBTI 测评，再结合你在课堂活动中的反应及自己在日常生活中的性格表现来判断自己属于哪个类型。

表 2.7 MBTI 16 种性格类型及其通常具有的特征

ISTJ	ISFJ	INFJ	INTJ
沉静、认真；贯彻始终、得人信赖而取得成功。讲求实际，注重事实，能够合情合理地去决定应该做的事情，而且坚定不移地把它完成，不会因外界事物而分散精神。以做事有次序、有条理为乐，不论是在工作上、家庭上，还是在生活上。重视承诺	沉静，友善，有责任感，谨慎。能坚定不移地承担责任。做事贯彻始终、不辞辛劳和准确无误。忠诚，替人着想，细心；往往记着他们所重视的人的种种微小事情，关心别人的感受。努力创造一个有秩序、和谐的工作和家居环境	探索意念、人际关系和物质拥有欲的意义和它们之间的关系。希望了解什么可以激发人们的推动力，对别人有洞察力。尽责，能够履行他们坚持的价值观念。有一个清晰的理念以谋取大众的最佳利益。能够有条理地、果断地去实践他们的理念	有具创意的头脑、有很大的冲劲去实践他们的理念，并达到目标。能够很快地掌握事情发展的规律，从而想出长远的发展方向。一旦做出承诺，便会有条理地开展工作，直到完成为止。有怀疑精神，独立自主。无论是为自己还是为他人，有高水准的工作表现

续表

ISTP	ISFP	INFP	INTP
容忍、有弹性；冷静，当有问题出现，便迅速采取行动，能够分析哪些东西可以使事情进行得顺利，又能够从大量资料中找出实际问题的重心。很重视事件的前因后果，能够以理性的原则把事实组织起来，重视效率	沉静、友善、敏感和仁慈。欣赏目前和他们周遭所发生的事情。喜欢有自己的空间，做事又能把握自己的时间。忠于自己所重视的人。不喜欢争论和冲突，不会强迫别人接受自己的意见或价值观	理想主义者，忠于自己的价值观及自己所重视的人。外在的生活与内在价值观配合。有好奇心，很快看到事情的可能与否，能够加速对理念的实践。试图了解别人，协助别人发展潜能。适应力强，有弹性。如果和他们的价值观没有抵触，往往能包容他人	对于任何感兴趣的事物，都要探寻一个合理的解释。喜欢理念思维多于社交活动。沉静，满足，有弹性，适应力强。在他们感兴趣的范畴内，有非凡的能力去专注而深入地解决问题。有怀疑精神，有时喜欢批评，常常善于分析
ESTP	ESFP	ENFP	ENTP
有弹性，容忍；讲求实际，专注即时的效益。对理论和概念上的解释感到不耐烦，希望以积极的行动去解决问题。专注于"此时此地"，喜欢主动与别人交往。喜欢物质享受的生活方式。能够通过实践达到最佳的学习效果	外向，友善，包容。热爱生命，热爱人，热爱物质享受。喜欢与别人共事。在工作上，能用常识注意现实的情况，使工作富趣味性、灵活性、即兴性，易接受新朋友和适应新环境。与别人一起学习新技能，可以达到最佳的学习效果	热情而热心，富于想象力，认为生活充满很多可能性。很需要别人的肯定，又乐于欣赏和支持别人。即兴而富于弹性，时常信赖自己的临场表现和流畅的语言能力	思维敏捷，机灵，能激励他人，警觉性高，勇于发言。能随机应变地去应付新的和富于挑战性的问题。善于引出在概念上可能发生的问题，然后很有策略地加以分析。善于洞察别人。对日常例行事务感到厌倦。甚少以相同方法处理同一事情，能够灵活地处理接二连三的新事物
ESTJ	ESFJ	ENFJ	ENTJ
讲求实际，注重现实，注重事实。果断，能很快地做出实际可行的决定。能够安排计划和组织人员以完成工作，尽可能以最有效率的方法达到目的。能够注意日常例行工作的细节。有一套清晰的逻辑标准，会有系统地跟着去做，也想别人跟着去做。会以强硬态度去执行计划	有爱心，尽责，具有合作精神。渴望有和谐的环境而且有决心营造这样的环境。喜欢与别人共事以能准确地、准时地完成工作。忠诚，即使在细微的事情上也如此。能够注意别人在日常生活中的需要而努力供应他们。渴望别人赞赏他们和欣赏他们所做的贡献	温情，有同情心，反应敏捷和有责任感。高度关顾别人的情绪、需要和动机。能够看到每个人的潜质，帮助别人发挥自己的潜能。能够积极地协助他人和组织的成长。忠诚，对赞美和批评都能做出很快的回应。社交活跃，在一组人当中能够惠及别人，有启发人的领导才能	坦率，果断，乐于作为领导者。很容易看到不合逻辑和缺乏效率的程序和政策，他们喜欢做那些需要推理和智慧的工作，只有在经过逻辑推理之后他们才会信服。喜欢有长远的计划，喜欢有一套指定的目标。博学多闻，喜欢追求知识并传递给别人。能够有力地提出自己的主张

（三）MBTI 理论的应用

知道自己的 MBTI 类型，可以帮助你了解职业倾向。研究表明，S-N、T-F 两种维度的组合 ST、SF、NF、NT 与职业的选择更相关。

ST 型的人更关注通过实效和实际的方式应用详细资料，如商业领域。例如，一位 ST

型的心理咨询硕士将会成为心理测评和应用方面的专家。

SF 型的人喜欢通过实践的方式帮助别人，如健康护理和教育领域。例如，一位 SF 型的心理咨询硕士将关注自己的管理、监督技能，以发展和促进同事之间有效的工作关系。

NF 型的人希望能通过在宗教、咨询、艺术等领域的工作来帮助人们。例如，一位 NF 型的心理咨询硕士将成为临床专家来帮助人们成长、发展，学习如何更好地了解自己和他人。

NT 型的人更关注理论框架，如科学、技术和管理，喜欢挑战。例如，一个 NT 型的心理咨询硕士将运用他的战略重点和管理技巧，成为人力资源领域的管理者。

工作安全感则受 IJ、IP、EP、EJ 的影响最大，其中 EJ 类型的人最易有工作安全感，而 IP 类型的人常常在工作中对组织、未来等缺乏安全感。

当然，16 种 MBTI 类型各有其职业倾向（表 2.8）。其中，职业倾向的描述都是从大的类别描述的，从中理解自己的职业倾向时，请不要陷入类别名称的描述，更重要的是要看到这一类别工作的特点。因为在现实的工作世界中，工作名称千变万化，即使相同名称的职位也可能因不同公司而要求相异，所以只有知晓适合自己性格类型的工作特点，才能灵活运用。

表 2.8　MBTI 16 种性格类型的职业倾向

ISTJ	ISFJ	INFJ	INTJ
行政管理、执法、财会或者其他能够让他们可以利用自己的经验和对细节的注意完成任务的职业	教育、健康护理、宗教服务或者其他能够让他们运用自己的经验亲力亲为帮助别人的职业，这种帮助是协助或辅助性的	宗教、咨询服务、教学/教导、艺术或者其他能够促进他们情感、智力或精神发展的职业	科学技术领域、计算机、法律或者其他能够让他们运用智力创造和技术知识去构思、分析和完成任务的职业
ISTP	ISFP	INFP	INTP
熟练工种、技术领域、农业、执法、军人或者其他能够让他们动手操作、分析数据或事情的职业	健康护理、商业、执法者或者其他能够让他们专注于细节的相关服务的职业	咨询服务、写作、艺术或者其他能够让他们运用创造和集中于他们的价值观的职业	科学技术领域或者其他能够让他们基于自己的专业技术知识独立、客观地分析问题的职业
ESTP	ESFP	ENFP	ENTP
市场、熟练工种、商业、执法者、应用技术或者其他能够让他们利用行动关注必要细节的职业	健康护理、教学/教导、教练、儿童保育、熟练工种或者其他能够让他们利用外向的天性和热情去帮助有实际需要的人们的职业	咨询服务、教学/教导、宗教、艺术或者其他能够让他们利用创造和交流去帮助、促进他人成长的职业	科学、管理、技术、艺术或者其他能够让他们有机会不断承担挑战的职业
ESTJ	ESFJ	ENFJ	ENTJ
行政管理、执法或者其他能够让他们运用对事实的逻辑和组织完成任务的职业	教育、健康护理、宗教或者其他能够让他们运用个人关怀为他人提供服务的职业	宗教、艺术、教学/教导或者其他能够让他们帮助别人在情感、智力和精神上成长的职业	管理、领导或者其他能够让他们运用实绩分析、战略计划和组织完成任务的职业

在运用MBTI性格类型时，我们应该注意：

（1）性格类型没有对错，而在工作或人际关系上，也没有更好或更坏的组合。每一种性格类型和每一个人都具有独特的优点。

（2）哪一种性格类型最符合你，是由你自己来做最后判断的。你的性格测试结果是根据你回答问题的选择来建议你最可能属于哪一种性格类型，但是只有你自己才知道你真正的性格类型。

（3）你可以用性格类型去理解和原谅自己，但不能以它作为你做或不做任何事情的借口。不要让性格类型左右你考虑选择任何事业、活动或人际关系。

（4）要留意自己对类型的偏见，借此避免负面地把别人定型。了解自己的性格类型，让我们能够更好地扬长避短；了解他人的性格类型，可以促使我们更好地达成一致。

第四节　能力与职业

案例一

我们的困惑

小吴的困惑是她不知道自己究竟擅长什么，能做什么。对于找工作，她没什么信心，因为她压根儿就不清楚该怎么找，也不觉得自己能有什么优势或长处会被用人单位看上。再说，如果有幸能找到一份工作，她也不知道自己能否胜任。

小杨所学专业是热门专业。他痛感自己人际交往技能差，又难以改变。和同学比起来，他的动手能力和英语交流能力都很弱。他觉得很自卑，对于自己的前途并不看好。

小匡对自己在专业方面的能力不是很自信，也不打算以后从事本专业工作。但对非本专业的领域，他又没有足够的信心能做得比专业出身的人更好。况且，如果浪费四年的专业学习，也会觉得可惜，甚至很有挫折感。对于前途，他感到很茫然。

案例点评：案例中三位学生的情况是典型的职业困惑，而且都指向能力和技能，现实中很多人也都面临过相同或类似的困惑。提升自我认知、探索自身能力和技能、了解和掌握能力与职业的关系是解决此类困惑的有效途径。

一、能力概述

能力是完成一定活动的本领，是一种力量，是一个人比较稳定的个性心理特征。任何一种活动都要求参与者具备一定的能力，而且能力直接影响活动的效率。能力具体又分为能力倾向、技能和自我效能感。

1．能力倾向（Aptitude）

能力倾向是指每个人天生具备的特殊才能，如音乐、运动能力等。它是与生俱来的，不过也有可能因未被开发而荒废。因此，它是一种潜能。

2．技能（Skill）

技能是指经过后天学习和练习培养而形成的能力，如阅读能力、人际交往能力、表达能力等。本章主要针对技能的相关内容展开。

个人的能力水平往往是能力倾向和技能两方面的结果。比如，运动员取得奥运会冠军，这中间既有他先天良好的个人身体素质的原因，也离不开他后天勤奋刻苦的技能训练。

3．自我效能感（Self-efficacy）

自我效能感是指个人对自己的能力及运用该能力将得到何种结果所持的信心或把握程度，它是预测个人行为的重要指标。

研究发现，在实际生活和工作中，对个人行为起决定作用的往往不是个人实际能力的高低，而是个人能力自我效能感。

过程训练一

体验能力

请大家在5分钟内在纸上尽可能多地写下自己所拥有的能力。与你的同伴分享，看看谁写得多。

大家写的能力一样吗？有什么不同？汇总大家所写的能力。可以将它们分类吗？可以分几类？

二、能力和职业的关系

1．能力指向职业要求

一定的职业能力是胜任某种职业岗位的必要条件。当个人能够满足工作的需求时，达到"外在满意"，即令自己的雇主、同事感到满意。"外在满意"通过衡量个人职业技能与工作要求之间的配合程度来进行评估。

2．职业实践促进职业能力的发展

职业能力是在实践的基础上得到发展和提高的，一个人长期从事某一专业工作，能促使人的能力向高度专业化方向发展。例如，计算机文字录用人员，随着工作的熟练和经验的积累，录入的速度会越来越快，准确性也会越来越高。个体的职业能力只有在实际工作中才能不断得到发展、提高和强化。

3．职业能力、职业发展与创造间的关系

职业能力是职业发展和创造的基础。没有能力或能力低下，就难以达到工作岗位的要求，不能胜任。个体的职业能力越强，各种能力越综合发展，就越能促进人在职业活动中的创造和发展，就越能取得较好的工作绩效和业绩，越能给个人带来职业成就感。

三、自我技能探索

（一）技能分类及内容

1．专业知识技能

专业知识技能是指那些需要通过教育或者培训才能获得的特别的知识或能力，也就是个人所学习的科目、所懂得的知识。比如你是否掌握外语、中国古代历史、电脑编程或化学元素周期表等知识。专业知识技能一般用名词来表示。

专业知识技能获取途径有：学校课程、课外培训、辅导班、资格认证培训和考试、专业会议、讲座或研讨会、自学、爱好、娱乐休闲、社会实践、社团活动、家庭责任和上岗培训等。

过程训练二

专业知识技能的发现

请思考并在纸上写下以下问题的答案：你大学学习的是什么专业？你的专业课有哪些？除了专业课之外，你还选修了哪些课程？你参加过哪些相关培训？你最近在看什么书？篮球的游戏规则是什么？

"复合型人才"是指具有不同知识技能的人。技能的组合非常重要。例如，辅修心理学专业的平面设计专业学生，更有可能在进行设计工作时运用自己的消费心理学知识与客户进行充分的沟通，令客户更加满意。

2．可迁移技能

可迁移技能也称通用技能，比如教学、组织、说服、设计、安装、帮助、计算、考察、分析、搜索、决策、维修等，一般用动词表示。

可迁移技能的特征是它们可以迁移应用于不同的工作之中。它是用人单位最看重的部分，是个人最能持续运用和最能依靠的技能。

与专业知识技能相比，可迁移技能无所谓更新换代，而且无论你的需求和工作环境有什么样的变化，它们都可以得到应用。可迁移技能可通过参与实践、观察学习、模仿体会、专业训练、实习实训、业余爱好、休闲娱乐和社团活动获取。

可迁移技能举例：
- 沟通技能（在课堂上有效地倾听、小组讨论、写作论文）。
- 解决问题或批判性思维技能（分析和抽象思维，找出同一问题不同的解决方案，说服他人按既定的方案行动）。
- 人际关系技能（与同学合作去完成老师布置的任务，与宿舍的同学相处）。
- 组织技能。
- 研究技能（搜索数据库或检索书面参考资料、发现和形成主题、收集和分析数据、调查问题）。

过程训练三

可迁移技能的发现

请思考并在纸上写下如下问题的答案：你都会做什么？你参加过哪些社会实践？请用5～10个动词来概述你的工作能力。你觉得自己最突出的工作能力有哪些？哪些能力使你能够胜任这项工作？

3．自我管理技能

自我管理技能也被称为"适应性技能"，用来描述或说明人具有的某些特征和品质，是个人最有价值的资产，是影响职业生涯成功与否的关键，一般用形容词或副词来表示。一个人是如何使用自己的专业知识、以什么样的态度从事工作，这甚至比工作内容本身更为重要。

人们被解雇或离职，更多的时候是因为缺乏自我管理技能，而不是因为缺乏专业能力。可以说，大学生在从校园走向社会之前，培养良好的自我管理技能，学会如何为人处世，是至关重要的。

自我管理技能可通过榜样的力量、认同与练习、观念的多元化、自我认知的提高、意志力的培养、丰富的精神生活、业余爱好、娱乐休闲和社团活动获取。

自我管理技能具体有：诚实、正直、自信、开朗、合作、耐心、细致、慎重、幽默、真诚、热情、高效、严谨、善良、善解人意、吃苦耐劳等。

过程训练四

自我管理技能的发现

请思考并在纸上写下如下问题的答案：请用 5 个形容词来描述你的优点。在老师眼里，你是一个什么样的学生？你的同学通常怎么评价你？通常，你给人留下最深刻的印象会是什么？你觉得自己身上最明显的特点是什么？

课堂思考

我愿意与什么样的人共事？

请列出你愿意与之共事的人的特质，并在小组中进行讨论，看看大家最重视的特质有哪些？同时反思自身是否具有这样的特质？

（二）探索技能的方法

探索技能的方法有很多，有成绩单、实践报告、实习证明、工作履历表、技能问卷或技能分类卡、成就故事集的撰写与分析等。成就故事集的撰写与分析因其能够全面客观地呈现个人技能，应用较多。

案例二

我的成就故事

我是一名师范生，这学期的教学技能培训课要求我们自选题目并用 PPT 进行一次演示讲解。在此之前，我没有学过如何制作 PPT。我请同宿舍的一位同学用了大约二十分钟的时间教我 PowerPoint 软件的基本使用方法，我又自己在学校的电脑机房进一步深入学习，并向机房的管理人员请教了几个不明白的问题。选定了我要讲的题目以后，我上网搜索了相关的资料和图片，然后制作了十分钟课程的辅助教学 PPT。在课堂讲解演示中，由于我制作的 PPT 图片精美、文字与内容搭配得宜，获得了 95 分的高分，并得到了老师和同学们的称赞。

案例点评：这个案例故事既符合 STAR 法（详见第 55 页）的要求，又较为全面地展示了所涉及的技能，包括：快速学习、善于利用人际关系、寻求帮助、清晰地沟通、搜索信息、会编辑和组织图片和文字、面对新情况表现出灵活性和很强的适应能力、敢于迎接挑战、积极主动、耐心、关注细节、克服压力、会制作 PPT。

（三）技能理论的应用

1．职业技能的辨识

根据调查，企业最为重视的技能和个人品质有：复杂问题的解决能力、批判思考能力、创造力、管理能力、团队合作能力、情商、决策与判断力、沟通与服务能力、专业技术、谈判力、人际交往能力、灵活度与适应能力、诚实正直、职业道德等。

可以按照专业知识技能、可迁移技能、自我管理技能对这些技能进行分类。

2．对职业技能要求的了解

直接方法有：参观、体验、实习。间接方法有：生涯任务访谈、利用书籍和网络等获得信息。

在一定程度上，越是大的公司，越看重个人的综合素质，也就是"自我管理技能"与"可迁移技能"。大学生们通常不乏知识技能，但常常缺少敬业精神、沟通能力等自我管理技能和可迁移技能。因此，大学生在校期间，一定要在学好专业知识的基础上，加强这方面的培养。

过程训练五

你了解自己的专业吗？

请描述你的专业及所修课程？拥有你所学专业学位的人应该具备什么技能？有这些技能的人能从事哪些工作？从中选择一个喜欢的工作，查询并分析该职业的技能要求。

3．职业技能的表达

如果把人比作一个木桶，那么桶提柄的承重力是自我管理能力，桶壁板的材质和质量是身体素质，桶壁板的高度是专业知识技能，桶壁圈的周长是可迁移能力，桶底是心理素质。这个木桶的盛水量由以上因素决定，比喻一个人的职业成就度由以上能力和素质决定。

木桶的比喻很好地把个人的各项素质和能力进行了整合，并且蕴含着各项能力对于个人职业发展的作用（图 2.11）。

在简历和面试中，你都需要以技能为中心来展示自己、推销自己。但需要注意的是，这里所说的"技能"，既是你所擅长的，又

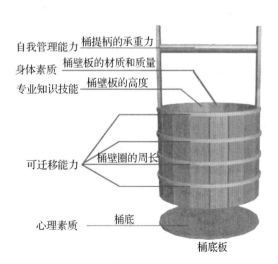

图 2.11　个人能力结构"木桶"模型

必须是职业所要求的。专业技能的运用是在可迁移技能基础之上的。而将可迁移技能、专业知识技能和自我管理技能结合在一起时，就能对个人技能提供具体的证明。

第五节　价值观与职业

价值观是人在社会精神文化系统中深层的、相对稳定而起主导作用的成分，是人的精神、心理活动的中枢系统。价值观人人会有，处处会有，不仅在眼前的一件件具体事情上反映出来，也会在职业发展、社会发展大方向及大决策上显示出来。对于一个人来说，价值观就是人生和事业中最重要的精神追求、精神寄托、精神支柱和精神动力所在。在职业发展上，价值观就是人们选择和发展自己的职业时所围绕的中心，是在不得不做出选择的时候都不会放弃的那种至关重要的东西。

一、价值观概述

价值观是指个人对客观事物（包括人、物、事）及对自己行为结果的意义、作用、效果和重要性的总体评价，是推动并指引一个人采取决定和行动的原则、标准，是个性心理结构的核心因素之一。它使人的行为带有稳定的倾向性。

价值观是一种内心尺度。它凌驾于整个人性当中，支配着人的行为、态度、观察、信念、理解等，支配着人认识世界、明白事物、探寻意义、自我了解、自我定向、自我设计等，也为人自认为正当的行为提供充足的理由。

课堂思考

1. 就目前而言，你最理想的职业是什么？请思考，并分享理由。
2. 在中药研究员、京剧服装师、西部支教教师、村党支部书记、宿舍服务员这些选项中，如果你都能胜任，你最愿意干什么？最不愿意干什么？为什么？

案例一

中药研究员：屠呦呦，一生倾情青蒿素的研究，为研发抗疟疾的中草药，她阅读了大量历代中医典籍，查阅群众献方，请教老中医专家。她用3个月时间，收集了包括植物、动物、矿物药在内的2 000多种方药，并在此基础上编辑成包含640种方药在内的《抗疟单验方集》。又经过数百次的失败实验后，终于提取了抗疟中草药有效成分。屠呦呦说："我们到底把世界上一年几亿人发病却无药可治的疾病问题解决了，我觉得这是最欣慰的事情。"

京剧服装师：郭春慧，北京京剧院梅兰芳京剧团服装师，其父郭岐山一辈子追随梅兰芳先生，曾是梨园行鼎鼎大名的梅先生"大衣箱"，子承父业的郭春慧也在这个常常被人遗忘，但又专业程度极高、不可或缺的岗位上默默工作了整整30年。他说："角儿是在舞台上'伺候'观众，而我们是'伺候'角儿，说到底，都是为了观众。"

西部支教教师：邱立勇，辞去城市的舒适工作和优厚待遇，参加大学生志愿服务西部计划，到甘肃省岷县成德中学任教。邱立勇很快适应并融入学校的师生中。作为当时学校唯一的专职教师，邱立勇带领全校学生白手起家建设校园。因为缺少资金，许多事情都要靠师生自己动手来做。在他的带动下，先后解决了饮水问题，平整了校园，修建了取暖锅炉，实现了学校面貌的大变样。两年的志愿服务期满后，邱立勇选择了继续留校任教。

村支部书记：石磊，刚从清华大学精密仪器系毕业3年，却已是南京市栖霞街道西花村1 200名村民的"当家人"。本可3年期满，凭着优惠的政策考公务员或进入国企，如今却准备长期扎根在这里。单调的整理档案、网上寻医问药、发放联系卡、带领村民脱贫致富、架设路灯、修整沟渠、防火防汛，他都冲在第一线。他说："现在这份工作，是我能想象到的，能找到的最好的工作。"

宿舍服务员：农村出身的袁苏妹，人称"三嫂"，为香港大学大学堂男生宿舍服务超过40年，被称作"以自己的生命影响大学堂仔的生命"，是"香港大学之宝"。只识得五个字的她，在度过平凡的82年人生后，被授予香港大学院士称号。用心是做事的根本，三嫂之所以深受别人的爱戴，离不开她那用一颗心去换取另一颗心的真情。"三嫂就像我们的妈妈一样。"许多在宿舍里苦学良久的学生们都会说出这句话。年复一年在这所诞育无数人才的摇篮里辛勤劳作，袁苏妹用行动向学生证明做人的根本。这位平民院士，是普通人世界里不能再暗淡的人物，但终生"拎出个心来对人"的她终究无法掩盖头顶的光辉。

案例点评：为什么他们能够坚持而且很满意？起到决定作用的是所从事的职业带来的职业意义：中药研究员的"用中药挽救千万人的生命"，京剧服装师的"成就角儿的光鲜"，西部支教教师的"看着孩子的成长"，大学生村干部的"改变村民的生活"，宿舍服务员的"拎出个心来对人"。心理学家表明，价值观是职业意义的核心。"价值观能够带来目的感，像星星一样指引个人去到生命空间内最想去的某些地方，那里是意义的中心，那里是需要得到满足的地方、兴趣得以表达的场所。"

职业价值观是指人生目标和人生态度在职业选择方面的具体表现，也就是一个人对职业的认识和态度及他对职业目标的追求和向往。理想、信念、世界观对于职业的影响集中体现在职业价值观上。

简单来说，价值观就是你最重要和最想要的东西。职业价值观就是你最重要和最想要的东西在职业上的体现。

价值观的特性：

（1）价值观是因人而异的。由于每个人的先天条件和后天环境不同，人生经历也不尽相同，每个人的价值观的形成会受到不同因素的影响，因此，每个人都有自己的价值观和价值观体系。在同样的客观条件下，具有不同价值观和价值观体系的人，其动机模式不同，产生的行为也不同。

（2）价值观是相对稳定的。价值观是人们思想认识的深层基础，它形成了人们的世界观和人生观。它是随着人们认知能力的发展，在环境、教育的影响下，逐步培养而成的。人们的价值观一旦形成，便是相对稳定的，具有持久性。

（3）价值观在特定的环境下又是可以改变的。由于环境的改变、经验的积累、知识的增长，人们的价值观有可能发生变化。

二、价值观与职业的关系

（一）价值观对职业选择具有导向和决定性作用

我们往往要在一些得失中做出选择，而职业价值观往往会左右我们的选择。例如，是要工作舒适轻松，还是要高标准的工资待遇；是要成就一番事业，还是要安稳太平。当两者有矛盾冲突时，最终影响我们决策的是存在于内心的职业价值观，价值观对职业选择的影响超过兴趣、性格和能力的影响。当我们有矛盾冲突或妥协与放弃的时候，常常也是出于价值观的考虑。

（二）职业价值观与职业的匹配度影响职业发展水平

当工作环境能够满足个人的需求时，个人会感到"内在满意"，"内在满意"通过衡量个人价值观与企业文化及奖惩制度之间的适配性来评估。职业价值观决定着人们就业后的工作态度和工作业绩，从而决定了人们的职业发展情况。

（三）职业价值观影响职业生涯幸福感

职业价值观作为人们对待职业的一种信念和态度，往往决定了人们的职业期望。哪个职业好，哪个岗位适合自己，有人注重职业活动的过程，有人注重职业活动的结果，有人注重职业活动的环境，等等。人们的职业价值观不同，职业期望和职业感受也不同。职业期望和职业感受是职业生涯幸福感的主要内容。

三、职业价值观的澄清

（一）价值观探索与澄清

1．标准问卷法

标准问卷法常用田崎仁的《职业价值观测评》，此问卷是在田崎仁的职业价值观九分法的基础上构建的。九分法把职业价值观分为独立经营型、经济型、支配型、自尊型、自我实现型、志愿型、家庭中心型、才能型和自由型九种类型。

2．访谈法

访谈法是职业咨询中常用的方法，又称为终极职业理想探寻，包括以下四种方法。

访谈法一：自由联想。

想象一下未来的某一时刻你的人生达到了理想的状态，你拥有理想的生活、理想的工作和理想的关系，整个生命都处于一种轻松、满足、快乐、成功的状态中，这个时候你会看到什么样的情景？那个情景中有什么？你会听到哪些声音？你发自内心的感受是什么？

访谈法二：80岁生日宴会上总结自己的人生。

假如今天是你80岁的生日，在座的各位都是从世界各地赶来为你庆祝生日的亲朋好友，当人们谈到你的时候，都非常羡慕你的人生。你最希望得到人们关于哪些方面的称赞？或者在他们看来，伴随你人生的关键词有哪些？如果在宴会上你要对自己的前80年做个总结，你会说什么？

访谈法三：列出最欣赏的五个人。

在所有你了解的人里面,比如你周围的亲戚朋友,或者你通过电视、电影、网络、书刊中了解到的人,你觉得哪些人的人生是你认同或者欣赏的,请你至少列出5个人来,我们分别来看一下每个人吸引你的特点,然后我们看看这些原因的共同点。

访谈法四:马斯洛需求层次应用法。

心理学家马斯洛认为,人的需要由生理需求、安全需求、归属需求、尊重需求、自我实现需求五个等级构成。人类的需求具有层次性,各种需求是相互联系、相互依赖和彼此重叠的,是一个按层次组织起来的系统。某一时期占优势的需求支配着我们的意识,并且成为组织我们行为的核心力量。

对照图2.12,看一看,现在你的哪种需求占主导。在不同职业发展时期,会有什么变化?

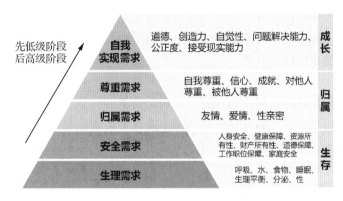

图2.12 马斯洛需求层次理论模型

3. 生涯辅导工具法

工具法一:价值观市场。

(1) 价值观选择。

参照下方价值观,挑选出其中五种对你来说最重要的价值观,分别写在五张小纸条上。如果你认为重要的价值观在表中没有列出,也可以另写。

人际关系/归属感,团队合作,物质保障/高收入,稳定,安全,创造性,多样性和变化性,新鲜感,乐趣,自由有礼,被认可,受尊重,能帮助他人,能发挥自己的才能,成就感,成功,名誉,地位,有学习、发展、成长的机会,有益于社会,挑战性,冒险性,竞争,工作环境,工作地点,健康,家庭,朋友,亲情,亲密关系,爱,信仰,幸福,平等……

(2) 价值观定义。

给每一条对你来说很重要的价值观下定义,并在纸上写下来,即要达到什么样的水平你才能满意?个人对同一种价值观的定义可能并不相同,比如对于"物质保障"的理解,有人希望年入百万实现财务自由,也有人希望进入体制内过上稳定有保障的生活。

(3) 价值观放弃。

如果你不得不放弃其中的一条,你会放弃哪一条?将写有你准备放弃的价值的纸条与他人交换。

(4) 价值观交换。

保留刚才别人给你的纸条,放在一边。现在,如果你不得不继续放弃剩下四条中的一条，你会放弃哪一条？再次与另一个人交换。

（5）价值观排序。

继续下去，直到最后只剩下一条。这是否是你无论如何也不愿放弃的？

按重要程度排序五条重要价值观及其定义。

（6）提问环节。

通过这个活动，你对自己的价值观有了什么样的了解和想法？你的价值观会对你的职业选择和人生产生什么样的影响？他人的价值观会对你的生活造成什么样的影响？

（7）活动的目的。

价值观是我们在工作和生活中所看重的原则、标准或品质。它指向我们一生中最重要的东西，是人们的内在驱动力，因此，价值观在人们的生涯发展中往往起到极其重要的作用。

个人所处生涯发展阶段、外界环境的变化导致他的需求也随之变化，从而使人的价值观也在不断变化，因此，人需要不断探索、澄清自己的价值观，一个价值观明确的人，往往他的生涯发展目标也会随之清晰。

（8）注意事项。

在对价值观进行探索的过程中，人们会发现对价值观的取舍和排序是一个很艰难的过程，甚至活动结束后仍对自己的选择感到迷茫，发现最终留下的一条价值观也不是自己真正需要的，这是由于学生还处在个人价值观形成的探索期，混乱是必然的，重要的是要对自己的职业和生活进行不断的思考与探索。同时价值观的澄清也不是一劳永逸的，还需要在日后的学习与生活中不断探索与反思。

工具法二：价值观拍卖。

（1）准备价值观工具卡。

工具卡可自制，也可购买。

（2）宣布拍卖规则。

规则举例：每人可有 5 000 元资金（假设是 5 000 个生命单位，代表你可以自由投注于职业世界的时间、金钱和精力）参加竞拍，每件价值的底价均为 500 元，每次竞价以 300 元为单位递增，价高者得；每件物品的最高出价喊价 3 次后无人加价则击槌成交；若一次出价 5 000 元，则立即成交；货品一经售出，概不退换。

（3）正式开始拍卖前，有 5 分钟的时间来思考想要购买的拍卖物顺序及愿意出的最高价格。每组推选一个拍卖主持人，主持人也参加标购。由主持人负责各组的拍卖活动。

（4）将各自出价结果记录在表 2.9 中。

表 2.9　价值观拍卖经录

待出售的价值	你的预算金额	你的最高出价	你中拍的项目	与项目相关的价值
具有吸引力				
拥有健康				
稳定收入				
……				

（5）请分享自己的经验与感受。

所购得的是否为原先预定自认为重要的项目？若未能购得希望的项目，有何感想？你所看重的项目在什么样的职业里会充分体现？

（二）职业价值观的五个关键词

1．匹配

价值观可以指导人们做出合理的选择，价值观的满足是维持职业稳定性的关键，它既是人们追求成功的动力，也是人们克服困难时的内在力量。

2．平衡

没有一份工作可以满足我们所有的价值观，所以在不同的生涯发展阶段，我们要对价值观进行排序。从来没有什么完美的选择，选择就意味着取舍，重要的不是你在工作中得到了什么，而是在价值观的导向下，你在经营着一种什么样的生活。

3．适应

价值观的满足需要能力的支撑，我们不仅要考虑个人的价值观，也要同时考虑组织对我们的要求和期待。在满足个人价值追求的同时，要学会与外部环境和平相处。

4．认知

很多价值观的形成是潜意识的情结，是非理性的，不是理性可以完全控制的，所以重要的是理解和接纳，而不是对抗和改变。尊重是接纳的前提，就像我们不愿意被别人改变一样，别人也不愿意被我们改变。

5．塑造

价值观的形成往往是潜移默化的，所以环境对一个人的价值观的改变很重要。在经历了一些重大生活事件之后，人们的价值观很容易发生改变。主流文化、偶像、亲人、朋友等都会影响一个人的价值观。

案例二

一个职场人士的职业咨询案例

赵女士，上海某大学传媒专业硕士，在某香港媒体上海办事处工作，开拓市场三年，工作积极，业绩良好，经常加班加点，深受上司的好评。但因工作强度过大，积劳成疾，在家静养。休养一段时间后，赵女士又开始考虑步入职场。她有很多可选择的机会，但她不想重复过去。应该怎么选择？她有些犹豫，遂求助于咨询师。

面谈时，赵女士向咨询师谈及了自己以往工作经历和对新工作的期望。她心目中的理想工作就是工作环境好、薪水高、工作压力不太大。但在对市场相关职位进行研究后发现两者不可兼得。她这个年龄段的女士如果要高薪就必须承受相对高的工作压力，就像过去一样，但这又是她不想选择的。赵女士28岁，精明干练，表达力极强，工作思路非常清晰，只是在选择个人职业时不知所措。考虑到她有能力进行深度自我探索，咨询师给其布置了一组职业探索书面练习，涉及个人成长史、学校和工作、职业价值观、理想的要求及职业目标设定等。

两个星期后，赵女士如约发来书面练习。从练习内容来看，得益于其文科专业硕士背景和过去三年市场开发经历，她对个人认识和市场上相关行业的了解远较一般职场人清晰，唯一冲突比较大的就是其职业价值观的取舍，她将家庭生活排在第一位，休闲娱乐排在第二位，事业仅仅排在第三位，但又认为高薪是满足高品质生活所必需的。综合赵女士的书面练习，咨询师经和赵女士讨论，最后达成一致：职业价值观不清晰是其当前职业选择冲突的重点，随后的咨询方向就集中于职业价值观的澄清。

经过两次咨询后，赵女士最终确定了个人职业价值观。她发现业内高薪职位和自己所谋求的平衡型生活冲突较大，而自己的职场价值观因受家庭熏陶、个人兴趣、教育背景等诸多因素业已形成，改变可能性不大。相对合理的选择是：调整自己的职业道路，在平面媒体行业或者文化产业内寻找可充分发挥自己特长、压力相对不大的工作，薪水高低不再是选择重点。考虑到国外平面媒体正陆续进入中国，咨询师还建议赵女士加强英语听力和口语训练，以流利英语作为长期个人发展的阶梯。

两个月后，赵女士电告咨询师，已进入一家国际媒体公司从事市场工作，压力不大，可以受到良好的培训，业余时间也可以兼顾个人兴趣和爱好。

四个月后，赵女士再次和咨询师联系，讨论如何提高英语能力的问题，为若干年内和欧美籍高管交流做好准备。至此该案例结束。

案例点评：职业价值观的困惑是职业规划经常碰到的问题。当前许多人关注物质利益居多，谈得最多的不外乎房子、车子、高薪职位，追求着物质欲望的满足。不过物质利益等外在追求真是自己的追求吗？很多职场人不由自主地选择大众追求的东西，但当物质欲望的相对满足与失去亲情结伴而来，个人精神生活变得空虚时，有一部分人就开始惶惑：我所追求的真是我想要的吗？

这时职业价值观澄清就非常有必要了。首先，我们的资源总是有限的，不可能得到所有自己想要的东西，必须有所取舍；其次，每个人的追求其实大有不同。新时代，多元化的生活已经出现。听从内心呼唤、追求自己独特的生活方式已经成为部分人的选择。故认识自己的价值追求并做出选择是至关重要的。

牛刀小试

活动一：夸夸自己。

请在3分钟的时间内，写出自己至少10种以上的能力。这看似简单，却并不是所有人都可以轻松地完成。你可以尽量列举自己的能力，如烧饭、教小朋友认字、喂养小动物、说英文、修理拉链等。这个练习可以帮助我们梳理和分析自己的长处、认识自己的价值。

活动二：活用360°测评。

如果你从事过业余兼职活动，请雇主对你进行评价。

认真听取父母眼中的我、朋友眼中的我、同学眼中的我、恋人眼中的我都是什么样子的。分类整理后同自己眼中的我和自由理想中的我做比对，这样有利于客观理性地看待自己。

活动三：写出20个"我是一个怎样的人"。

这是心理训练中常用的方法，请写出20个"我是一个怎样的人"。要求尽量能反映个人的风格，而不是如"我是一个男人、我是一个男生、我是一个来自哪里的男生"这样的句子。

写完以后，请将句子的内容按以下方式进行归类。

（1）心理状况：你常有的情绪情感，比如开朗、内向、认真、孝心等；能力状况，比如灵活、外语水平高、模仿能力强等。

（2）身体状况：外貌、体型、身高、发型、肤色等。

（3）社会状况：与他人的关系、对人的态度、学习状态、生活状态等。

（4）语言风格：是描述性的语言，还是拟人化的语言等。

（5）自我的状态：正向描述、负向描述等。

写出20个"我是一个怎样的人"，这种方法是进行自我认知很有效的方法。这个训练方法还提示我们，如果20个答案中正向的描述少于负向的描述，说明自我的接纳程度低，需要改善。

活动四：回答下面的问题，并将答案写下来。

1. 请列举出三种你现在或曾经非常感兴趣的职业（摒除所有现实的考虑）。这些工作中的哪些特征吸引着你？

2. 你喜欢谈论什么话题？试问自己：如果孤立无援的你被放逐到一个荒无人烟的岛上，与你同行的是一个只知道某个专业的人士，那么你希望这个专业领域是什么？

3. 你喜欢阅读什么类型的杂志？读哪方面的杂志，你能真正感兴趣？如果你正在书店里浏览，你倾向于停留在书店的哪类书架前？真正令你着迷的是哪方面的书籍？

4. 你喜欢浏览什么网站或网站的哪个版块？这些网站实际上属于哪个专业？哪些网站真正令你着迷？

5. 如果你正在看电视，你会选择哪类节目？节目中的什么吸引着你？

6. 你真正感兴趣的是哪个科目？为什么喜欢它（们）？

7. 如果你要写一部书，不是你的自传，也不是别人的传记，你会写哪方面的书籍？

以上问题让你从中看到了哪些共同点？如何给这些共同点生命？如何滋养它们？

活动五：霍兰德兴趣类型模型词表（表2.10）。

请从下列词汇中圈出能够描绘你的词，少数词汇可能会出现2次。

表2.10 霍兰德兴趣类型模型词表

第Ⅰ组：实用型（R）	第Ⅱ组：研究型（I）	第Ⅲ组：艺术型（A）
1. 爱好运动的	16. 分析的	31. 艺术的
2. 顺从的	17. 富有创造性的	32. 富有创造性的
3. 坦诚的	18. 挑剔的、苛刻的	33. 无序的
4. 物质的	19. 好奇的	34. 情绪化的
5. 机械的	20. 独立的	35. 善表达的
6. 户外型的	21. 聪明的	36. 理想的
7. 固执的	22. 逻辑的	37. 不实际的
8. 实际的	23. 数学的	38. 独立的
9. 实用的	24. 细心的、有条不紊的	39. 革新的、创新的
10. 粗犷的	25. 精确的	40. 具有洞察力的
11. 害羞的	26. 探询的、疑问的	41. 直觉的
12. 稳定的	27. 合理的	42. 新颖的、新奇的
13. 强壮的	28. 缄默的	43. 知觉的
14. 有技巧的	29. 科学的	44. 沉思的、熟虑的
15. 节俭的	30. 用功的、好学的	45. 敏感的
R（ ）	I（ ）	A（ ）

续表

第Ⅳ组：社会型（S）	第Ⅴ组：企业型（E）	第Ⅵ组：事务型（C）
46. 易接受的	61. 物欲的、贪得的	76. 顺从的
47. 利他的	62. 勇敢的	77. 事务的
48. 细心的、关心的	63. 有抱负的、有野心的	78. 依赖的
49. 易合作的	64. 能清楚表达的	79. 有效率的
50. 富有同情心的	65. 断言的	80. 细心的、有条不紊的
51. 友好的	66. 自信的	81. 服从
52. 大方的	67. 有决断的	82. 整洁的、有序的
53. 乐于助人的	68. 支配的	83. 有组织的
54. 仁慈的	69. 精力充沛的	84. 固执的
55. 理想的	70. 热心的	85. 实际的
56. 好心的	71. 有影响力、有势力的	86. 精确的
57. 善于说服人的	72. 善于说服人的	87. 可靠的
58. 负责的	73. 政治	88. 系统的
59. 随和的	74. 具有生产力的	89. 事务的
60. 理解的	75. 机智的	90. 控制能力强的
S（　　　）	E（　　　）	C（　　　）

每选择一项计 1 分，然后把各项得分的汇总填在每组下方的括号中。可以帮助我们进一步明确或验证自己的霍兰德代码。

有效性检验：请检查你回答下列问题的一致性，8 对题一致性达到 6 对以上，此测评结果方为有效。2 和 76、7 和 84、17 和 32、20 和 38、24 和 80、25 和 86、36 和 55、57 和 72 八对词是相同的。

特别注意：

● 职业选择中，个体并非一定要选择与自己兴趣完全对应的职业环境。个体本身常是多种兴趣类型的综合体，影响职业选择的因素是多方面的，如社会的职业需求和获得职业的现实可能性。

● 并不是所有的兴趣都应该或能够在自己的职业中体现。兴趣也可以通过兼职、志愿活动、社团活动、业余爱好等多种方式来表达。关键在于在工作和生活之间的协调与平衡，以及工作与个人爱好的适度统一。

● 正确看待兴趣，学会获得平衡与适应现实，这是我们探讨兴趣的根本目的。

对自我兴趣的探索、体验、认同需要个人在实践过程中不断反省和统合。即使从事自己感兴趣的职业，仍需付出艰苦的努力。更不能以"没有兴趣"作为频繁跳槽或不努力工作的借口。

● 切勿被测评限定自己。严格地讲，兴趣测评的结果不能被解释为"哪种职业适合我"，只能说是根据测评的常模样本，拥有某类型兴趣特征的人通常会更多选择某些类型的职业，并且在这样的职业中感觉比较愉快、满足。做兴趣测试的目的是帮助你增进对自我及工作世界的认识，拓宽其在职业前景上的思路，为未来发展提供方向性的指导，而不是限定自己。因此，不要局限于测试结果所建议的职业，也不要简单地用某些类型给自己贴标签、限制自己。

活动六：请你尝试找出5~10种你感兴趣又符合你性格的职业，并收集下列信息：职业名称、薪资、工作时间、福利情况、就业前景、教育程度、要求、工作内容、工作条件和晋升机会。

从中体验、思考兴趣和职业共同作用于职业选择的情景及效果。

活动七：撰写成就故事。

首先要强调的是，只要符合以下两条标准，就可以被视为成就：一是你喜欢做这件事时体验到的感受；二是你为完成它所带来的结果感到自豪。

任务：理想状态下，可以写出3~5个让你感到有成就感的故事，并在小组中逐一进行分析和讨论。看看在这些故事中是否有重复出现的技能，并将这些技能按优先次序加以排列。

要求：用STAR法来编写一个你的成就故事，包括：当时的形势（Situation）、面临的任务/目标（Task/Target）、采取的行动/态度（Action/Attitude）、取得的结果（Results），试分析其中所反映的个人技能。

活动八：请你结合生涯辅导工具——价值观市场的方法来探索自己当下的职业价值观，列好五条重要价值观及其定义（按重要程度排序）。

活动九：说出自己有意全情投入的工作，这个工作能满足你哪些重要的价值观？这个工作除了能实现自身价值外，能为社会、为他人带来什么？

导师寄语

1. 无论是在工作中还是在生活中，我们都要认清自己。只有认清自己，我们才会在工作中有的放矢、在生活中游刃有余、在时光中且行且珍惜。很多时候，认清自己比认清世界更重要。认清自己并不容易，它不仅要建立自我反省意识，还要向外探索，反问内心。

2. 当一个人从事他喜欢的工作时，那么个人的潜能将会得到最大程度的发挥，而且更为迅速、更为容易获得成功。兴趣是最好的老师，听从内心的召唤，找到能激发你潜能的沃土！

3. 性格是自我探索中一个极为重要的部分，通过对性格的掌握，能让你更好地发展长处，管理短处，能够让你更好地与环境和谐相处。每个人都是独一无二的，每个人都有与众不同的特质，性格和职业的最佳匹配能使我们成为更有效的工作者。

4. 能力的提升方式是多种多样且不固定的。只有当你发现某种能力上有所欠缺的时候，你才能有针对性地去提升这种能力。所以，在我们平时的生活当中，应该不断地对自己进行反思和总结，及时发现自己能力的不足，完善自我。只有这样，才能在日后的就业过程中提升自己的就业竞争力，使自己在众多的求职者中脱颖而出。

5. 兴趣决定我们喜欢做什么，性格决定我们适合做什么，能力影响我们能够做什么，而价值观告诉我们自己最终愿意做什么，价值观是指引我们最想到达地方的星光。希望同学们能够积极客观地开展自我认知的探索，在价值观的带领下，以性格为中心，带着能力，在兴趣的土地上，耕耘人生的梦想！

课后推荐

[1] 电影《三傻大闹宝莱坞》(3 Idiots).

[2] 电影《美丽心灵》(A Beautiful Mind).

[3] 电影《社交网络》(The Social Network).

[4] 理查德·尼尔森·鲍利斯. 你的降落伞是什么颜色[M]. 李春雨, 王鹏程, 陈雁, 译. 北京：中国华侨出版社, 2014.

[5] 陈瑾明, 潇竹. 寻找幸福密码[M]. 北京：中国工人出版社, 2008.

[6] 阿尔伯特·哈伯德. 致加西亚的信[M]. 文轩, 译. 上海：上海古籍出版社, 2016.

[7] 大卫·凯尔西. 请理解我：凯尔西人格类型分析[M]. 北京：中国城市出版社, 2011.

第三章 时间管理

学习要点

- 掌握时间的概念及时间的四个基本特征。
- 掌握时间管理的概念。
- 掌握时间管理的关键与核心。
- 了解时间管理的意义及时间管理的方法论。

思维园地

磨刀不误砍柴工

有一个老樵夫,他有两个儿子。有一天,他叫来了两个儿子,吩咐他们去砍柴。事不宜迟,大儿子边上山边想:我一定要早点上山,多砍点柴来,让父亲高兴高兴,还能成为小弟的榜样。小儿子却想:这刀破了好几个口,还生了锈,我应该先磨磨刀。等小儿子磨好刀,已经下午了,他便说:"看来我得快点了,大哥都可能砍了一大堆了。"于是小儿子开始干了起来,磨了一上午的刀,能不快吗,不一会儿,小儿子便砍了满满两担柴了,而大儿子只砍了一小担柴。大儿子满头大汗挑着柴回家了,大儿子刚回家一会,小儿子便回来了。父亲奇怪地问小儿子:"你比大哥迟上山,为啥你砍的柴比大哥多呢?""如果刀没磨快,怎么能够砍得又快又多呢?"小儿子自豪地回答道。父亲听了,脸上露出了欣慰的笑容,语重心长地说:"对对对,只要准备好工具,掌握了方法,做事就可以事半功倍。"

点评:从该故事中我们可以看出,当今社会中存在着各种各样的竞争,大家在相同的时间内,可以做出不同的成绩,然而无论怎样竞争,最让你束手无策的就是时间,时间就像刀一样,如果锋利无比,那么就会事半功倍,反之则是事倍功半。可见,时间管理能力的培养要从认识时间管理开始。

思考:你平时是否觉得时间不够用?你是否在面临多项任务时忙得不可开交?如果有,请谈谈原因。

第一节 认识时间

一、什么是时间

时间对盼望的人来说"实在太短";时间对恐惧的人来说"实在太长";时间对痛苦的人来说"实在太慢";时间对快乐的人来说"实在太快";时间对有爱心的人来说是永恒。

牛顿把时间最终定义为数学上的量。但是,这位伟大的英国科学家认为,时间是一个被神秘气息所覆盖着的客体,因为时间独立于任何物体,在一切之上,是绝对的。

爱因斯坦认为,时间一点也不像是大自然里的一条"自由自在的狗",而是一个实实在在的尺度。

即使在今天,我们仍然不能像定义任何一个实际的事物那样给时间下一个定义。我们今天要研究的时间,是人们通常意义上定义的具体的时间区间,是指物质存在的持续性和顺序性。例如,一生、10年、10天、1天、1个小时等。

二、时间的特征

作为一种特殊的资源,时间具有一维性和单向性,具体特征如下:

1. 供给毫无弹性

时间的供给量是固定不变的,在任何情况下不会增加、也不会减少,每天都是24小时,无法开源。

2. 无法蓄积

时间不像人力、财力、物力和技术可以被积蓄、储藏。不论愿不愿意,我们都必须消费时间,无法节流。

3. 无法取代

任何一项活动都有赖于时间的堆砌,这就是说,时间是任何活动不可缺少的基本资源。可以说,世上任何一件事情都离不开时间。

4. 无法失而复得

时间无法像失物一样失而复得。它一旦丧失,则会永远丧失。花费了金钱,尚可赚回;但倘若挥霍了时间,任何人都无力挽回,正所谓"一寸光阴一寸金,寸金难买寸光阴"。

第二节　认识时间管理

一、什么是时间管理

时间管理就是管理时间，"时间管理"就是自我管理，就是用技巧、技术和工具帮助人们完成工作，实现目标。

时间管理是指在同样的时间消耗情况下，为提高时间的利用率而进行的一系列的控制工作；时间管理是个体赋予自己的一种内向管理。从某种意义上说，时间管理就是对个体资源和自我行为的管理。

二、时间管理的关键与核心

时间管理的关键在于依据目标确立事情的重要程度来进行时间管理，具体有三个核心：

1．时间它不能够管理

严格讲时间是没办法管理的，所谓时间管理就是自我管理。

2．做好时间的分配

同样的 24 小时，我们分配 24 小时的方式不一样，所以结果也就不一样，时间管理的能力就是时间的分配能力。

3．时间管理的是结果，分配的是时间

所谓时间管理，就是目标管理。没有目标，就无法管理时间，因为目标是检验工作效率的标准。

三、时间管理的意义

列宁说："赢得了时间就赢得了一切。"莎士比亚说："抛弃时间的人，时间也会抛弃他。"由此可见，时间是多么的重要，所以时间管理的意义也就不言而喻。

1．有效的时间管理可以减轻工作压力

掌握有效的时间管理策略，除了能避免时间截止时所带来的压力外，还能提早完成工作，不造成紧张与不安感。

2．有效的时间管理可以思考工作计划

有效的时间管理，使领导者与成员获得充裕的时间回顾与评鉴，思考与安排下一步计划，探求其改善与努力的方向。

3．有效的时间管理可以提高组织效能

有效的时间管理可使我们脱离亚健康状态，有经历投入愉悦的精神生活当中；有效的时间管理可促进目标达成，有效率地完成组织的使命。

牛刀小试

1. 你认为自己的时间是否够用？如果够用，你是如何安排时间的？如果不够用，请说说你的原因。

2. 下面用最简单的办法测试你是否能掌握时间，你只需回答"Yes"或"No"。

（1）你通常工作很长时间吗？
（2）你通常把工作带回家吗？
（3）你感到很少花时间去做你想做的事吗？
（4）如果没有完成你所希望做的工作，你是否有负罪感？
（5）即使没有出现严重问题或危机，你也经常感到工作有很多压力吗？
（6）你的案头有许多并不重要但长时间未处理的文件吗？
（7）你经常在做重要工作时被打断吗？
（8）你经常占用用餐时间工作吗？
（9）在上个月里，你是否忘记一些重要的约会？
（10）你时常把工作推到最后一分钟，然后去做完它们？
（11）你觉得找借口推延你不喜欢做的事容易吗？
（12）你总是感到需要做一些事情而保持繁忙吗？
（13）当你长休了一段时间，你是否有负罪感？
（14）你常无暇阅读与工作有关的书籍？
（15）你是否太忙于一些琐碎的事，而没有去做与目标一致的大事？
（16）你是否有沉醉于过去的成功或失败之中，而没有着眼于未来？

如果以上测试题回答"Yes"，得1分，请对照表3.1看看你的时间掌控水平如何。

表3.1 时间掌控水平

12～16分	救命！你在时间管理上需改进
8～12分	当心！你需要重新审视你的时间行动指南
4～8分	可以！方向正确，但需要提高冲劲
0～4分	恭喜！坚持并保留你的方法

经过测试，你认为你现在的时间安排合理吗？你对自己未来的时间管理有什么规划？

3. 科学家研究确认，一颗小行星将在半年后与地球碰撞，而且人类目前的技术无法改变，到那时，整个地球的生命将全被毁灭。那么，在这最后的半年中你将做的最重要的三件事是什么？

问题：
（1）为什么是这三件事？
（2）在未来半年内你主动安排这三件事了吗？

4. 小张的苦恼。

小张在一家公司担任销售业务主管，每天都感觉非常的疲劳，而且主管领导对他的业绩也不是很满意。今天我们把小张制订的一份计划拿出来与大家分享一下，请大家指正一下小张工作中有哪些不足。

下面看一下他一周的工作计划：他今天必须用 3 小时的时间来完成一份与华金公司价格谈判的准备资料，同时还要做出跟对方签约的准备；要用 2 小时的时间做一份给中实公司的合作协议书，而且要在下午上班之前传给对方；他要用将近 1 小时的时间电话拜访十二个客户；中午的时候要和他的销售经理共度午餐，大概用 1.5 小时来探讨一个关于促销的活动方案；同时，他还要阅读一下公司里的内部文件，内部刊物阅读大概需要 10 分钟时间；因为他并不是每时每刻都在办公室，他还要接听一下他的电话留言，并且做一下记录，这大概要 15 分钟；他要把一些工作文件整理归档，估计需要 1 小时的时间；今天还有一个工作计划要改动，原定于周五的一个业务工作会议，被调整到今天下午的三点钟；他要处理一个大客户，还有原定于本月 5 号要到的货没有到，他要处理这个事情，这两件事估计要花费 2 小时的时间；同时，还要跟他的业务人员共同讨论一个索赔的案件，这个要占用他 1 小时的时间；早上他刚进办公室的时候，人力资源部的经理找到他，说在明天上午前一定要他把新员工的工作表现报告写出来，这项任务最起码要占用他 1 小时的时间；另外，他在写今天的工作计划时，他的经理进来了，要求他今天必须拿出近三个月的业绩报告。他没有细算，也没有仔细看今天要用多少时间，但他知道今天恐怕又是一个不眠之夜了。

请认真阅读案例，试分析小张在时间管理上存在哪些问题？

导师寄语

时间给予每个人公平，可我们都不能穷尽地发挥它的最大价值，毕竟有些时间是注定要用来供养身体基本需求的，如果剩下的时间我们能够很好地管理，我们就能成为赢家。请牢记，合理地安排时间就是节约时间。

拓展阅读

亲爱的同学们，掌握科学的时间管理方法能够大大地帮助我们进行自我管理，那么让我们看一下实践管理的方法都有哪些。

1. 计划管理

关于计划，时间管理的重点是：待办单、日计划、周计划、月计划。

待办单：将你每日要做的一些工作事先列出一份清单，排出优先次序，确认完成时间，以突出工作重点。避免遗忘，未完事项留待明日。

待办单主要包括：非日常工作、特殊事项、行动计划中的工作、昨日未完成的事项等。

使用待办单时注意：每天在固定时间制定待办单（一上班或早起就做），只制定一张待办单，完成一项工作划掉一项，待办单要为应付紧急情况留出时间，列出最关键的一项，每天坚持。

此外，每年年末做出下一年度工作规划；每季季末做出下一季度工作计划；每月月末做出下月工作计划；每周周末做出下周工作计划。计划管理的重点贵在坚持。

2. 时间四象限法

时间四象限法是美国管理学家科维提出的一个时间管理的理论，把工作按照重要和紧急两个不同的程度进行了划分，总共可以分为四个象限（表3.2）。

按处理顺序划分：先是重要又紧急的，其次是重要但不紧急的，再次是紧急但不重要的，最后才是既不紧急也不重要的。时间四象限法的关键在于第二类和第三类的顺序问题，必须仔细区分。另外，也要注意划分好第一类事和第三类事，因两者都是紧急的，区别就在于前者能带来价值，实现某种重要目标，而后者则不能。

下面对四个象限进行具体说明。

（1）第一象限是重要又紧急的事。例如，应付难缠的客户、准时完成工作、住院开刀等。这是考验我们的经验、判断力的时刻，也是可以用心耕耘的园地。我们要记住，很多重要的事都是因为一拖再拖或事前准备不足，而变得迫在眉睫。

该象限的本质是缺乏有效的工作计划，导致本处于"重要但不紧急"第二象限的事情转变过来，这也是传统思维状态下的管理者的通常状况，就是"忙"。

（2）第二象限是重要但不紧急的事。例如，长期的规划、问题的发掘与预防、参加培训、向上级提出问题处理的建议等。

若对这个领域的事情不及时处理，将导致第一象限日益扩大，我们将陷入更大的压力中，在危机中疲于应付。反之，多投入一些时间在这个领域，有利于提高实践能力，缩小第一象限的范围。做好事先的规划、准备与预防措施，就不会有很多急事。这个领域的事情不会对我们造成紧迫感，所以必须主动去做，这是发挥个人领导力的领域。

这更是传统低效管理者与高效卓越管理者的重要区别标志，建议管理者要把80%的精力投入该象限的工作，以使第一象限的"急"事无限变少，不再瞎"忙"。

（3）第三象限是紧急但不重要的事。例如，电话、会议、突来访客都属于这一类。表面上看它好像属于第一象限，因为迫切的呼声会让我们产生"这件事很重要"的错觉，实际上这些事情就算重要，也是对别人而言的。我们花很多时间在这个里面打转，自以为是在第一象限，其实不过是在满足别人的期望与标准。

（4）第四象限属于不紧急也不重要的事。例如，阅读令人上瘾的无聊小说、观看毫无内容的电视节目、在办公室聊天等。我们往往在第一、第三象限来回奔走，忙得焦头烂额，不得不到第四象限去疗养一番再出发。第四象限的事情不见得都是休闲活动，因为真正有创造意义的休闲活动是很有价值的。然而像阅读令人上瘾的无聊小说、观看毫无内容的电视节目、在办公室聊天等，这样的休息不但不是为了我们今后能走更长的路，反而是对身心的毁损，刚开始时也许有滋有味，到后来你会发现简直浪费生命，这样的生活很空虚。

表3.2 时间管理紧迫性与重要性

	紧急	不紧急
重要	I型 危机、急迫的问题、有期限压力的任务、突发事件	II型 防患未然、改进产能、建立人际关系、发掘新机会、规划、目标管理、休闲
不重要	III型 不速之客、某些电话、某些信件与报告、某些会议、必要而不重要的问题	IV型 烦琐的工作、某些信件、某些电话、浪费时间之事、有趣的活动

偏重于第一象限事务结果：压力、筋疲力尽、危机处理、忙于收拾残局。

偏重于第二象限事务结果：结果、有远见、有理想、平衡、纪律、自制、少有危机。

偏重于第三象限事务结果：短视近利、被视为巧言令色、轻视目标与计划、缺乏自制力、怪罪他人、人际关系浮泛甚至破裂。

偏重于第四象限事务结果：全无责任感、工作不保、依赖他人。

总结： 时间管理理论的一个重要观念是应有重点地把主要的精力和时间集中地放在处理那些重要但不紧急的工作上，这样可以达到未雨绸缪、防患于未然的效果（图3.1）。

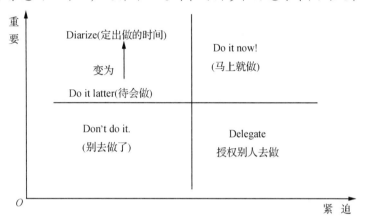

图3.1　解决方法

在人们的日常工作中，很多时候往往有机会去很好地计划和完成一件事。但常常又没有及时地去做，随着时间的推移，造成工作质量的下降。因此，应把主要的精力有重点地放在重要但不紧急这个象限的事务上。一个好的方法是建立预约制度。只有建立了预约制度，自己的时间才不会被别人所占据，从而才能有效地开展工作。

3. 时间记录法

美国管理学者彼得·德鲁克认为：有效的时间管理主要是记录自己的时间，以认清时间耗在什么地方。管理自己的时间，设法减少非生产性工作的时间，将零星的时间集中成为连续性的时间段。

4. 时间ABC分类法

将自己工作按轻重缓急分为A（紧急、重要）、B（次要）、C（一般）三类。

安排各项工作优先顺序，粗略估计各项工作时间和占用百分比；在工作中记载实际耗用时间；对比每日计划时间安排与耗用时间，分析时间运用效率；重新调整自己的时间安排，更有效地工作。

5. 时间的统筹方法

许多人阅读过华罗庚先生的一篇《统筹方法》，统筹方法是一种安排工作进程的数学方法。它的适用范围极其广泛，在企业管理和基本建设中，以及关系复杂的科研项目的组织与管理中，都可以应用。怎样应用呢？主要是把工序安排好。

比如，想泡壶茶喝。当时的情况是：无开水（烧水需15分钟）；洗水壶（1分钟），洗茶壶（1分钟），洗茶杯（2分钟）；生火，准备茶叶（1分钟）。

下面提供几种答案：

甲：洗好水壶，灌上凉水，放在火上；在等待水开的时间里，洗茶壶、洗茶杯、拿茶叶；等水开了，泡茶喝。

乙：先做好一些准备工作，洗水壶、茶壶、茶杯，拿茶叶；一切就绪，灌水烧水；坐待水开了泡茶喝。

丙：洗净水壶，灌上凉水，放在火上，坐待水开；水开了之后，急急忙忙找茶叶，洗茶壶、茶杯，泡茶喝。

分析：水壶不洗，不能烧开水，因而洗水壶是烧开水的前提。没开水、没茶叶、不洗茶壶、茶杯，就不能泡茶，因而这些又是泡茶的前提。它们的相互关系可以用图3.2来表示。

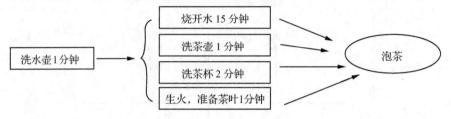

图 3.2　泡壶茶的流程

从图3.2可以看出，甲总共需要16分钟，而乙、丙则需要20分钟。如果要缩短工时、提高工作效率，应当主要抓烧开水这个环节，而不是抓拿茶叶等环节。同时，洗茶壶、茶杯和拿茶叶总共只需4分钟，大可利用等水开的时间来做。

6. 考虑不确定性

在时间管理的过程中，还需应付意外的不确定性事件，因为计划没有变化快，需为意外事件留时间。有三个预防此类事件发生的方法：第一，为每件计划都留有多余的预备时间。第二，努力使自己在不留余地又饱受干扰的情况下完成预计的工作。这并非不可能，事实上，工作快的人通常比慢吞吞的人做事精确些。第三，另准备一套应变计划。迫使自己在规定时间内完成工作，对你自己的能力要有信心，你要仔细分析将要完成的任务，然后把它们分解成若干独立单元，这是正确、迅速完成任务的必要步骤。

在工作中要很好地完成任务，就必须善于利用自己的工作时间。工作是无限的，时间却是有限的。时间是最宝贵的财富。没有时间，计划再好，目标再高，能力再强，也是空的。时间是如此宝贵，但它又是最有伸缩性的，它可以一瞬即逝，也可以发挥最大的效力，时间就是潜在的资本。充分合理地利用一切可利用的时间，压缩时间的流程，使时间价值最大化。

课后推荐

吉姆·兰德尔. 时间管理：如何充分利用你的24小时 [M]. 舒建广，译. 上海：上海交通大学出版社，2012.

第四章 初探职业世界

学习要点

- 理解职业与职业基本分类。
- 了解行业与产业的关系。
- 绘制自己的世界地图。

思维园地

唐朝著名学者陆羽,从小是个孤儿,被智积禅师抚养长大。陆羽虽身在庙中,却不愿终日诵经念佛,而是喜欢吟读诗书。陆羽执意下山求学,遭到了禅师的反对。禅师为了给陆羽出难题,同时也是为了更好地教育他,便叫他学习冲茶。在钻研茶艺的过程中,陆羽碰到了一位好心的老婆婆,他不仅学会了复杂的冲茶的技巧,更学会了不少读书和做人的道理。当陆羽最终将一杯热气腾腾的苦丁茶端到禅师面前时,禅师终于答应了他下山读书的要求。后来,陆羽撰写了广为流传的《茶经》,把我国的茶艺文化发扬光大!

点评:从这个小故事中我们可以看出在职业的选择过程中,每个人都有不同的特点和性格特征,因此,每个人要明确自己的定位,明确自己所追求的是什么。在探索职业世界的时候,先对自己有一个客观的评价。每个人的心中都有一份理想的职业,但需要权衡这份职业是否符合自己。要结合现阶段的实际情况和自身的世界观、人生观、价值观,选择一份最适合自己的,与自己匹配度最高的职业。

第一节 职业及职业分类

职业是人类社会不断发展过程中衍生出来的事物,是指人们从事相对稳定的、有收入的、专门类别的社会劳动。职业是人们赖以生存的一种方式,也是沟通外界的一种行为,它帮助人们获得物质基础,它也会让人们从不同的渠道获得多种利益。它对每一个人都十分重要,是人更好地体现社会责任感的方式。

相较于职业的概念而言,职业可以理解为一种活动,也是人们选择享有怎样生活的一种方式。职业有很多种定义,它不仅仅局限于人类的社会活动,带给我们的还是一份担当和一个正确的选择。

在现实生活中，人们的大部分活动都与职业相关，职业所涉及的活动几乎体现在生活的方方面面。回顾人的一生，从最开始的接受义务教育到后来接受各种技能的训练，在不断的培训与锻炼中步入自己的职业生涯。从兢兢业业地在自己的岗位上工作，到伴随年龄的增长直至退休，完成自己的任务和使命。追溯整个过程，我们可以看出，职业活动是每个人社会生活中的重要组成部分，也是不可或缺的一部分。

综上所述，职业可以使人们获得物质上及精神上的收入。职业是一种技术型的行为，可以通过不断地训练有所提高。职业让人们学会承担责任及分配任务，履行自身职责。职业必须是社会需要的、对社会发展有益的活动，一切应以社会的正常发展为前提。职业具有稳定性，一般情况下不会随意更改。

大学生需要了解和认识职业的具体概念及特征，制定属于自己的职业生涯规划，结合自己的特点和独特属性来选择职业。理解每一个职业其中的内涵，了解自身特点，做出一个正确的抉择。职业的选择是一件大事，它决定着一个人会朝着什么样的路线发展及日后的人生道路。

一、职业的内涵

（一）职业体现人的生活方式

不论每个人的性别、家庭条件、物质基础、年龄、自身能力要求及获得教育的长短如何，在人生的每一个阶段都会遇到与职业有关的困惑。人的一生是漫长的，在漫长的一生中人们都在与职业打交道，包括之前的学习及能力的积累也都是为了更好地选择职业，无论处于哪个阶段的人都会和职业存在着联系，它就像一道锁链链接着自身与外界的开关。由此可以看出，职业是人这一生中最重要的内容，体现人的生活方式。

（二）职业让人们扮演不同的社会角色

随着时间的推移，在人类社会产生以后，人类有了自己的想法，产生了分工这种概念，紧接着各种各样的职业应运而生。社会的发展越快，所诞生的职业种类就更加的数不胜数。就现在来看，随着互联网行业的高度发展，物流行业展现出新的活力，带动了一系列的相关产业。可以看出职业是一个有着广泛内容的博大精深的领域。

作为一个有着独立思想及思维模式的人，都逃不出在特定的岗位上做着各种各样的工作。每个人都参与到了职业这个熔炉中，在其中扮演着不同的角色，完成着属于自己的使命。多种多样的职业构成了我们现阶段所处的环境。

（三）职业是关系到各层面的大事

职业不仅仅是关系到个人前途的大事，也关系着每一个家庭的发展。每一个职业正常发展都能促进国家正常稳定的发展。从个人的原因来分析，职业所带给我们的不仅仅是物质基础，而且为人们更好地从事社会劳动提供了各种保障。从家庭的原因来分析，职业也影响着一个家庭的稳定与和谐，一份好的职业，更有利于促进家庭的和睦及良好的发展。每个人在自己的岗位上踏踏实实地工作，也促进整个国家的长治久安及和谐稳定。

（四）职业造就人的命运

每个人对命运都有独特的追求，都想通过自己的努力改变自己的命运，人们都有着对好际遇和好命运的渴望，尽管人们对自身的发展已经做出了很多的努力，但有时受各种因素的影响，有可能并没有达到预期的效果。因为每个人的人生轨迹具有不确定性。在心情舒畅的时候，我们做的选择也许是正确的；而在心情沮丧的时候，我们做出的选择有可能就是错误的。所处的职业环境不同，也会间接地影响着我们的选择。事实上，命运问题不是一个纯哲学的问题，不是一个抽象的社会心理问题，而是一个实实在在的如何看待人的社会存在的问题。

（五）职业体现人与人的社会关系

职业实现了劳动者与生产资料的结合，体现着人与人的社会关系。人们通过职业活动不仅满足了自身的需要，而且通过各自劳动成果的交换，满足了彼此的需要。因此，职业及职业活动对于个人和社会都有着非常重要的意义。对个人而言，职业生活是人生的重要组成部分，职业问题解决得好坏，对个人一生能否顺利发展具有重要的意义。

二、职业分类

在社会职业与行业中可根据不同方式对职业进行分类。

（一）按劳动的性质和层次分类

随着社会的进步与发展，对于每一个行业都有特定的分类。按劳动层次可分为蓝领和白领两类。

蓝领一词始于20世纪40年代的美国，它们泛指那些具有特殊工艺技术的人，每个人都掌握着自己的技能。如开采矿石的工人、建造房子的人、在码头上从事着体力劳动的人、仓库管理员等。因为他们的衣服是蓝色的，所以统称为蓝领。

白领一词最早出现在20世纪20年代初的美国，是指受过良好的教育，受雇于人而领薪水的非体力劳动者，如政府公务员、各种机构里坐办公室的职员、教师、商业销售人员、企业管理人员等。他们在工作上能独当一面，上班时懂得把自己打扮得体，穿着白领衬衣和西装，因而统称为白领。

（二）按心理的个别差异分类

按心理的个别差异分类，可以把人格类型划分为几类，即现实型、艺术型、社会型等几方面，由此对应不同的职业。

1. 现实型

顾名思义，他们比较按规律办事，具有创造力。遵守纪律，喜欢安定。但他们也有缺点，不善于社交，不善于观察周围的事物。他们喜欢完成具有明确指向性的工作。他们喜欢操纵工具，重视物质上所获得的收益。由此可以看出，这种类型的人比较适合进行有明确要求和一定技巧、能按一定程序进行运作的工作。例如，木匠、铁匠、钳工、车工、汽车司机、家用电器维修人员等。

2. 艺术型

他们具有丰富的想象力和创造力，比较善于抒发自己的感情，每个人都比较富有艺术感。他们的想象力和直觉也非常优异，他们可以创造出很多的艺术作品。他们比较会欣赏、享受，也非常享受自己从事的工作，在自己的领域都有着自己的追求。例如，画家、舞蹈家、雕塑家、工艺品制作者。

3．社会型

主要特征为助人为乐，喜欢社交，注意社会问题，愿为别人服务。易于与他人合作，他们有很强的责任感，并且把友情看得十分重要。这种类型的人适合于要求理解他人行为、缓和人际关系矛盾的环境。例如，教师、医生、护士、社会工作者、咨询服务人员等。

第二节　行业及产业

一、行业和产业的含义

行业是指一组提供同类相互密切替代商品的公司，是从事国民经济中同性质的生产或其他经济社会的经营单位或者个体的组织结构体系，如林业、汽车业、银行业等。行业的发展必然遵循由低级的自然资源掠夺性开采利用和低级的人工劳务输出，逐步转向规模经济、科技密集型、金融密集型、人才密集型、知识经济型发展，从输出自然资源，逐步转向输出工业产品、知识产权、高科技人才等。

产业是生产同类性质产品的生产单位扩大规模从而形成生产群体，或是具有相同社会经济职能的社会经济单位构成的群体，产业是国民经济活动最基本的类型之一。

产业、行业的不同之处是它们在国民经济领域中，从着眼点的层次上由高到低，在概念涉及的范围上由大到小。产业的着眼点是生产力布局的宏观领域，体现的是以产业为单位的生产力布局上的社会分工，产业由行业组成。行业的着眼点是企业或组织生产产品的微观领域，体现的是以行业为单位的产品生产上的社会分工，行业由企业或组织组成。

二、产业的划分依据

1985年，国家统计局根据联合国的划分标准，把我国的产业划分为三大类型：第一产业、第二产业和第三产业。三大产业之间相互依存、相互牵制。

第一产业主要包括农业、林业、牧业、渔业、水利业等；第二产业以工业为主，建筑业为辅；第三产业主要是服务业和流通业，服务业由生产服务、文化科学教育、社会公共服务构成，流通业主要包括批发、零售、餐饮和物流业四个主要流通分支。

三、行业及产业变动对职业世界的影响

社会环境在职业世界中扮演着重要角色，是了解职业世界必不可少的重要部分，对职业选择产生着重大的影响。

国家的社会制度及政府的方针、政策、法律法规等构成了政治环境。国家为实现一定时期的路线、方针而制定了高层次人力资源配置的行动准则，这被称为大学生就业政策，这也从侧面体现了一定时期社会发展的需要。大学生就业政策是大学生就业过程中应遵循的基本规范，也是大学生踏入社会谋求生活的有力制度。此外，人才流动、公务员制度及社会职业结构调整等有关政策，在大学生择业过程中也会产生或大或小的直接影响与间接影响。

第三节 职业世界地图

经济环境主要靠一个国家、一个地区在一定时期内的经济状况来体现，这直接影响劳动者的就业方向和就业选择。社会文化环境主要包括影响人们行为、思想的基本因素，其中最主要的是一个国家和地区的居民教育程度和文化水平、宗教信仰、风俗习惯、价值观念、科技发展水平和相关行业的发展趋势。在进行职业探索中，可以通过画一张职业地图来更全面地了解、认识职业世界。

一、描绘职业地图的方法

（一）绘制职业地图和职业坐标

将整个职场看成一张地图。在这张职业地图中，不同的行业相当于普通地图中的每个社区，各家公司看作每座大厦，不同楼层代表不同部门，相对应地，不同的职位就可以用每个办公室或工位来表示。进一步地，可以顺利地标出职业坐标。就如同在普通地图上标出经纬度，职业坐标也可以划分成几个维度，以此来体现行业、企业及部门之间的关系。

（二）画出组织架构图

如果你搜索能力比较强，就要尽最大努力列出该行业内所有的竞争者，争取画出典型公司的组织架构图，通常情况下这些典型公司也是行业的领头羊，同时要尝试将整个产业链的上下游企业串联起来，进而将整个行业的职场地图画出来。至此，初步的信息收集工作告一段落。

二、进行职业价值分析

职场世界是理性的、客观的，它存在价值链，有在价值链上游的职位，也有在价值链下游的职业。研究和分析该行业的运行机制和企业的盈利模式是很重要的，进而梳理出处于价值上游的部门和职业。价值链相当于城市的公交线路，它会途径城市的边缘、忙碌的工业区、繁华的商业街和城市的中心。在绘制职业地图时，可以得出结论：只要有向往的并想要实现的职业目标，就会有一条线路可以帮助你顺利抵达目的地。

三、可能性与职业趋势分析

在进行可能性与职业趋势分析时要收集并预估全行业的总人数区间，在有条件的情况下甚至可以细化到部门和职业上。了解了行业运行机制和企业的商业模式信息，再加上相应的宏观分析，通过调取猎头招聘部和行业咨询部的市场人才需求量数据，就可以大致预估出一段时间内的人才缺口，并对职业未来发展进行可能性分析。求职者要关注特定企业和行业的招聘需求，定期与行业及企业内部人士尝试建立联系。每年各大人力资源咨询公司或招聘类网站都会发布招聘趋势和薪酬调研报告，求职者可以从这些报告和数据中预判下一年的大趋势，以此来进行最满意的职业选择。当然，如果能寻求职业认知机构来完成，效果会更好。另外，还需要进行职业状态和条件的信息收集。可以通过专业的职业认知机构来搜集职业内容储备，再配合以大量的业内访谈，就基本足以覆盖所有职业的信息了，但在众多信息中你只需要挑选出自己感兴趣的个别行业、企业甚至职业就可以了。若想要更全面地掌握足够多的职场信息，相比于忙着修改自己的简历或者网上海投，建议把更多的时间放在职业的访谈和调研上。

总之，求职无小事，调研期间付出再多的时间成本和物质成本都是值得的，都是和职业选择、职业收获成正比的。实际上，专业的职业顾问在收集职业信息时，更愿意先定位它的价值，然后逐渐往可量化的条件部分依次推进。这样做的好处就是，既清晰明确，又能从商业模式的制高点上俯瞰每一个职业。

牛刀小试

1. 职业理想的特点是什么？
2. 你认为职业生涯规划的重要性是什么？

导师寄语

做事先做人。一个人从事任何一种职业，如果想要真正得其精髓，成为合格的从业人员，都需要经过长期的努力和培养。希望同学们通过学习，能对职业有更深层次的理解。

拓展阅读

ACT工作世界地图辅助专业定位

20世纪末，美国大学考试中心（ACT）结合各种职业兴趣的最新研究成果，在兴趣的人与物、数据与观念这两个维度的基础上，将职业群体的具体位置标定在坐标图上，从而得到工作世界地图（图4.1）。

该图把霍兰德的六边形与两个维度，即人与物维度、数据与观念维度组合在一起，将职业的类型和职业的性质得以有机地结合起来。通过进一步分析我们可以看出，这基本是将霍兰德的职业兴趣理论和气质与职业选择的关系组合在一起，这使得我们可以通过气质测评和霍兰德职业兴趣测评来直观地判断我们适合的职业类型。

在霍兰德六边形的外部共分为12个区域，共有23个职业群被标定在图中。以往使用时如果受试者知道了自己的兴趣类型和气质类型，就可以通过该图较准确地确定自己的职业兴趣在该图中的位置，通过与不同职业群的远近位置的比较，可以进一步扩展职业兴趣的搜寻范围。

下面一一列举了23种职业类型及其典型职业、典型的专业类别，这样你在知道自己的兴趣类型和气质类型后可以较方便地确定自己适合的专业范围。

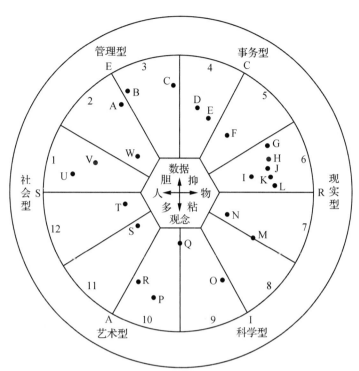

ACT23种职业群分布示意图

图4.1 工作世界地图（ACT，1993年）

商业交际工作类别（管理型[E]）

A 市场与销售（交易工作）

典型职业：商店店员、采购员、销售员（房地产、保险、股票经纪人等）、工业和农业产品销售和代售员、办公及医疗用品销售员等。

适合专业：主要适合高职高专的一线销售类专业，本科专业中市场营销、贸易经济、工商管理等专业，以及与具体销售对象相关的专业，如金融学、药学、房地产经营管理、汽车技术服务与营销等。

B 管理与规划

典型职业：营销经理、办公室主任、代理商、企业经理、营销策划、行政主管等。

适合专业：市场营销、行政管理、工商管理、人力资源管理、商务策划管理、特许经营管理等大部分管理类专业。

商业操作工作类别（事务型[C]）

C 记录与沟通

典型职业：办公室人员、银行职员、邮局职员、接待员、图书馆计算机编目员、秘书、法院书记员、档案管理员等。

适合专业：金融学、保险、税务、社会工作、文秘、司法助理、图书馆学、档案学、信息资源管理等。

D 金融交易

典型职业：记账员、会计、出纳、收银员、保险交割员、经济分析师等。

适合专业：会计、财务管理、金融学、经济学、审计学、国际经济与贸易等。

E 仓储与货运

典型职业：报关员、快递员、货物代理、物流管理等。

适合专业：物流管理、交通运输、物流工程等。

F 商业机器/电脑操作

典型职业：计算机操作员、打字员、录入员、统计员、办公设备操作员等。

适合专业：主要适合高职高专类专业，如计算机网络与安全管理、计算机信息管理、计算机网络技术、计算机多媒体技术等。

技术工作类别（现实型[R]）

G 交通工具的操作与修理

典型职业：各类运输设备驾驶员、飞行员、飞机维修技师、汽车修理工、船长等。

适合专业：主要是交通行业专业，本科类有车辆工程、轮机工程、飞行技术、航海技术、海洋与船舶工程、飞行器动力工程、飞行器制造工程等。高职高专类有汽车运用技术、汽车制造与装配技术、汽车检测与维修技术、汽车电子技术、汽车运用与维修等。

H 建筑与维护

典型职业：各类建筑行业职业人员、建筑师、铺路工、起重工、建筑监理等。

适合专业：各类建筑业相关专业，以高职高专类的应用型专业为主。

I 农业与自然资源

典型职业：各类农林牧渔相关职业人员、宠物店店员、园林工等。

适合专业：各类农林牧渔业相关专业，以高职高专类的应用型专业为主。

J 手艺与相关服务

典型职业：厨师、面包师、裁缝、屠夫、鞋匠、调音师、珠宝加工师等。

适合专业：主要适合高职高专类提供个性化服务的技术性专业，如乐器修造技术、服装工艺技术、服装养护技术、烹饪工艺与营养、西餐工艺、珠宝首饰工艺及鉴定、钢琴调律等。

K 家庭/商业电器修理

典型职业：家用电器维修人员、复印机和办公设备维修人员、电脑维修人员等。

适合专业：计算机科学与技术、计算机软件、通信工程等，更多的是高职高专类的电器电子产品维修类专业，如应用电子技术、音响工程、通信技术、计算机硬件与外设、计算机系统维护等。

L 工业设备操作与修理

典型职业：各类机械工、纺织工、印刷工、矿工、消防员、各类机械维修人员等。

适合专业：高职高专类以机械电子设备操作与维修有关的各类专业，如数控技术、数控设备应用与维护、焊接技术与自动化、机电设备维修与管理、冶金设备应用与维护、新型纺织机电技术、食品机械与管理、印刷设备及工艺等。

科学工作类别（研究型[I]）

M 工程及其他应用科技

典型职业：各类工程技术人员、生物化学实验室技术人员、程序设计人员、食品技术人员、科技展示人员、制图员等。

适合专业：以本科为主的各类工程技术类专业。

N 医疗专业与科技

典型职业：牙医、药剂师、各类医疗设备操作人员、验光师、义肢技术人员、兽医等。

适合专业：以本科为主的各类医疗类专业。

O 自然科学与数学

典型职业：各类自然科学类相关专家、数学家。

适合专业：以本科为主的各类自然科学和数学类专业。

P 社会科学

典型职业：人类学家、经济学家、社会学家、心理学家、政治家等。

适合专业：以本科为主的各类哲学和人文社会科学类专业。

艺术工作类别（艺术型[A]）

Q 应用艺术（视觉）

典型职业：花艺设计师、室内设计师、摄影师、装饰设计师、橱窗设计师、流行设计师、景观设计师、建筑设计师等。

适合专业：各类视觉设计类专业。例如，艺术设计、戏剧影视美术设计、摄影、书法学、园林、室内设计技术（专）、环境艺术设计（专）等。

R 创作/表演艺术

典型职业：演员、歌唱家、作曲家、作家、文学家、艺术与音乐教师等。

适合专业：汉语言文学、作曲与作曲技术理论、音乐表演、舞蹈编导、表演、导演、戏剧影视文学、广播电视编导、播音与主持艺术等。

S 应用艺术（写作与演讲）

典型职业：广告文案人员、法律助理、记者、翻译、公共关系人员、律师、科技作家、广告企划人员等。

适合专业：汉语言文学、广告学、汉语言、新闻学、出版编辑学、传播学等。

社会工作类别（社会型[S]）

T 一般健康护理

典型职业：护士、理疗师、心理咨询人员、营养师、语言矫正人员等。

适合专业：心理学、应用心理学、营养学、妇幼保健医学、康复治疗学、护理学、假肢矫形工程等。

U 教育与相关服务

典型职业：各类教师、教练员、职业指导师、特殊教育教师等。

适合专业：以本科为主的各类教育专业、体育运动类专业等。

V 社会与政府服务

典型职业：各类警察、各类公务人员、社会服务人员等。

适合专业：社会学、社会工作、行政管理、公共事业管理、劳动与社会保障、土地资源管理、公共政策学、城市管理、公共安全管理等专业，以及公安警察类各专业。

W 个人/消费者服务机构

典型职业：服务员、空姐、美容师、美发师、管家、保姆等。

适合专业：以高职高专为主的各类服务类专业，如空乘服务、导游、酒店管理、旅游服务与管理、家政服务、老年服务与管理等。

需要说明的是：

（1）ACT工作世界地图只列举了各类别的若干职业和专业，并没有也不可能列出所有适合的职业和专业。大家可以根据所列出的职业和专业，来判断未列出的职业和专业是否属于这个类别。

（2）专业≠职业，因此有一些专业可能会属于不同的职业类别，若遇到这种情况，可以进一步了解该专业信息，以便做出判断。

（3）如果自己的职业倾向尚未明确，在选择专业时可根据主要的性格特点和爱好选择应用范围较宽的专业，即遵循宜粗不宜细的原则。

（4）如果遇到自己难以定位的情况，可以向专业人员求助。[1]

---

[1] ACT工作世界地图辅助专业定位［EB/OL］.［2018-04-15］. http：//blog.sina.com.cn/s/blog_76130af30100s8mi.html.

第五章 公共关系礼仪（上）

学习要点

- 了解礼仪的含义、特征和原则。
- 掌握仪容仪态、社交礼仪、公共礼仪和职场礼仪的基本规范。

思维园地

小黄去一家外企进行最后一轮面试，为了确保万无一失，这次她做了精心打扮，前卫的衣服、时尚的手环、闪亮的项链、新潮的耳坠，身上每一处都是焦点，在所有面试者中鹤立鸡群。

小李躺在宿舍的床上玩游戏，辅导员老师来宿舍走访，小李看了一眼，继续躺着玩游戏。

小张去参加一场正式的商务对接活动，由于天气很热，又穿着正式的西装，小张身上出了很多汗。因身上没带纸巾，他默默地拿着对方经理给他的名片刮了刮额头上的汗水。

小吕总跟别人说自己就是大大咧咧的，让大家别太在意。在餐馆吃饭，他说话的声音震天响；无论在什么场合，他总是大声地叫同学的外号，这些外号也多是他给起的；在宿舍里，他肆无忌惮地抽烟，午休时间大家都在小憩，他却大声地唱着歌。

小孙是一个博士生，被行业内知名的导师推荐去一家知名企业面试，人事部部长提前对小孙也有所了解，很满意，今天是总经理亲自面试，小孙却迟到十五分钟。

点评：礼仪是我们把握人际交往尺度、处理好人与人的关系、塑造良好形象的重要素质，在生活、工作的各个方面都需要注重礼仪。在社会活动中，交谈讲礼仪，可以变得文明；举止讲礼仪，可以变得优雅；穿着讲礼仪，可以变得大方；行为讲礼仪，可以变得美好。讲礼仪的人充满魅力，不讲礼仪的人会让人感觉粗鄙不堪。

礼仪是中华民族传统美德宝库中的一颗璀璨明珠，是中华文化的精髓。身居礼仪之邦，应为礼仪之民。知书达理，待人以礼，应当是当代大学生具备的基本素养。有人说："良好的礼仪是帮助一个人走向成功的重要条件之一，也是走向社会、走向工作岗位的基础。"礼仪不仅是一个人素质的体现，也是社会文明进步的要求。在现代社会，礼仪可以有效地展示人的风度和魅力，是一个人的学识、修养和价值的外在体现，也是人际交往中不可缺少的润滑剂和联系纽带。

职业生涯规划与就业指导

第一节　礼仪概述

一、礼仪的含义

礼仪是人们在社会交往活动中为了相互尊重，在仪容、仪表、仪态、仪式、言谈举止等方面约定俗成的、共同认可的行为规范。礼仪是对礼节、礼貌、仪态和仪式的统一。

礼仪可以从下面几个不同的角度进行解释。

（一）从个人修养的角度来看

礼仪是一个人的内在修养和素质的外在表现。也就是说，礼仪即教养、素质体现于对交往礼节的认知和应用。

（二）从道德的角度来看

礼仪是为人处世的行为规范或标准做法、行为准则。

（三）从交际的角度来看

礼仪是人际交往中适用的一种艺术，也可以说是一种交际方式。

（四）从民俗的角度来看

礼仪是在人际交往中必须遵守的律己、敬人的习惯形式，也可以说是在人际交往中约定俗成的待人以尊重、友好的习惯做法。

简言之，礼仪是待人接物的一种惯例；礼仪是一种在人际交往中进行相互沟通的技巧；礼仪是一种形式美，它是人的心灵美的必然外化。

二、礼仪的特征

礼仪是人们在漫长的社会实践中逐步形成、演变和发展起来的，与其他学科相比，礼仪具有一些独具的特征，主要表现在规范性、地域性、可操作性、传承性、变动性五个方面。

（一）规范性

礼仪是一种规范。这种规范，不仅约束着人们在一切交际场合的言谈话语、行为举止，使之合乎礼仪，也是人们在一切交际场合必须采用的一种"通用语言"，是衡量他人和判断自己是否律己、敬人的一种尺度。

（二）地域性

中西礼仪的差距基于东西方文化的差别，呈现出一定的地域特色。从举止礼仪到规范礼仪、从风俗礼仪到宗教礼仪等，不同的国家、不同的民族，其表达方式均有所不同。例如，中国人崇拜龙；而在英国以至整个西方世界，龙是凶残阴险的标志。礼仪的这一特点，提示我们在社交和礼仪活动中要十分注意并谨慎处理相互间的文化差异。

（三）可操作性

礼仪应用于交际场合，是人类进行交际和应酬的实践活动。切实有效、实用可行、规则简明、易学易会、便于操作是礼仪的特征。它不是纸上谈兵、故弄玄虚，而是把礼仪原则、礼仪规范加以贯彻并落到实处，真正地使之"行之有礼"。

（四）传承性

每个国家的礼仪都具有自己鲜明的民族特色，作为人类的文明积累，礼仪将人们在交际中的习惯做法固定并延续下来、流传下去，逐渐形成自己的民族特色。

（五）变动性

每一个发展阶段都有与之相适应的礼仪规范，并非一成不变，随着时间的推移，它也在不断地发展、变化着。所以，礼仪在运用时也具有灵活性。一般说来，在非正式场合，有些礼仪不必拘泥于约定俗成的规范，可增可减，具有随意性。但在正式场合，讲究礼仪是很必要的。

三、礼仪的原则

（一）相互尊重

相互尊重是人际交往的前提。在人际交往中，每个人都必须做到能以平等的态度待人，不盛气凌人，既尊重自己的人格，也尊重他人的人格，不卑不亢、不骄不躁。懂得了这个道理，在人际交往中先人后己，或舍己为人，必能得到应有的回报。

（二）诚实守信

诚实守信是人际交往的基础。待人以诚，真挚友好，不仅能显示交际者的诚实忠厚，而且也容易感染对方。在交际中，要信守诺言。比如为朋友帮忙，既然答应了，就应千方百计，尽力而为。久而久之，就会积累良好的信誉，获得朋友的尊重和理解。

（三）平等互利

平等互利是人际交往的条件。现代交际注重双方人格地位平等，反对居高临下、高人一等。在交际中，应尊重他人的自尊和感情，不干涉他人的私生活，不践踏他人的人身权利。"己所不欲，勿施于人。"

（四）适度得体

适度得体是人际交往的必需。孔子说："上交不谄，下交不渎。"意思是说，在交往中既不要低声下气，也不要傲慢无礼。这是人际交往的一条重要原则。交际适度得体表现在两个方面：一是态度行为的适度得体，要注重礼仪，讲究场合，恰如其分，举止得体，进退有据，不卑不亢；二是时间、场合、地点适度得体。在交往中，得体的礼仪会为你创造机遇，得到人们的理解和尊重，获得成功；切不要态度轻慢，粗鲁无理，卑躬屈膝，行动猥琐，漠然置之，随随便便。

（五）宽容体谅

宽容体谅是人际交往的发展原则，包括两方面的内容：一是严于律己，二是宽以待人。在交往中，人们需要"求大同，存小异"，对他人多一份宽容，多一份理解。一个拥有坦荡宽广胸怀的人在交际中往往能够宽容对方，体谅对方的难处，虚怀若谷，不计得失，心无芥蒂，自然易于被对方接纳、信任，从而建立起良好的人际关系。反之，心胸狭窄，斤斤计较，挑剔苛求，以己之长，比人之短，则会造成交际双方感情的疏远，甚至导致关系破裂。

第二节 仪容仪态

一、面部表情

表情是内心情感的外在表现，是人际交流的重要辅助手段之一。有人将表情称为人类的第一语言。心理学家和行为学家通过研究也发现了一个"信息传递公式"，即

信息传递（100%）＝表情（55%）＋语气（38%）＋语言（7%）

这一公式虽然未必精确，但提醒人们在人际交往中表情的效果不容忽视。

德国哲学家斯科芬·翰尔曾指出："人们的脸直接地反映了他们的本质，假若我们被欺骗，未能从对方的脸上看穿别人的本质，被欺骗的原因是我们自己观察不够。"

法国思想家罗曼·罗兰也说过："面部的表情是多少世纪培养成的语言，是比嘴里讲的复杂到千百倍的语言。"

良好的面部表情应该是诚恳坦率、轻松友好的，而不应该摆出一副盛气凌人的嘴脸，也不应显出自负自矜的面孔，那样就会从心理上把听话人拒之于千里之外。此外，表情还应该是落落大方、自然得体、由衷而发的，而不应该是矫揉造作、生硬僵滞的。

案 例

曾国藩的识人之道

曾国藩眼光独到，是位识才高手。他曾断言自己的弟子罗泽南可以托付重任。果然，罗泽南后来成了一名战功赫赫的大将。

有一天，三位新上任的弟子去拜访曾国藩。经过一番交谈后，曾国藩即对他们下了一番结论：第一位，总是眼睛低垂，态度温顺，说话谨慎，是一个很细心的人，比较适合做文书工作；第二位，善于言辞，但是目光不定，虽有才气，但是偏于狡诈，不可重用；第三位，说话铿锵有力，目光坚定，既有才气，又有风度，可以托付重任。这第三位，就是后来战绩辉煌的大将罗泽南。

必须控制一些不利于良好沟通的面部表情。例如，哭丧着脸、板着面孔、面无表情等，这些都表示不满、不高兴，或给人不屑的感觉；皱眉表达不愉快或迷惑，眉毛上扬就可能表示嫉妒或不信任；微笑时不自觉地眨眼睛、皱眉毛、转眼珠，嘴巴张得过大，露出的牙齿上有污垢或食物残渣，目光没有流露出真诚，笑容僵硬、虚假、不自然，没有得体的身体语言相配合，使人感到突兀，这样的微笑就很不得体。

二、眼睛

眼睛在沟通中功能很多，如爱憎功能、威吓功能、补偿功能、显示地位功能等。

例如，小张和小陈是同一公司的新人，但小张在公司的人缘却远远超过了小陈。这主要是因为平时小张接人待物总是面带微笑，眼神亲切友善，不但增加了个人魅力，而且让人心生好感；而小陈一见到人，目光黯淡，眼神游离不定，让人感觉到他的不自信，慢慢地别人也就不再愿意和他多交流。小陈为此非常苦恼，可就是不知道该如何改变。

要解决小陈的苦恼，其实可以从以下四方面加以注意。

（一）注视的时间

据研究，人们在交谈时，视线接触对方脸部的时间约占全部谈话时间的30%～60%，若时间超过这一平均值，可认为对方对谈话者本人比对谈话内容更感兴趣；若时间低于平均值，则表示对方对谈话内容和谈话者本人都不怎么感兴趣。如果谈话时心不在焉、东张西望，或由于紧张、羞怯不敢正视对方，目光注视的时间不到谈话时间的三分之一，这样的谈话，难以被人接受和信任。在社交过程中，与朋友会面或被介绍认识时，可凝视对方稍久一些，这既表示自信，也表示对对方的尊重。

（二）视线的位置

人们在社会交往过程中，对不同的场合和对象，目光所及之处也是有差别的。有的人在与比较陌生的人打交道时，往往因为不知把目光怎样安置而窘迫不安；被人注视而将视线移开的人，大多怀有相形见绌之感；仰视对方，一般体现尊敬、信任的语义。与人交谈时，应注视对方的眼鼻之间，表示重视对方并对其发言感兴趣。当双方缄默不语时，就不要再看着对方，以免加剧因无话题本来就显得冷漠、不安的尴尬局面。送客时，要等客人走出一段路，不再回头张望时，才能转移目送客人的视线，以示尊重。

（三）瞳孔的变化

瞳孔的变化即视觉接触时瞳孔的放大或缩小。心理学家往往用瞳孔变化大小的规律，来测定一个人对不同事物的兴趣、爱好、动机等。兴奋时，人的瞳孔会扩张到平常的4倍大；相反，生气或悲哀时，消极的心情会使瞳孔收缩到很小，眼神必然无光。眼神能表达出异常丰富的信息，但微妙的眼神有时是只可意会、难以言传的，我们只能靠在社会实践中用心体察、积累经验、努力把握，方能在社交中灵活运用眼神。

（四）避免误用目光

直盯和怒视传递攻击性和威胁；眼神四处游离，会导致倾听者注意力转移，讲话内容缺少可信度；突然扫射，导致倾听者注意力转移；频繁眨眼，会给人缺乏自信的感觉。

三、手势语

手势是一种重要的身体语言（图5.1），可以帮助人向听者强调表达的意思，理清讲话的思路。用好手势可以提升个人形象，增添个性魅力；用不好手势不仅会曲解意思，还会泄露很多缺陷和问题。

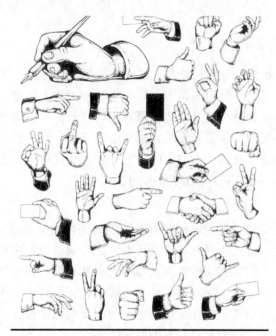

图5.1　各种手势

手势语在日常沟通中使用频率很高，范围也较广泛。人们常常以拍桌捶腿表示高兴，频频捶胸以示悲痛，等等。这些手势语主要是增强表达的情感色彩，使语言更富有感染力。

有的人说话时喜欢手舞足蹈，这很容易分散人们的视线，让人眼花缭乱，显得张扬和浮躁。有的人说话时手和胳膊不动，好像走路、跑步时手和胳膊分离一样，让人感到刻板、封闭和冷漠。什么样的手势语才适度呢？我们要掌握积极手势语，区分消极手势语，并在社交场合中学会灵活运用。

（一）积极的手势

积极的手势明朗、热情、自信、干练、果断，可以拉近与他人或听众的距离。

- 手心向上、手掌摊开表示一种欢迎的姿态，表达了坦诚、善意、礼貌和肯定的态度。
- 两手合掌或叠加，则表示互相配合、互相依赖和团结一致。
- 演讲或谈话时手在胸部和眼部之间为最恰当的区域，因为如果手抬得过高，会挡住脸，使你显得局促不安，不够自信；而如果手势太低，别人看不见，就无法起到手势语的作用。
- 站立时，双手在两侧自然下垂，表示自然放松，没有什么特别的含义；如果双手垂在身前，并用右手握住左手，则是谦恭的姿态，代表了现代人应有的教养与风度。
- 与人握手时应有一定的力度，以示对他人的尊重。

（二）消极的手势

消极的手势封闭、胆怯、犹疑、冷漠、无力。消极的手势不仅暗示着你消极的生活态度，还会拉开自己和他人的距离。

- 手势位置低于胸部且柔弱、缓慢，暗示缺乏自信。
- 手心向下，则表示抑制、贬低、反对和轻视。

- 站立时，双手背在身后，有两种含义：一是比较拘谨，像小学生似的；二是威严，给人很强势的感觉。第二种虽然不属于消极的手势，但如果用在一般的社交场合，也不太恰当。
- 握手无力、双臂抱胸，也属于比较消极的手势。
- 习惯性的不良手势，比如：用食指对人指指点点，用手遮挡嘴巴，经常性地捏鼻子，推扶眼镜，梳理头发，谈话时摆弄东西，甚至抠鼻子，等等。

四、体态

体态是指人的身体姿态和风度。姿态是身体所表现的样子，风度则是内在气质的外在变现。人们可以通过姿态向他人传递学识和修养，并能够与其交流思想、表达感情。

（一）站姿

男士身体重心应该在两脚，头正、颈直、挺胸、收腹、平视，双脚微开，最多与肩同宽。切忌两脚交叉、手插在腰间或裤袋中、浑身扭动、东张西望。

女士应该全身直立、双腿并拢、双脚微分、双手搭在腹前、抬头挺胸收腹、平视前方，切忌两脚分开、双腿"分裂"、臀部撅起（图5.2）。

图5.2　女性站姿示范

当然，这些只是站姿的基本标准，日常生活和各种社交场合中要学会灵活应用、见机行事，且不可一律呆板要求。

（二）走姿

走路时头应正，目视前方，表情自然，肩平、勿摇摆，小幅度臂摆，手自然弯曲，挺胸收腹，重心稍前倾，走线直，脚跟先着地，步幅适度，以一脚长度为宜，步速平稳，勿忽快忽慢（图5.3）。切忌走八字步、低头、驼背、晃肩、大甩手、扭摇摆臀、左顾右盼、脚底擦地等。

我们还要善于在不同场合运用不同的走姿技巧，如参观展览、探望病人时，在这种静谧环境下不宜发出声响，脚步应轻柔；进入办公场所、登门拜访时，在室内这种特殊场所，脚步应轻而稳；走入会场、走向话筒、迎向宾客时，步伐要稳健、大方、充满热情；陪同来宾参观，要照顾来宾行走的速度，并善于引路。

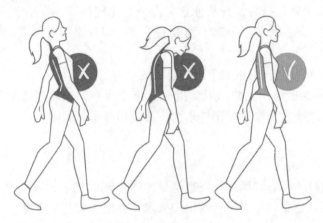

图 5.3 走姿示范

(三) 坐姿

1. 规范坐姿

入座时,走到座位前,右脚向后撤半步,上身保持正直,轻稳地坐下。男士就座时,双脚可平踏于地,双脚可略微分开,双手可分置左右膝盖之上。着裙装的女士,入座时将裙子的下摆稍微收拢一下;两腿并拢,两脚靠紧,小腿垂直于地面,大小腿折叠约 90°,两手相握放于大腿上;坐在椅子上,上体应自然挺直,背部成一平面,身体重心垂直向下(图 5.4)。

图 5.4 坐姿示范

2. 常用坐姿

(1) 男士常用坐姿。男士一般采用以下两种坐姿。

① 开膝式:在基本坐姿的基础上,两腿分开不超过肩宽。

② 叠放式:在基本坐姿的基础上,左(右)腿垂直于地面,右(左)腿叠放于上面,注意不要形成 4 字形坐姿。

(2) 女士常用坐姿。女士主要有以下三种常用的坐姿:

① 双腿斜放式:在基本坐姿的基础上,两腿并拢,将两脚同时放于左侧或右侧〔图

5.5(a)]。

② 交叉式：在基本坐姿的基础上，将两脚踝盘住交叉垂直于地面或稍侧于左右。注意膝盖并拢，两脚尖外展［图5.5(b)］。

③ 斜叠式：在基本坐姿的基础上，左（右）腿斜放，右（左）腿叠放于另一腿上，注意脚腕绷直，脚尖外展［图5.5(c)］。

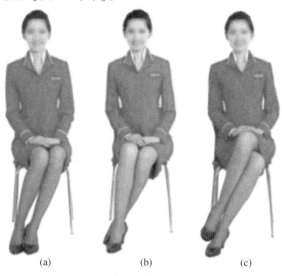

图5.5　女性常用坐姿

3．不良的坐姿

（1）在座椅上前俯后仰，东倒西歪。

（2）摇腿、跷脚或将双腿分开，社交场合下跷二郎腿。

（3）大腿并拢、小腿分开，或双手放于臀下，腿脚不停地抖动。

（4）过于放松、瘫坐椅内。

（5）与客人交谈时，摆弄手指，将手里的东西不停地晃动，把手中的茶杯或物品转来转去，一会拉拉衣服，一会整整头发等。

（6）把脚搭在椅子上或沙发扶手上、架在茶几上，或两腿笔直地向前伸，两膝分得太开。

在不同的场合可灵活运用不同的坐姿，切忌太过死板，在非正式场合，坐姿可以轻松、自然一些。

（四）蹲姿

1．两种常用蹲姿规范

（1）高低式蹲姿，男性在选用这一方式时往往更为方便，女士也可选用。要求是：下蹲时，左脚在前，右脚稍后。左脚应完全着地，右脚应脚掌着地，脚跟提起。此刻右膝低于左膝，右膝内侧可靠于左小腿的内侧，形成左膝高、右膝低的姿态（图5.6）。臀部向下，基本上用右腿支撑身体。

（2）交叉式蹲姿。通常适用于女性，尤其是穿短裙的人员，它的特点是造型优美典雅。基本特征是蹲下后两腿交叉在一起。下蹲时，

图5.6　高低式蹲姿

右脚在前，左脚在后，右小腿垂直于地面，全脚着地，右腿在上，左腿在下，二者交叉重叠；左膝由后下方伸向右侧，左脚跟抬起，并且脚掌着地；两脚前后靠近，合力支撑身体；上身略向前倾，臀部朝下。

2．下蹲的注意事项

（1）在公共场合，勿蹲在桌椅或其他高出地面的平台上。

（2）捡拾东西时，右手拾物，应走到物品左边再下蹲。

（3）穿长裙下蹲时，不要让裙角拖地，应适时挽一下。

（4）穿短裙和旗袍下蹲时，两腿要刻意并紧，避免尴尬。

第三节　社交礼仪

一、称谓和介绍

（一）称谓

人际交往，礼貌当先；与人交谈，称谓当先。使用称谓，应当谨慎，稍有差错，便贻笑大方。恰当地使用称谓，是社交活动中的一种基本礼貌。称谓要表现尊敬、亲切和文雅，使双方心灵沟通，感情融洽，缩短彼此间的距离。正确地掌握和运用称谓，是人际交往中不可缺少的礼仪因素。

1．姓名称谓

姓名，即一个人的姓氏和名字。姓名称谓是使用比较普遍的一种称呼形式。用法大致有以下几种情况：

（1）全姓名称谓，即直呼其姓和名，如"李大伟""刘建华"等。全姓名称谓有一种庄严感、严肃感，一般用于学校、部队或其他等郑重场合。一般来说，在人们的日常交往中，指名道姓地称呼对方是不礼貌的，甚至是粗鲁的。

（2）名字称谓，即省去姓氏，只呼其名字，如"大伟""建华"等，这样称呼显得既礼貌又亲切，运用场合比较广泛。

（3）姓氏加修饰称谓，即在姓氏之前加一修饰字，如"老李""小刘""大陈"等，这种称呼亲切、真挚，一般用于在一起工作、劳动和生活中相互比较熟悉的同志之间。

2．职务称谓

职务称谓就是用所担任的职务作称呼。这种称谓方式，目的是不称呼其姓名，以表尊敬、爱戴，主要有三种形式：

（1）用职务称呼，如"李局长""张科长""刘经理""赵院长""李书记"等。

（2）用专业技术职务称呼，如"李教授""张工程师""刘医师"等。对工程师、总工程师还可称"张工""刘总"等。

（3）职业尊称，即用其从事的职业工作当作称谓，如"李老师""赵大夫""刘会计"等，不少行业可以用"师傅"相称。

案 例

刚上班的小王就曾因称谓备受尴尬之苦。报到的那一天,接待她的是公司的李部长,四十来岁的人却年轻得像二十五六岁,第一次见面,小王恭恭敬敬地喊了一声:"李部长,您好!"部长听了,嘿嘿一乐,很随和地说道:"别那么认真,叫我小李好了。"再遇到部长时,还是不知道该怎么称呼他。

案例点评:在现实生活中,称呼是我们每个人都无法回避的问题。其实小王只要静观其他人对他的称呼,然后同其他人保持一致就可以了。遵循了这一点,一般就不会犯太大的错误,大可不必为此担心分神。

3. 性别称谓

一般约定俗成地按性别的不同分别称呼为"小姐""女士""先生"。其中,"小姐""女士"二者的区别在于:未婚者称"小姐",不明确婚否者则可称"女士"。

4. 其他称谓

亲属称谓是对有亲缘关系的人的称呼,中国古人在亲属称谓上尤为讲究,随着社会的进步,在亲属称谓上已没有那么多的讲究,现在我们在日常生活中使用亲属称谓时,一般都是称自己与亲属的关系,十分简洁明了。

一些社交场合中,"同志""朋友"等称谓依然应用广泛。例如,"同志,我问下社保怎么办理?"或"朋友,我问下您,火车站怎么走?"

现代社会社交中,还存在很多新潮的称谓,如小哥哥、小姐姐、美女、帅哥、大叔等,在日常生活轻松的环境氛围下,也可以使用,不用于正式场合。使用时一定要考虑到这类称谓是否给人带来反感,场合是否适宜。

在一般情况下,同时与多人打招呼,应遵循先长后幼、先上后下、先近后远、先女后男、先疏后亲的原则。进行人际交往,在使用称呼时,一定要避免失敬于人。

(二)介绍

介绍是社交场合中相互了解的基本方法。通过介绍,可以缩短人们之间的距离,以便更好地交谈、更多地沟通和更深入地了解。在日常生活与工作中常用的介绍有以下几种类型,即自我介绍、为他人介绍和集体介绍。

1. 自我介绍

自我介绍应注意时间、态度与内容等。

(1)时间。要考虑自我介绍应何时进行。一般认为,把自己介绍给他人的最佳时机应是对方有空闲的时候,对方心情好的时候,对方有认识你的兴趣的时候,对方主动提出认识你的请求的时候,等等。另外,要考虑自我介绍应大致使用多长时间。一般认为,自我介绍以半分钟左右、不超过1分钟为宜。

(2)态度。要亲切、自然、友好、自信。介绍者应当表情自然,眼睛看着对方或大家,要善于用眼神、微笑和自然亲切的面部表情来表达友谊之情。不要显得不知所措、面红耳赤,更不能一副随随便便、满不在乎的样子。

(3)内容。在介绍时,被介绍者的姓名、单位、任职被称作构成介绍主体内容的三大要素。在做自我介绍时，其内容在三大要素的基础上又有所变化。具体而言，依据自我介绍的内容方面的差异，它可以分为四种形式。

第一种为应酬型。它适用于一般性的人际接触，只是简单地介绍一下自己。例如，"您好！我叫×××。"

第二种为沟通型。也适用于普通的人际交往，但是意在寻求与对方交流或沟通。内容上可以包括本人姓名、单位、籍贯、兴趣等。例如，"您好！我叫×××，黑龙江人。现在在一家银行工作，您喜欢看足球吧，我也是一个球迷。"

第三种为工作型。它以工作为介绍的中心，其内容应重点集中于本人的姓名、单位及工作的具体性质。例如，"女士们，先生们，各位好！很高兴有机会把我介绍给大家。我叫×××，我是××公司的业务经理，专门营销电器，有可能的话，我随时都愿意替在场的各位效劳。"

第四种为礼仪型。它适用于正式而隆重的场合，属于一种出于礼貌而不得不做的自我介绍。其内容除了必不可少的三大要素以外，还应附加一些友好、谦恭的语句。例如，"大家好！在今天这样一个难得的机会中，请允许我做一下自我介绍。我叫×××，来自哈尔滨××公司，是公司的销售部经理，今天，是我第一次来到美丽的××××，这里美丽的风光一下子深深地吸引了我，我很愿意在这多待几天，很愿意结识在座的各位朋友，谢谢！"

2．为他人介绍

为他人介绍，首先，要了解双方是否有结识的愿望；其次，要遵循介绍的规则；再次，在介绍彼此的姓名、工作单位时，要为双方找一些共同的谈话材料，如双方的共同爱好、共同经历或相互感兴趣的话题。

（1）介绍的顺序。

将男士先介绍给女士；在同性别的两人中，将年轻者先介绍给年长者，以示对前辈、长者的尊敬；将地位低者先介绍给地位高者；将客人介绍给主人；将后到者先介绍给先到者。

（2）介绍的礼节。

介绍人的做法：介绍时要有开场白，如"请让我给你们介绍一下，张小姐，这位是……""李先生，请允许我介绍一下，这位是……"。为他人做介绍时，手势动作要文雅，无论介绍哪一方，都落落大方，指向被介绍的一方，并向另一方点头微笑。必要时，可以说明被介绍的一方与自己的关系，以便新结识的朋友之间相互了解和信任。介绍人在介绍时语言要清晰明了，不含糊其词，以使双方记清对方姓名。在介绍某人优点时要恰到好处，不宜过分称颂而导致局面难堪。

被介绍人的做法：作为被介绍的双方，都应当表现出想结识对方的热情。双方都要正面对着对方，介绍时除了女士和长者外，一般都应该站起来，但是若在会谈进行中或在宴会等场合，就不必起身，只略微欠身致意就可以了。如方便的话，等介绍人介绍完毕后，被介绍人双方应握手致意，面带微笑并寒暄，如"你好""见到你很高兴""认识你很荣幸""请多指教""请多关照"等，如需要还可互换名片。

3．集体介绍

如果被介绍的双方，其中一方是个人，一方是集体时，应根据具体情况采取不同的办法。

将一个人介绍给大家。这种方法主要适用于在重大的活动中对于身份高者、年长者和特邀嘉宾的介绍。

将大家介绍给一个人或一些人。例如，领导者对劳动模范和有突出贡献的人进行接见；两个处于平等地位的交往集体的相互介绍；开大会时主席台就座人员的介绍；等等。集体介绍的基本顺序有两种：一是按照座次或队次介绍；二是按照身份的高低顺序进行介绍。千万不要随意介绍，以免使来者产生厚此薄彼的感觉。

二、握手

握手是在一切交际场合最常使用、适应范围最广泛的见面致意礼节。它表示致意、亲近、友好、寒暄、道别、祝贺、感谢、慰问等多种含意，从握手中，往往可以了解一个人的情绪和意向，还可以推断一个人的性格和感情。有时握手比语言更充满情感。

（一）握手的场合

握手的场合主要有迎接客人到来时；当你被介绍与人认识时；久别重逢时；社交场合突遇熟人时；拜访告辞时；送别客人时；别人向自己祝贺、赠礼时；拜托别人时；别人帮助自己时；等等。

（二）握手的规则

行握手礼时有先后次序之分。握手的先后次序主要是为了尊重对方的需要。其次序主要根据握手人双方所处的社会地位、身份、性别和各种条件来确定。

（1）两人之间握手的次序是：上级在先，长辈在先，女士在先，主人在先；而下级、晚辈、男士、客人应先问候，见对方伸出手后，再伸手与他相握。在上级、长辈面前不可贸然先伸手。若两人之间身份、年龄、职务都相仿，则先伸手为礼貌。

（2）如男女初次见面，女方可以不与男方握手，互致点头礼即可；若接待来宾，不论男女，女主人都要主动伸手表示欢迎，男主人也可对女宾先伸手表示欢迎。

（3）如一人与多人握手时，应先上级、后下级，先长辈、后晚辈，先主人、后客人，先女士、后男士。

（4）若一方忽略了握手的先后次序，先伸出了手，对方应立即回握，以免发生尴尬。

（三）握手的正确姿势

标准的握手方式是：握手时，两人相距约一步，上身稍前侧，伸出右手，四指并拢，拇指张开，两人的手掌与地面垂直相握，上下轻摇，一般二三秒为宜，握手时注视对方，微笑致意或简单地用言语致意、寒暄。

（四）握手时的注意事项

（1）行握手礼时要注意力集中，不要左顾右盼，一边握手，一边跟其他人打招呼。

（2）见面与告辞时，不要跨门槛握手。

（3）握手一般总是站着相握，除年老体弱或残疾人以外，坐着握手是很失礼的。

（4）单手相握时左手不能插口袋。

（5）男士勿戴帽、手套与他人相握，穿制服者可不脱帽，但应先行举手礼，再行握手礼。女士可戴装饰性帽子和装饰性手套行握手礼。

（6）忌用左手同他人相握，除非右手有残疾。当自己右手脏时，应亮出手掌向对方示意声明，并表示歉意。

（7）握手用力要均匀，对女性一般象征性握一下即可，但握姿要沉稳、热情和真诚。

（8）握手时不要抢握，不要交叉相握，应待别人握完后再伸手相握。

三、空间礼仪

每个人在心理上都存在一个适宜的空间距离，人与人之间有着看不见但实际存在的界限，这就是个人领域意识。根据空间距离，也可以推断出人们之间的交往关系。在社交活动中，根据社交活动的对象和目的，选择和保持合适的距离是极为重要的。掌握这些空间距离的礼仪，会让您的人际交往更加和谐、自然。

人与人交往的距离可划分为四种：亲密距离、私人距离、社交距离和公众距离。在人际交往中要保持适当的距离。

（一）亲密距离

恋人之间、夫妻之间、父母子女之间及至爱亲朋之间的交往距离范围为 0~0.5 米，这一距离有非常特定的场景和对象，一般属于私下情境。在公众场所，不允许一般人进入这个空间；否则，就是对对方的不尊重。即使因拥挤而被迫进入这个空间，也应尽量避免身体的任何部位触及对方，更不能将目光死盯在对方的身上。

（二）私人距离

私人距离是一个更有"分寸感"的交往空间，其中可分为近位距离和远位距离。

1．近位距离

近位距离一般为 0.5~0.8 米。在这一距离内，稍一伸手就可触及对方，双方可以亲切握手。近位距离在酒会的交际中比较常见，谈话双方会有一种亲切感。

2．远位距离

远位距离一般为 0.8~1.5 米。在这一距离内，双方都把手伸直，还有可能相互触及。由于这一距离有较大的开放性，亲密朋友、熟人可随意进入这一区域。

（三）社交距离

社交距离体现的是一种社交性的、较正式的人际关系，可分为近位距离和远位距离。

1．近位距离

近位距离一般为 1.5~2.2 米，在工作环境中，领导对部属谈话、布置任务、听取汇报等时一般保持这个距离。在一般的社交聚会上，陌生人之间、客户之间商谈事务时也采取这一距离。

2．远位距离

远位距离一般为 2.2~6 米。这是正式社交场合如商业活动、国事活动等时所采用的距离。采用这一距离主要在于体现交往的正式性和庄重性。

（四）公众距离

公众距离是人际接触中产生空间势力圈意识的最大距离，是一切人都可以自由进入的空间，也有近位距离和远位距离之分。

1．近位距离

近位距离一般在6米之外。这通常是小型活动的讲话人与听众之间的距离、教师讲课与学生听课之间的距离。

2．远位距离

远位距离一般在8米之外。这是大型报告会、听证会、文艺演出时，报告人、演讲者、演员与听众、观众之间应当保持的距离。大人物在演讲时需要与听众保持这一距离，以便在增强权威感的同时增强安全感。

以上四种空间距离，只是人际交往的大致模式，并不是固定的、刻板的。人际接触的空间距离根据具体情况的变化而变化。因此，空间距离总是具有一定的伸缩性和可变性。比如，民族文化传统不同，人们交往的空间意识会有差异，如日本人相对要求小距离；性别不同，对交往需求的空间也有差异，如异性之间比同性之间要求大距离；社会地位高的人会有意识地与普通人保持较大的社交距离；年龄相差大的人之间的交往有缩小距离的愿望，而同龄人之间则有一种要求扩大交往距离的冲动；性格外向的人容易打破空间界限，对对方的侵入也不会太反感，而内向的人，对空间距离的防范心理强；人的情绪也是影响空间距离最大、最容易变化的因素，在人的情绪处于极度兴奋或极度压抑等状态，可能会采取一种不合常规的空间界限与人交往；环境也会制约人的空间意识。

四、电梯礼仪

我们每天上班、下班、外出、回家都基本会乘坐电梯，乘坐电梯除了安全问题外，礼仪问题也是我们应该关注的，尤其对职场人来说。和同事、前辈、客人、上司一起乘坐电梯时，你该做些什么、注意什么、说些什么呢？

（一）乘坐电梯的基本礼仪

（1）勿阻挡、勿争抢。电梯门口处，如果有很多人等候，此时请勿拥挤在一起或挡住电梯门口，以免妨碍电梯内的人出来，而且应该先让电梯内的人出来之后方可进入，不可争先恐后。

（2）讲顺序，讲风度。靠电梯最近的人先上电梯，然后为后面进来的人按住"开门"按钮；当出电梯的时候，靠电梯门最近的人先走。男士、晚辈或下属应站在开关处提供服务，并让女士、长辈或上司先进入电梯，自己再随后进入。

（3）注意位置细节。在电梯里，尽量站成"凹"字形，挪出空间，以便后进入者有地方可站，进入电梯后，正面应朝电梯口，以免造成面对面的尴尬。在前面的人尽量站在边上，如有必要出电梯时应先下去，方便别人出去后再进入。

（4）乘坐自动扶梯，应靠右侧站立，空出左侧通道，以便有急事的人通行；应主动照顾同行的老人与小孩踏上扶梯，以防跌倒；如需从左侧急行通过时，应向给自己让路的人致谢。

（二）共乘电梯所要注意的礼仪

1．与上司共乘电梯

（1）下属最好站在电梯口处，以便在开关电梯时为上司服务。而上司的理想位置是在对角处，以使得两人的距离尽量最大化，并卸下下属的心理负担。

（2）在电梯里讲话时不宜盯着对方的眼睛不放，目光可适当下移，以嘴巴和颈部为限。

（3）因电梯空间很小，所以讲话时最好不要有手部动作，更不能指手画脚、动作过大。

（4）打破沉默并不是下属的专利，上司也可利用这几十秒时间增进对下属的了解。

（5）如果上司正在思考或明显不想开口，那么下属完全没必要非要找个话题。

2．与客人共乘电梯

（1）伴随客人或长辈来到电梯厅门前时，先按电梯呼梯按钮。当轿厢到达厅门打开时，若客人不止一人，可先行进入电梯，一手按"开门"按钮，另一手按住电梯侧门，礼貌地说"请进"，请客人们或长辈们进入电梯轿厢。

（2）进入电梯后，按下客人或长辈要去的楼层按钮。若电梯行进间有其他人员进入，可主动询问要去几楼，帮忙按下。电梯内可视状况是否寒暄，若没有其他人员时可略做寒暄；若有外人或其他同事时，可斟酌是否有必要寒暄。在电梯内尽量侧身面对客人。

（3）到达目的楼层后，一手按住"开门"按钮，另一手做出请出的动作，可说："到了，您先请！"客人走出电梯后，自己立刻步出电梯，并热诚地引导行进的方向。

（三）十大乘坐电梯陋习

（1）站在近电梯门处妨碍他人进出。

（2）面朝门的方向站立，把脊背背着电梯里的其他人。

（3）不依序进出电梯，插队，甚至冲撞他人。

（4）不等待即将快步到达者而关闭电梯门。

（5）不帮助不便按电控按钮者。

（6）对着电梯里的镜子旁若无人地理头发或者涂口红。

（7）大声喧哗，打情骂俏，大声打电话。

（8）吸烟和过度使用香水。

（9）带宠物进电梯并且不看管。

（10）性骚扰，这已经不是道德问题，而是违法行为了。

五、其他社交礼仪

（一）拜访和接待

拜访和接待是社交活动中最基本的形式，应做到文明待客、礼貌拜访，这是表达情谊、体现素养的重要环节。

拜访礼仪包括事先有约、时间恰当、认真准备、遵时守约、进门礼节、做客有方、适时告辞等内容。

接待礼仪包括精心准备、热情迎客、周到待客、礼貌送客等内容。

（二）用餐

用餐礼仪如果细化的话，是一个比较复杂的礼仪体系，需要我们在生活中不断积累经验并加以学习。

中餐礼仪包括筹备阶段的时间和地点安排、餐桌安排、位次安排、菜单安排、餐具安排和餐间表现等。

西餐礼仪包括上菜顺序、餐具使用、坐姿和进餐守则等。

（三）行走和行车

行走礼仪包括不违反交通规则、不吃零食、不随地吐痰等基本要求，还包括保持积极心态、保持空间距离、在拥挤之处能文明排队等内容。

行车礼仪包括汽车驾驶、上下车顺序、上下车姿势、座位位次、乘车礼仪和公共交通注意事项等内容。

（四）校园礼仪

校园礼仪是指学校师生员工之间相处时的礼貌行为、应有的仪表仪态和行为规范要求。它有特定的应用范围，主要是学生在校内与教师相处，同学与同学之间相处的规范要求。学校礼仪不仅是学生应遵守的日常行为规范，而且是做人做事的最基本要求，是一个学生综合素养的外在表现。

校园礼仪包含课堂礼仪、与老师和同学相处的礼仪、宿舍礼仪、食堂礼仪和图书馆自习室礼仪等。

牛刀小试

1. 请分析以下情景中仪态表现中存在的问题，你受到什么启示？

一次，老师带着3个毕业生同时应聘一家公司的业务员职位，面试前老师担心学生面试时紧张，同人事部主任商量让3位同学一起面试。3位同学进入人事部主任办公室时，主任上前请3位同学入座。当主任回到办公桌前，抬头一看，欲言又止，只见两位同学坐在沙发上，一个跷起二郎腿，另一个身子松懈地斜靠在沙发一角，两手攥握，手指还发出了咯咯的响声，只有一个同学端坐在椅子上等候面试，人事部主任起身非常客气地对两位坐在沙发上的同学说："对不起，你们二位的面试已经结束了。"两位同学四目相对，不知何故，怎么面试什么都没问，就结束了。

2. 角色扮演。

（1）王经理和小张初次见面，相互介绍，握手。

（2）王经理要在李总和新进员工小张之间相互介绍，握手。

3. 课堂训练：按照要求，掌握亲密距离、私人距离、社交距离和公众距离的尺度和礼仪。请学生组成小组，设定不同情景，练习不同空间距离的礼仪，并分享不同距离时自己的感受和练习带来的收获，老师最后总结。

4. 课堂训练：模拟乘坐电梯，按照要求，设置不同职场情景，请同学们组成小组，模拟乘坐现场。进行课堂小讨论或自我总结。

导师寄语

礼貌经常可以代替最高贵的感情,用你的礼貌彰显你的素养。

课后推荐

金正昆. 大学生礼仪 [M]. 3 版. 北京:中国人民大学出版社,2014.

第六章 社会实践活动

学习要点

- 了解实践的具体内容。
- 了解大学生开展实践活动的意义。
- 能端正正确的社会实践心态。

思维园地

韩某毕业于北京某学院会展专业,下面是他的自述。大四时候,课程较少,我决定在边写毕业论文的同时,边找份实习工作来打发时间。经过几番努力,我被当地一家小型的会展公司选为了实习生,虽然公司很小,所有员工加起来也就十多个人,但是公司业务却很繁忙,作为实习生的我,也偶尔需要参与公司的加班工作。这份实习工作虽然很累,但是我很有干劲,不到半个月的时间,我就已经对公司的运作流程有了一定的了解,并且也能开始对一些事务进行独立处理。再后来,我已经可以开始逐步接手同事们的工作,这让我真正感受到了职场生活的氛围与节奏。

在这家公司我总共实习了3个月,感觉这3个月自己收获颇丰,从实习实践中我学到了很多东西,丰富了我对会展专业的认识与见解。对我个人而言,实习工作让我体会最深的有两点:(1)主动学习。在公司里,大家都很忙,没有人会来教你如何去做某件事情。如果想做好手头的工作,就要主动学习与询问,主动抓住时间多和同事沟通,并多做工作小结。(2)明确目标。由于专业的原因,在大学期间我给自己制订的职业生涯方向与会展有关,但是我不确定自己是否适合从事此行业。通过这次实习,我明确自己喜欢并且适合会展行业,这次实习经历让我了解了以前所不知道的会展工作相关具体事宜,让我能够根据行业信息对自己的职业生涯目标进行适当的修改,这不禁让我充满干劲,对未来充满了希望。

点评:韩某同学最开始抱着打发时间的目的去参与实习活动,虽然这个出发点不对,但是我们看到他最后在实习活动中对自己收获的总结,说明他在实习时认真地工作,因此收获良多。大学生在平时的校园生活当中,应当重视实践实习活动,不要一心埋在书本里,很多时候,我们更需要把目光延伸到周围的世界。

第一节 对实践活动的认识

随着国家义务教育的开展和高校的普遍扩招，国人的素质得到了极大的提高。目前我国正面临着大学生就业难的问题，很多人认为是因为大学生数量的增多导致就业压力过大，其实不然，在很多校园招聘会和人才市场中，我们可以明显地感受到社会对人才的需求量极大，尤其需要一些综合素质高、有实践经验的人才。而许多刚出校园、稚气未脱的大学生最缺乏的就是实践经验，他们在大学生活中，要么重理论学习轻实践，要么尝试过一些实践活动，却没有总结反思实践活动带来的经验教训，使得自己的提升有限。不过，值得欣慰的是，现在各高校越来越重视开展学生的实践活动，这在很大程度上能够培养学生的实践能力，但最重要的还是我们自己要去积极主动地参与，这样才能在内外因素的共同作用下，让自己更加迅速地成长起来。

诗人萨迪曾说："有知识的人不实践，等于一只蜜蜂不酿蜜。"他强调了实践对于知识分子的重要性。大学阶段是人极其特殊和重要的阶段，它既能丰富你的学识，又能让你提前触摸到社会，是个体形成世界观、人生观、价值观的重要时期。因此，身体力行对于大学生来说格外重要，我们在学习理论知识的同时，还需要进行一些实践活动，学习课本上没有的知识，从而丰富自己的见识和阅历。

一、实践的内容

大学生实践活动是指大学生利用课余时间，有组织、有目的地深入社会的一种行为方式，它充分发挥大学生的主观能动性，能很好地培养、提升大学生的素质和实践能力。大学生实践活动主要分为两种类型：一种是在校内进行的实践活动，如校园勤工助学、校园兼职等；另一种是在校外进行的实践活动，包括社会实习和假期校外兼职等。实践活动能够丰富、深化大学生们在课本上学到的知识，使其学以致用，同时也能在实践活动中提高大学生们的工作能力，这为他们未来能快速地适应职场生活奠定了良好的基础。

（一）校内实践

许多同学误认为诸如勤工俭学、校园兼职和校内的社团活动没有什么价值，只是单纯地出卖劳动力而已，从而轻视校内实践活动。其实，"不积跬步，无以至千里"，能力的提升是个循序渐进的过程，就好比一个出色的军人，都是从站军姿、蹲马步这些基本功练起的。对于一些综合素质、能力较弱的同学，通过校内实践来锻炼提升自己是很有必要的。这些校内实践机会又需要从哪里找呢？对此，我们总结了以下几个校内实践机会。

1. 担任班级干部或竞选院、校学生会干部

竞选班级干部与学生会干事、干部是大学生最常见的校内实践活动，它要求大学生们参与班级或院校的管理，在同学们和学校、老师之间起着沟通、连接的作用。并且，大学生活丰富多彩，经常会举办许多活动，这都需要学生干部组织协调和管理，大学生在担任学生干部的时候能够获得丰富的实践机会，这在一定程度上能提高组织管理能力和人际交往

能力，对以后就业有很大的帮助。

2．学校勤工俭学处提供的实践活动

勤工俭学是指一边学习知识，一边劳动，获取报酬的一种实践活动。几乎每个学校都会设置勤工俭学处，它的目标群体是那些家庭条件不太好，需要依靠勤工俭学来维持生活与学业的同学。不过，有的同学只是想丰富自己的实践经验，并不全是为了报酬。

去勤工俭学处寻找实践活动的好处在于它能免去大学生寻找时间的成本，学校勤工俭学处往往提供了现成的信息，大学生们只要根据自身的需求和条件来选择不同的实践活动即可。常见的勤工俭学方式有家教、兼职和做零工等。不过，需要注意的是，在选择勤工俭学方式时一定要结合自身情况，在确保自己课业进程顺利的情况下再去参与实践活动，切勿为了获得实践经验和报酬而忽视了学业。

3．学校社团组织

学校社团组织是一个非常庞大的群体，每个社团组织都有自己明确的主题性质，要选择加入一个自己感兴趣的社团组织，再积极参与社团组织开展的各项活动，尤其是选择参与一些和职业相关的社团。所谓和职业相关的社团，是指那些能和今后职业发展方向相符合的社团，比如以后你想从事和文字相关的工作，可以加入文学社；若你以后想从事律师职业，可以加入法律协会或者辩论协会。这样能够培养你的相关职业素养与能力，并且能够交到许多志同道合的朋友。

4．留意学校或学院网站上的校内兼职信息

很多同学都容易忽视掉学校网站上发布的一些兼职信息。这类兼职信息一般都是在学院内的一些部门当助手、在宿舍楼里当宿管员或给一些学科老师当助教等。这类兼职很能锻炼、提升同学们的工作能力，不过一般发布不多，名额有限且竞争较大。但不要因为竞争压力大就放弃这类实践活动，只要认为自己是合适的人选，就应该去争取，以免错失机会、留下遗憾。

（二）社会实践

社会实践，顾名思义，就是在社会中进行的实践活动，它是指除了校内实践活动外的所有实践活动，主要包括校外实习和假期兼职等。社会实践活动在某种程度上比校内实践活动更加锻炼同学们的能力，毕竟通过校外实践活动，能让我们更好地接触社会，了解社会的用人需要。

由于大学生数量的增多，社会实践活动往往出现僧多粥少的情况。许多社会实践，尤其是假期兼职活动往往是一些如接打电话、收发文件的工作，有的同学认为自己堂堂一个大学生却被当成了"打杂工"，对之嗤之以鼻，认为这些工作无法锻炼自己的能力，故轻视这类实践活动。这反映了当代许多大学生眼高手低的问题，许多大学生本身动手能力有待加强，况且假期兼职活动周期也不会太长，往往刚适应工作就要离开。大学生应该珍惜这样的社会实践机会，不应该轻视做这些小事情，接打电话可以锻炼你的语言表达能力，收发文件可以锻炼你的人际交往能力。大学生要养成吃苦耐劳的精神，要从基层、小事做起，不要好高骛远，这样才能扎实培养你的职业素养，让你的能力获得全方位的提升。社会实践内容、形式丰富多彩，其信息获取渠道也有很多。常见的社会实践活动机会主要可以从以下几方面去寻找。

1．学校论坛板块

一般学校都有各自的学校内部论坛，如北大的未名BBS、人大的天地人大BBS。在这些论坛上几乎都有实习兼职发布的板块，里面有来自同学转发的实习信息，也有企业、商店发布的实习、兼职信息。大学生可以充分利用学校论坛这一资源，在上面找寻自己感兴趣的实习兼职信息并进行实习兼职申请。

2．与学校有合作关系的用人单位

有的学校和学院都有自己特定的合作单位，尤其是那些专业性质较强的学科。学院一般会组织学生去定点单位进行专业实习，这是为了培养专业应用型的人才而开设的活动。这种类型的社会实践活动对同学们的提升有很大的帮助，不仅能拓宽大学生的专业前沿知识、丰富眼界，而且能提高专业态度与专业技能水平。

3．大学生"三下乡"活动

大学生"三下乡"活动是指各大高校在暑期中开展的一项"文化、科技、卫生"下乡社会实践活动，其意在提高大学生综合素质。"三下乡"活动需要大学生深入农村基层，给农村传播先进的文化知识和科学技术，并在农村进行基层调研工作，体验农村生活。"三下乡"活动能提高大学生的实践水平和知识政治觉悟，用自己所学来服务基层、建设基层，为祖国的现代化建设贡献自己的力量。同学们应该积极参与这样的社会实践活动。

4．招聘网站

在一些常见的招聘网站上，如智联招聘、前程无忧等网站，除了全职的招聘工作外，还有针对大学生的实习及假期兼职工作的招聘。这些招聘网站上的信息量很大，内容形式很多，同学们可以根据自身条件来进行申请。不过需要注意的是，有些招聘信息属于虚假招聘，同学们要擦亮眼睛，仔细辨别此类招聘信息。

5．亲朋好友、老师的介绍

平时在和亲朋好友、老师聊天的时候，可以向他们请求帮忙留意有无适合自己的实习或者兼职工作，毕竟人多力量大，他们可能会有一些你不知道的实习资讯，从而丰富你的信息。

6．市场上的兼职信息

许多店家或者商场会把假期兼职信息张贴在门口或商场布告栏上，同学们平时在学校外面吃饭、逛街的时候，可以多留意一下这方面的信息，这也有助于我们养成善于观察生活、观察细节的好习惯。

案　例

精心选择社团

小姜曾经加入多个社团，早在入学之前，就有学长建议她到大学后要多参加社团活动，以提高能力。所以一入学，她一口气报了好几个社团，但她后来发现，参加了才知道不像自己当初想象的那样。比如，她参加的红十字协会，本以为可以为社会做一些实在的公益活动，可过了半个学期总共开过两次会，而且内容空泛，与她加入社团的初衷并不相符。

与小姜不同的是，已经毕业一年的张敏曾活跃于学校的文学社团。长期的社团文化活动不仅培养了她对文学的浓厚兴趣，而且培养了她深厚的文字功底，并充分发挥了她在文学方面的才能。如今，她的首部长篇小说已经在筹备出版，而她也感叹社团学习对她的帮助绝不亚于课堂学习。

案例点评：社团是微型社会，社团活动属于第二课堂，参与社团是步入社会前最好的演练。选择社团时不应盲目，应该结合自身实际，结合兴趣点，选择适合自己的社团，所选社团应与自身相关，与课堂内所学相辅相成、相互促进。

二、大学生开展实践活动的意义

在古代，许多有识之士都曾强调实践活动的重要性，明代董其昌曾提出："读万卷书，行万里路。"如今，习近平主席在给青年学生的回信中也写道："好儿女志在四方，有志者奋斗无悔。希望越来越多的青年人以你们为榜样，到基层和人民中去建功立业，让青春之花绽放在祖国最需要的地方，在实现中国梦的伟大实践中书写别样精彩的人生。"这些话语无不说明实践活动对于人的重要性，尤其是作为建设祖国最坚实力量的大学生，我们更应该将自身课余时间充分利用起来，在实践活动中锻炼提升自己。总体来说，大学生开展实践活动主要有以下几方面的意义。

（一）促进自我认识

通过广泛的社会实践活动，能让大学生了解自身与社会需求之间的差距，看到自身存在的问题与不足，重新客观地认识自己，从而对自身的成长和综合能力的提高产生紧迫感。

（二）增加社会阅历

同学们平时所学习的知识大多来自书本上，然而"纸上得来终觉浅，绝知此事要躬行"，通过开展丰富的实践活动，大学生能够接触到社会，开始亲身了解国情，这对丰富社会阅历、增加社会经验有很大的好处。

（三）培养创新意识

在进行实践活动中，大学生大多进行的都是自己感兴趣的事情，且没有了校园、书本等的束缚，这能充分调动他们的热情和积极性，使得自身兴趣高涨，从而放飞自己的思想，使自己的主观能动性空前地活跃，这往往能产生一些灵感创造的火花，有利于培养创新意识和能力。

（四）提高个人能力

无论是校内实践还是社会实践，无论你的实践工作是细小简单还是复杂庞大，只要你耐心地去完成每一份属于自己的工作，都会获得相应的收获，得到能力的提升。

（五）拓宽规划思路

伴随着实践活动的开展，同学们可能会对某一自己以往不了解的领域产生兴趣，或觉得自己适合从事某一职业。这样就能回过头来修改、完善我们的职业生涯规划，拓宽我们的职业发展方向的思路。

（六）培养学习兴趣

大学生在进行实践活动时，一定会遇到许多自己不懂、无法解决的问题，尤其是专业性质较强的实践活动，在遇到不懂的专业问题时，可促进解决问题的欲望，从而提升对专业知识学习的兴趣。

（七）构建健康的三观

大学阶段是同学们塑造自身人生观、世界观和价值观的重要时期。一个人的人生观、世界观和价值观，是在认识世界、了解世界的过程中逐步构建起来的。大学生在参加社会实践的过程当中，尤其是参加诸如"三下乡"等的实践活动，可深入社会、深入生活、丰富认识，有助于形成正确的、科学的人生观、世界观和价值观。

总之，大学生进行实践活动对于其成长有非常大的好处。希望同学们都能积极参与各种实践活动，丰富自己的大学生活，提高自身能力，做一个全面发展的优秀大学生。

第二节 国外大学生社会实践的经验借鉴

国外大学生开展社会实践工作已经有较长的时间，其中不乏有一些良好的经验、教训，可供我国的大学生在社会实践活动中借鉴。

一、国外社会实践内容的丰富多样性

国外大学生进行的社会实践活动内容主要有劳动教育、军事训练、校企联合的"双元式"实践、义工、社区服务、校外打工、志愿服务和公民体验教育等。国外的社会实践内容能给大学生的社会实践活动带来启发，让大学生的社会实践活动的选择面更广、更有深度，而不拘泥于现有的几项内容。哈佛大学作为全球的顶尖大学之一，其学生经常利用承担科研项目或者假期打工的方式去企业参与实际工作，这样能让学生将书本上学到的知识产业化，达到理论和实践相结合的目的。泰国学生的勤工俭学多强调学以致用，学校在假期里带领学生深入基层和农村，帮助当地人们进行文化普及活动，让大学生自行体验学校和农村之间的差距，这样的活动能够让大学生更好地认识社会，使服务社会的价值观念在社会实践活动中得到了彻底贯彻，增强了大学生的民族情感，同时也激发和强化了他们为祖国发展奉献自己的意识。我们看到，很多深入过基层的大学生在返校过后主动提出毕业后要到农村基层工作服务，这一点很值得当代大学生学习。

二、国外政府对大学生社会实践活动的高度重视

国外政府对大学生进行社会实践活动特别重视，如印度尼西亚的政府就明确表明了"高等教育的目的是培养、造就青年学生成为一个能促进社会和科学生活进步的人才"，特别重视大学生的社会实践活动，要求各个高校要对学生进行正确的价值观念培养。菲律宾的教育决策部门对加强劳动生产教育、用所学技能服务社会特别重视，明确要求学校教师要利用一切可能的机会将书本教育和实际生产联系起来。不仅如此，国外的社会组织也对大学生实践活动配合积极，印度尼西亚的社会组织为了能让大学生更好地开展社会实践活动，还与高校成立了联合性的"社会服务协调委员会"。这些政府与社会组织对大学生实践活动的重视正是现阶段我国大学生实践活动中所欠缺的。

三、家庭教育和家长对大学生社会实践活动的重视

在国内，我们常能见到这样的场面：一些大学生在想要进行社会实践活动的时候，往往会和家里人沟通，而家长总会说诸如"去做家教可能会遇到危险，尤其你是女孩子，不要去做了。""你在学校有那么多闲工夫不好好学习，去做那些玩意干嘛！"等反对的话语。家庭教育对大学生实践活动的普遍不重视，成了制约大学生进行社会实践活动的一个重要原因。反观国外家庭，他们鼓励孩子走向社会、服务社会，在社会中锻炼自己的能力，并会对其进行必要的物质支持。要转变家庭对于大学生社会实践活动的态度，这是很值得中国家长学习的。

四、建立大学生社会实践活动信息管理系统

随着全球社会信息化的高速发展，国外许多发达国家已经广泛地采用电子手段来开展和管理大学生社会实践活动，大学生社会实践的网络信息化管理已经较为成熟。然而在国内，大学生社会实践的管理工作还多为人工处理，现在大学生实践内容多且杂，难免出现许多人工漏记、管理不到位的现象。因此，建立大学生社会实践活动信息管理系统是当务之急，要运用科学的方法与手段来管理和指导大学生实践活动的开展，实现资料提取与传递快速化及信息的透明化。

大学生社会实践活动在快速发展的过程中会呈现出一些问题。虽然大多数问题需要依靠政府、学校和社会来进行处理，但是大学生也应该积极配合工作，并努力提升自身思想觉悟，在社会实践活动中让自己获得最大限度的提升。

第三节　社会实践注意事项

我们虽然鼓励大学生进行各种各样的社会实践活动，但是在社会实践活动中也有许多需要我们注意的事情。比如我们要端正对待实践的态度，要能够认识到实践对于大学生能力培养和各方面素质成长的重要性，还需要抓住一切可以利用的实践机会，切莫让机会从自己手中溜走。

一、正视社会实践

世界上任何工作都没有高低贵贱之分，同样地，不同的实践活动没有孰优孰劣。在实践中大学生应该端正态度，要重视各种实践活动，不要因为觉得实践活动达不到自身的理想就产生消极抵抗的情绪。

很多大学生抱怨，实习时主要从事打杂的事情，许多用人单位是这么解释的，他们认为许多大学生都有眼高手低的毛病，先给他们安排一些小事情来磨炼他们的耐心和性格。况且大学生的实习时间往往不会超过 2～3 个月，一般刚学会一些基础的职业技能就要离开，因此很难将一些系统的复杂的工作交给实习生去做。

大学生自身实践水平能力不够，缺乏社会经验和阅历，就算实习工作是做一些杂事，我们也要去认真地对待它、完成它。只有不怕吃苦，愿意从基层、从小事做起，勤学好问、善于观察，才能让自己有所提升，才能获得更多的成长机会。

案例一

暑期实习报告节选

大三的小灵凭借自身优秀的条件到一家律师事务所实习快半个月了。他的实习职位是律师助理，本来他想通过这次实习机会给自己带来一些岗前经验和能力的提升，但是他每天的工作却是打杂、整理文件。小灵同学很失望，觉得和自己想象中的能够在律师事务所大放光彩的场景完全不同，觉得"这样的实习简直是在浪费时间"。

中文系的巧巧进了一家杂志社实习，由于所学专业对口，巧巧平时在学校也常发表一些文章。她想着进入杂志社后能够充分发挥自己的文学功底，但是没想到杂志社里的人都认为巧巧只是一个大学生，没有太多的经验，就只让她做打字、跑腿的工作。巧巧自嘲是来当勤杂工的。

在师范大学读书的小琴利用暑假进行实践，在一家教育培训机构找了一份班主任的工作。小琴想着来当班主任肯定可以锻炼自己，提升自己的工作能力和职业技能，增强今后的就业竞争优势，但是没想到来这儿工作近一个月了，由于暑期前来报名补习的学生数量太多，小琴做的工作竟是接待学生家长和招生的工作。小琴感慨每天做的工作都和自己想的完全不一样，做的不是教师的工作，反而像在做业务一样。

案例点评：许多大学生对于实习时只能做杂事而心有不满，认为这完全是大材小用，认为凭自己的能力应该做更多、更复杂、更重要的工作。其实，所有的工作都是从小事开始做起的，做看似杂事的工作时，要留心观察同事或者前辈的工作方式与方法，比如，待人接物，掌握一些办公的具体流程，等等。这些都需要自己端正心态去发现、去学习。毕竟，"一屋不扫，何以扫天下"。

二、争取社会实践机会

我们经常听到一句话："在学校学的知识到社会上都没有用，等到了社会上一切都要从头学起。"这句话虽然太过片面和武断，但是也反映了目前学校中普遍存在的一种现象：在学校所学的理论知识与社会需求的脱节。因此，大学生在校期间，应该多参与实践活动来弥补这份脱节，缩小理论与实践之间的差距，提升自己的就业竞争力。那么，我们应该如何来争取实践机会呢？

大学生在进行社会实践活动之前，需要认识到社会实践活动是为了提升自身能力，是为未来增加自身就业竞争力、更好地适应职场生活而服务的。

首先，需要做的事情是要正确地认识自己，制定一份详细的职业生涯规划，明确自己的兴趣、爱好、性格和价值观等。同时要对本专业就业方向有一定的了解，比如本专业主要培养的是哪方面的人才，本专业毕业生大多选择从事的行业是什么。如果不喜欢与本专业就业方向有关的工作，则需尽早地确定自己未来的职业发展方向。职业发展方向可以和专业不对口，但要和自己的兴趣、爱好或者价值观有所结合。

其次，在确立了职业方向之后，就需要充分利用各种实践机会来锻炼、提升自己。这里要强调的是，就算你错过了在学校期间通过实践来锻炼自己的机会，也不要着急。当你认识到了这一点的时候，就说明你已经做好了为提升自己就业竞争力而努力的决心。现在有许多大学毕业生在走向社会后，发现自身仅仅具备专业基础知识，严重缺乏动手实践能力，因此无法适应社会生活环境。有许多同学选择了"回炉重造"，工作了的同学会选择利用工作空余时间来边学习边工作，而那些尚未就业的同学则报名参加多种培训班，通过这样的方式来提升自己的职业技能水平。

案例二

娜娜的实习选择

娜娜是一名机电专业的女生，可是她对这个专业并不很感兴趣，她的理论知识成绩并不太理想，动手操作能力也不强，她未来也不想从事和机电专业相关的工作。与此同时，娜娜的文学、艺术天分很高，她很喜欢写作，她写的散文和诗歌经常发表在学校的校报上。她同时还是学校广播台的干部。于是娜娜把自己未来的就业方向锁定到了和新闻、文学有关的工作上。在准备实习的时候，她注重寻找和新闻、文学方向有关的实习机会，来培养和提升自己的工作能力。在娜娜坚持不懈的努力下，在大四时，她终于凭借自身在学校里的优势，成功地在当地的一家报社找到了实习岗位。

在实习时，娜娜没有像大多数实习生那样混日子，而是认真学习同事们的工作方法与技能，认真做好报社安排的每一件事。她的努力被大家看在眼里，毕业后她顺理成章地被报社留了下来，签了三方协议。娜娜顺利地获得了自己心仪的工作，完成了从学生到职场人士的转变，开启了自己的职业生涯。

案例点评：娜娜对自己有清楚的认识和定位，她知道自己不会从事和自己所学专业有关的工作，于是提前就做好了计划和安排，规划好了未来的就业方向，并认真在实践活动中积累经验，兢兢业业地工作，努力提升自己，最终被报社录用。

案例三

洗盘子收入再高，也无法写进简历①

20世纪80年代，我作为最早一批去北美读MBA的中国留学生，虽然有奖学金资助，但经济远比大多数人要拮据。第一年，我甚至没有看过一场电影。可是，我依然不愿意从事餐馆洗盘子之类的工作赚钱，虽然这样来钱比较快。

但我并不拒绝找工作。我在加拿大的兼职，就是找机会去银行或品牌大公司做事，为重要的会议做服务工作。哪怕收入很少，甚至做义工翻译，只要能进入商务中心的圈子，接触毕业后期望从事的业务，为以后发展积累经验和经历，我觉得就够了。

这就是我留学时代找工作的经历。我当时的想法就是：人生的时间和机会成本有限，要成功进行职业策划，就必须把握最核心的事物，做最有效能、最有价值的工作。洗盘子的收入再高，可就算洗了一万个盘子，也无法写进简历，不能为以后的事业发展做铺垫。

---

① 王辉耀. 开放你的人生 [M]. 北京：人民出版社，2008.

经历就是财富，时间就是金钱。

因此，等我在国外读完书时，个人履历已经非常丰富：在中国对外经贸部工作过，在加拿大帝国商业银行实习过，在加拿大城市联合会做过翻译，在几家跨国公司短期实习过，其间还去日本给大公司做过培训讲师……因为这些有价值而不重复的工作经历，我毕业时拿到了 7 个很不错的工作机会，并顺利地进入了工程管理国际咨询公司 SNC-Lavalin。

有了这个高起点之后，我很快就建立了自己的个人品牌，成为加拿大驻中国香港领事团的首席商务经济参赞，接着到另一家大型跨国公司做副总裁，成为海外最早一批担任跨国公司高管的内地留学生，后来还做过 GE、西门子、三菱、阿尔斯通等大公司的高级顾问。

我经常会在身边听到这样或那样的抱怨："我没有一个有钱或有权的爸爸，所以我那么穷困。""我一直没有成功，是因为运气一直不好。""我没有找到好工作，是因为企业太过功利。""名牌生怎么会不被重用？是因为领导戴着有色眼镜。"……其实，许多人的职业生涯之所以失败，是因为后天缺乏主动的策划，去弥补先天的出身、学历、天赋的不足，因此总被命运和生活所奴役。还有一些人，有策划但没有策划力，譬如大学时根据爱好选择文学专业，毕业后根据市场需求选择广告行业，过了一年感觉不适再去做销售，第三年则在某网站上班，这种职业策划毫无延续性，每一步都要抛弃过去的基础和积累。所以，他们可能工作 5 年、8 年甚至 10 年，变化都不大。

林肯有句名言："我走得很慢，但是我从来不会后退。"

优秀的职业策划都善于在正确的方向上，把握最核心关键的要素，一步一个台阶，互为基础，而非重复性地进行职业积累。只有当你的起点越来越高，平台越来越大，业绩越来越出色，个人品牌越来越为业界所承认，你才能掌握职业生涯的主动，让好工作主动找上你。

我在创作《当代中国海归》时，曾归纳 300 个海归成功创业的案例，发现他们的创业成功有许多共性，其中有一条就是：他们创业前平均都有五年左右宝贵的工作经验，并且他们的职业积累与后来创业的方向有惊人的一致性。如 UT 斯达康的创立者吴鹰在贝尔实验室工作五年，百度的创立者李彦宏在道琼斯和 Infoseek 做搜索技术的工作也有五年，携程网的创始人沈南鹏曾在华尔街三家投资银行工作过八年。相反，那些出国前没有什么工作经验，出国只拿了一个学位就归国的海归，因为缺少职业积累，不但创业难以成功，甚至连找到一个好的工作都很困难，以至沦为"海待"。

对于刚刚工作几年的年轻人来说，最现实的情况可能是满大街找工作，而且好工作很难找到。但是正因为如此，也就更加需要学习进行高效能的职业规划，才能在未来的某一天实现自己的人生蓝图。

案例点评：闻道有先后，术业有专攻。毕竟人的时间和精力都是有限的，所以在实习的时候一定不能够盲目地不加选择，一定要选择和自己所要从事的行业相关的职业，要有利于发挥自我价值，有利于自我素质的提升；否则，即使你在麦当劳、肯德基服务生的工作做得再出色，也无法帮你获得研发部的职位（除非你确实想在麦当劳、肯德基公司工作）。总之，要选择有价值的实习，而不要让实习变成"虚"习。

牛刀小试

基于你对职业世界的了解，尝试回答以下问题：

1. 在不了解社会分工时,我们以个人喜好决定自己将要从事的职业,这样会存在什么风险?

2. 对待自己所学的专业,我们应该更多地了解什么?如果专业与自己兴趣不符时,我们该如何处理?

3. 如果现在就要开始申请一个岗位,那么我们在之前需要了解哪些项目?做哪些行动上的准备?

导师寄语

大学时代是一个人特殊的人生阶段,大学生要掌握更多、更专业的知识,同时也要逐步学会适应从校园向社会的过渡。因此,很多时候,社会实践跟第一课堂同等重要。校园生活与社会生活存在一定的差异,在社会实践中,大学生能在接触社会甚至失败中领悟到一些书本中所学习不到的生活真谛。比如:坚忍、耐心、诚信、吃苦耐劳、勇于动手、敢于动手及动脑筋、从多角度攻克难题等。而这些在实践锻炼中获得的品质对于大学生在今后的生活和工作中只会带来好处。

课后推荐

吴芝仪. 我的生涯手册 [M]. 北京:经济日报出版社,2008.

第二部分
造梦大二

第七章 再探职业世界

学习要点

- 判断自己的职业锚类型并规避自己的短板。
- 掌握探索职场的方法和技巧。
- 了解政策导向的多种渠道。

思维园地

绘制你的职业花卉图

当做好了各种准备工作以后，就要开始为选择什么职业操心了。那么，怎么知道自己该选择什么职业呢？这是困惑很多人的关键所在，也是我们现在就要研究、解决的问题。解决这个问题的方法似乎也很简单，就是自己动手填写一幅职业花卉图（图7.1），当这份职业花卉图填写完成以后，个人应该或需要选择什么职业也就一目了然了。

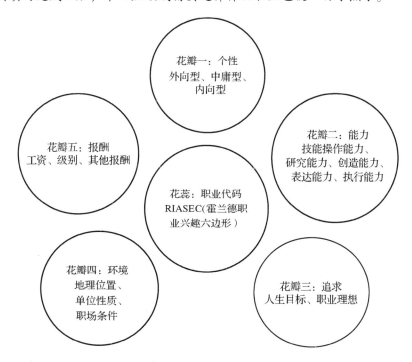

图7.1 职业花卉图

思考并回答：

（1）用简单的形容词对自己的个性进行总结，如热情的、理智的、随和的、灵活的等，综合分析得出自己的个性。

（2）列出自己所具有的技能，并进行归类分析。

（3）梳理一下自己的理想，把这些理想按照喜爱程度排序，并依次写出来。

（4）你喜欢的工作环境是哪里？大城市还是小城市，南方还是北方？或者具体某个地方。

（5）你想进入的工作单位的性质是什么？

（6）你对工作薪酬的期望值是多少？

点评：职业是这个花卉图的核心，所以被称为花蕊，没有花瓣，花蕊也结不出果实。所以这是一个不可分割的整体。

第一节 探寻自我的职业锚

一、职业锚的含义与作用

（一）职业锚的含义

职业锚是美国著名职业指导专家施恩教授提出的一个概念，在个人职业生涯规划中起着十分重要的作用，因而受到人们的广泛关注。在职业生涯发展过程中，每个人实际上都是在根据自己的天资、能力、动机、需要、态度和价值观等慢慢地形成较为明晰的与职业有关的自我概念，随着我们对自己越来越了解，必然就会越来越明显地形成一个占主要地位的职业锚。

职业锚是指当一个人不得不做出选择的时候，他无论如何都不会放弃的职业中的那些至关重要的东西或价值观，实际上就是人们选择和发展自己的职业时所围绕的核心。职业锚是"自省的才干、动机和价值观的模式"，是自我意向的一个习得部分。有些人一辈子都不知道自己的职业锚是什么，直到他们不得不做出重大选择的时候。比如究竟是接受组织的提拔晋升，还是辞职去创业。正是在这个关口，一个人过去的所有工作经历、兴趣、性向等才会集合成一个富有意义的职业锚，这个职业锚会告诉你，对你来说，究竟什么东西是最重要的。

职业锚产生于早期职业生涯阶段，以我们习得的工作经验为基础。个人在面临各种各样的实际工作生活情境之前，不可能真正地了解自己的能力、动机和价值观之间将如何相互作用，以及在多大程度上适合所做的职业选择。只有在我们工作了若干年，习得工作经验后，方能选定自己稳定的长期贡献区，进而确认职业锚。在某种程度上，职业锚是由我们的实际工作经验决定的，而不只是取决于个人潜在的才干和动机。

职业锚强调个人能力、动机和价值观三方面的相互作用与整合。职业锚是才干、动机、需要、价值观和态度等相互作用和逐步整合的结果，而不只重视其中的某一方面。在实际工作中，我们要重视审视自我，逐步明确个人的需要与价值观，明确自己的擅长所在及今后发展的重点，并且针对符合个人需要与价值观的工作，自觉地改善、增强和发展自身的才干。经过这种整合，我们会寻找到自己长期稳定的职业定位，达到自我满足和补偿。

职业锚是不可能根据各种测试提前进行预测的。职业锚是个人同工作环境互动作用的产物，只有在工作实践中，依据自省的和已被证明的才干、动机、需要和价值观，经过多次确认和强化以后，才能找到自己的职业定位。

职业锚不是固定不变的。这是因为随着工作的进一步发展，以及个人、社会和家庭生命周期的成长、变化，我们本人会不断地变化和发展。它实际上是一个在不断探索过程中所产生的动态结果。

（二）职业锚的作用

职业锚作为一个人自身的才干、动机和价值观的模式，在个人职业生涯发展中发挥着重要的作用。

（1）职业锚是在个人工作过程中依据个人的需要、动机和价值观，经过不断搜索确定的长期职业贡献区或职业定位，利用它有助于识别个人的职业理想与职业成功标准。如选定技术/功能能力型职业锚的人，其志向和抱负在于专业技术方面的事业有成、有所贡献。同时，根据职业还可以判断我们达到职业成功的标准。如对于管理型的人来说，职业成功在于升迁至更高的职位，获得更多的全面管理机会和更大的管理权力；而对于安全、稳定型的人来说，一个地位稳定和收入较高的工作、优雅的工作环境、轻松的工作节奏，便是其职业成功的标准。因此，积累自我经验，识别长期的贡献区，把职业工作与自我要求相结合，以此决定后续的主要生活和职业选择。识别抱负模式和衡量自己的成功标准是职业锚的重要功能之一。

（2）职业锚能够促进我们预期心理契约的发展，有利于个人与组织稳固和相互接纳。由于职业锚能准确地反映个人职业需要及其所追求的职业工作环境，反映个人的价值与抱负，透过职业锚的建立过程，组织可以获得我们正确的个人信息的反馈，从而有针对性地对我们的职业生涯发展设置合理、有效、可行、顺畅的职业通道与职业阶梯；我们则通过组织有效的职业管理，使自身的职业需要得以满足，从而深化了对组织的情感认同与职业归属。这样一个职业生涯开发与管理的过程，是组织与员工之间双赢的最佳途径，它使组织与个人双方相互沟通，深化了解，从而达到稳定而深入的相互接纳。

二、职业锚的类型

职业锚作为自我意向的习得部分，由于各自的动机、追求、需要和价值观的不同，因而每个人所寻求的职业锚会有所不同，施恩提出了以下五种职业锚。

（一）技术/功能能力型职业锚

具有较强的技术/功能能力型职业锚的人，往往不愿意选择那些带有一般管理性质的职业。相反，他们总是倾向选择那些保证自己既定的技术/功能领域中不断发展的职业，有特有的工作追求、价值观和晋升方式。

（二）管理能力型职业锚

管理能力型职业锚与技术/功能能力型职业锚完全不同，它表现出管理人员的强烈动机。他们的职业经历使得他们相信自己具备被提升到那些管理职位上去所需要的各种必要能力及相关的价值倾向，必须承担较高责任的管理职位是其最终目标。

（三）创造型职业锚

创造型职业锚是一个难以说清楚而又很独特的职业锚。有些学生在毕业之后逐渐成为成功的企业家，他们往往都有这样一种需要，建立或创设某种完全属于自己的东西——一件署着他们名字的产品或工艺、一家他们自己的组织或一批反映他们成就的个人财富等。创造型职业锚具有强烈的创造需求和欲望，他们意志坚定，勇于冒险。

（四）安全/稳定型职业锚

施恩的研究发现，还有少部分毕业生极为重视长期的职业稳定和工作的保障性，他们似乎比较愿意去从事能够提供保障的工作、体面的收入及可靠的未来生活的职业。这种可靠的未来生活通常是由良好的退休计划和较高的退休金来保证的，他们对组织具有较强的依赖性，个人职业生涯的开发与发展往往受到限制。

（五）自主/独立型职业锚

施恩发现，有些学生在选择职业时似乎被一种自己决定自己命运的需要驱使着，他们希望摆脱那种困在大企业中工作而依赖别人的境况。因为当一个人在大企业中工作的时候，他的提升、工作调动、薪金等诸多方面都难免要受到别人的摆布。这些毕业生还有着强烈的技术或功能导向，然而他们不是到某一个企业中去追求这种职业导向，而是决定成为一位咨询专家，要么是自己独立工作。具有这种职业锚的人，则成了工商管理教授、自由撰稿人或小型零售组织的所有者等。

第二节　探索职场环境

要成功进入职场，就要对职场状况有个清晰的认识，包括对职场结构，即将从事的专业、职业、行业、企业，甚至是职位的内在机制体制、运行模式和组织结构及人才标准有一个清晰的认识，在掌握一定信息的基础上，有针对性地提升自身能力。

一、职场探索的内容

职场探索就是对专业、职业、行业、企业和职位等职业世界进行实际调研和理论分析的过程。职场探索在职业生涯规划中占据着一个前瞻性的主导位置。越早探索，受益越大。

（一）专业出路

专业出路探索，是指在对专业调研中了解该专业毕业生可能从事的职业，从而有效地规划大学生活。专业出路探索分为对本专业的探索和对自己喜欢专业的探索，目的是充分利用大学时间有针对性地为就业而学好专业。

（二）行业出路

行业探索是指对一个行业进行全方位的了解调研和分析解读，包括：这个行业是什么；这个行业的产生渊源，对社会发展的作用及发展前景和趋势；行业中有哪些细分领域；国内外著名的行业内公司及介绍；行业的人力资源需求状况和趋势；从事该行业需要具有的通用素质和从业证书；行业的著名公司老板或人力总监的介绍和言论；对从事该行业的一般员工进行访谈。

（三）企业

企业探索就是学生通过理论分析和实际调研对自己喜欢的企业进行全方位解读。了解企业，主要需了解以下几个方面：企业的简介、企业的产品和服务、企业的经营战略、企业的组织机构、企业的文化、企业的招聘信息、企业的薪酬福利、企业的人员情况、企业活动。

（四）教育与培训信息

有些时候，学校里的课程不能完全满足我们的需要，我们有必要参加外部机构的教育和培训。为此，我们应该知道特定的教育与培训机构，了解机构规模、课程设置、师资力量、教学设施、费用等情况。现在很多大学生参加考研培训班、创业指导班等，可在短时间内获取更多的职场知识和应变技能。但是最好先到学校就业指导部门或者继续教育中心等部门进行咨询，有可能学校有免费或低价培训，这既可节省金钱，又可节约来回校外培训机构路上所花的时间。

二、职场探索的方法

（一）获取信息

1. 学校

学校是就业信息的主要来源，不仅信息量大，而且准确性高。一是有学校组织的人才招聘会、毕业生供需见面会，当然也包括学校推荐参加的有关政府、教委等机构建立的人才市场；二是在学校就业信息网站上获取，要经常浏览学校就业信息网站，注意查看就业指导中心的就业信息发布栏、院系就业信息公示栏等；三是学校分管毕业生就业工作的老师，学校各系的辅导员一般是职业指导老师，有的用人单位到学校直接与院系联系，委托老师通报用人信息，组织、推荐毕业生参加面试。这些是目前毕业生获取信息的重要来源，而且这类信息真实、可靠，且成功率相对较高。同时，低年级同学也可以在高年级同学毕业时收集到很多与外部工作相关的资料。

2. 个人的社会关系

个人的社会关系包括家长、亲戚、朋友、同学等。他们对自己或自己周围所处的行业比较熟悉，也对毕业生的情况有一定的了解，所以通过这种途径也可以获取比较丰富的与工作相关的信息。

3. 传媒

（1）通过报刊、广播电视等新闻传播媒介获取信息，如《人才市场报》《中国大学生就业》《职来职往》等。它们不仅为大学生提供一定的用人信息，还以宏观的视觉、专业的大众化的表现形式为大家提供综合、权威、准确的相关信息及专家建议。

（2）从网上查询用人单位的招聘信息。网上信息量大、全面，是求职的重要途径。相关的参考网页有新职业、智联招聘、中国教师人才网、中国人才网、中国人才服务网、中国人才热线、中华英才网、信息产业部IT人才网等，可供大学生参考查询。

4．见习、实习等社会实践活动及其他

通过游学、见习、实习等实践活动，学生可以更直接、更准确地掌握第一手资料，有助于指导个体更精确地规划职业生涯。

（二）处理信息

1．建立信息备用库

对于职场信息的积累，必须从日常生活的点滴中着手，世事洞明皆信息。但真正的有心人，不仅注重对信息的搜集，也要懂得对信息的保存和使用。当搜索的信息很多时，可采用行业分类法、职业分类法、信息内容分类法、首字笔顺或拼音分类法进行分类，还可建立相应的资料目录。

2．善于分析并运用信息

无论是信息的获取还是保存，最终都是为了运用。所以，我们不仅要学会保存信息，更要懂得运用信息，对信息进行去伪存真。这就要求我们拥有一个善于思考的头脑，理性辨别，进行横向和纵向比较，也可以和相关人士、朋友等进行交流，获取意见，避免被错误的信息误导。

第三节 政策导向的就业通道

为了使毕业生的就业工作适应社会主义市场经济体制的要求，保障毕业生具有更多的就业机会和更宽松的就业环境，国家及时调整并制定了适应新形势的毕业生政策。

一、志愿服务西部计划

根据国务院常务会议精神，团中央、教育部、财政部、人事部共同组织实施西部计划。从2003年开始，按照公开招募、自愿报名、组织选拔、集中派遣的方式，每年招募一定数量的普通高等学校应届毕业生，到西部贫困乡镇从事为期一至两年的教育、卫生、农技、扶贫工作，区域化推进农村共青团工作、全国农村党员干部现代远程教育试点工作，以及基层检察院、基层人民法院、基层司法扶助、西部农村平安建设等方面的志愿服务工作。志愿者服务期满后，鼓励其扎根基层或者自主择业和流动就业，并在其升学、就业方面给予一定的政策支持。

二、特岗教师计划

"特岗教师计划"是农村义务教育阶段学校教师特设岗位计划的简称。通过公开招募高校毕业生到西部"两基"攻坚县县以下农村义务教育阶段学校任教，引导和鼓励高校毕业生从事农村教育工作，逐步解决农村师资总量不足和结构不合理等问题，提高农村教师队伍的整体素质。

教育部、财政部印发《关于做好2021年农村义务教育阶段学校教师特设岗位计划实施工作的通知》，2021年全国特岗教师计划招聘84 330名。通知明确，2021年"特岗计划"保持政策总体稳定，重点向"三区三州"、原脱贫攻坚挂牌督战地区、少数民族地区等倾斜；重点为乡村学校补充特岗教师，进一步加强思想政治、体育、音乐、美术、外语、信息技术等紧缺薄弱学科教师的补充。通知对招聘条件做了规定，包括：符合招聘岗位要求；具有相应的教师资格证书；以普通高校本科及以上毕业生为主，鼓励本科师范专业毕业生应聘，可适当招聘高等师范专科学校毕业生；年龄不超过30周岁；参加过"大学生志愿服务西部计划"、有从教经历的志愿者和参加过半年以上实习支教的师范院校毕业生同等条件下优先录取等。

通知提出，边远艰苦贫困地区和急需紧缺专业的特岗教师招聘可以结合实际情况适当降低开考比例，或不设开考比例，采取面试、直接考察的方式公开招聘，划定成绩合格线。对于特别边远艰苦、教师流失较严重的地区可向本地生源倾斜。切实做好特岗教师待遇保障，确保特岗教师工资按时足额发放，保证3年服务期满、考核合格且愿意留任的特岗教师及时入编并落实工作岗位。同时，系统开展特岗教师培训工作，扎实做好特岗教师信息管理，从严开展实施工作监督检查。主要包括下列地方：河北、山西、内蒙古自治区、吉林、黑龙江、安徽、江西、河南、湖北、湖南、广西壮族自治区、海南、重庆、四川、贵州、云南、陕西、甘肃、宁夏回族自治区、青海、新疆维吾尔自治区、新疆生产建设兵团。

三、"三支一扶"计划

"三支一扶"计划是支教、支运、支农、扶贫的简称，以公开招募、自愿报名、组织选拔、统一派遣的方式，安排大学生毕业后到农村基层从事支农、支教、支医和扶贫工作。

2006年2月25日，中央组织部、人事部（现人力资源和社会保障部）、教育部、财政部、农业部、卫生部、国务院扶贫办、共青团中央决定，联合组织"三支一扶"。

工作时间一般为2年，工作期间给予一定的生活补贴。工作期满后，自主择业，择业期间享受一定的政策优惠。目前部分地区服务期满考核合格可占编就业，在原岗位落实事业编，按事业单位公开招聘人员对待。

四、应征入伍政策

应征入伍对象指根据国家有关规定批准设立、实施高等学历教育的全日制公办普通高等学校、民办普通高等学校和独立学院，按照国家招生规定录取的全日制普通本科、专科（含高职）、研究生、第二学士学位的应（往）届毕业生、在校生和已被普通高校录取但未报到入学的学生。

征集的大学生以男性为主，女性大学生征集根据军队需要确定。

男性普通高等学校在校生为年满17~22周岁、大学毕业生放宽到24周岁。

女性普通高等学校在校生和毕业生为年满17~22周岁。

网上报名预征：有应征意向的高校毕业生可在征兵开始之前登录"全国征兵网"（网址为https：//www.gfbzb.gov.cn）进行报名。

高校所在地兵役机关会同有关部门进入高校开展征集工作，高校由学生管理部门或学校武装部牵头负责，有意向参军入伍的大学生可向所在学校学工部（处）、就业中心、资助中心或武装部咨询有关政策。

牛刀小试

1. 形成自己的职业调研报告，确定自己的职业锚。
2. 关注就业政策，尤其是就业所在地的地方政策。

导师寄语

探索职场前要认清自己的偏好，只有带着任务下海，才会知道自己想打捞什么鱼。

课后推荐

[1] 埃德加·施恩. 职业锚：发现你的真正价值［M］. 北森测评网，译. 北京：中国财政经济出版社，2004.

[2] 全国高等学校学生信息咨询与就业指导中心. 大学生基层就业典型人物事迹［M］. 北京：北京航空航天大学出版社，2020.

第八章　就业信息搜集与职业生涯目标设定

学习要点

- 掌握就业信息搜集的方法与技巧。
- 熟练使用SMART原则制定长期、中期、短期目标。

思维园地

1952年7月4日清晨，加利福尼亚海岸下起了浓雾。在海岸以西21英里的卡塔林纳岛上，一个43岁的女人准备从太平洋游向加州海岸。她叫费罗伦丝·查德威克。那天早晨，雾很大，海水冻得她身体发麻，她几乎看不到护送她的船。时间一个小时一个小时地过去，千万人在电视上观看。有几次，鲨鱼靠近她了，被人开枪吓跑了。15小时之后，她又累又冻得发麻。她知道自己不能再游了，就叫人拉她上船。她的母亲和教练在另一条船上。他们都告诉她海岸很近了，叫她不要放弃。但她朝加州海岸望去，除了浓雾什么也没看到……人们拉她上船的地点，离加州海岸只有半英里！后来她说，令她半途而废的不是疲劳，也不是寒冷，而是因为她在浓雾中看不到目标。费罗伦丝·查德威克一生中就只有这一次没有坚持到底。

点评： 这个故事讲的是目标要看得见、够得着，才能成为一个有效的目标，才会形成动力，帮助人们获得想要的结果。正如故事所呈现的道理：大学生们面对职场和社会时的第一步便是找准目标。那么我们应该如何精准地找到适合的目标？如何掌握更多资讯呢？

第一节　就业信息的搜集

一、就业信息搜集的重要性和技能

（一）就业信息搜集的重要性

就业信息主要是指与职业、就业有关的消息和情况，主要包括社会经济发展状况、就业形势和政策、法律法规知识、人才供需情况、用人单位信息等。就业信息搜集是综合利用各种方法、途径获取和处理与就业有关的信息，用以作为择业参考的过程。

对大学毕业生而言，就业信息的搜集具有举足轻重的意义。它是职业选择的基本前提，是择业决策的重要依据，同时也是顺利就业的可靠保证。培养学生的就业信息搜集技能，可以有效地提高大学生的就业竞争力，抢占求职的先机。随着高校扩招政策的持续实行，大学毕业生的数量连年增加，大学生再没有了以往的就业优势，快人一步掌握就业信息，将帮助大学生群体在激烈的就业竞争中脱颖而出。信息化时代，就业信息涵盖面广、纷繁复杂、瞬息多变，培养和提高学生就业信息搜集能力，不仅有利于提高求职效率，也可以节约就业的成本；在大学生群体日益呈现出价值取向多元化、主体需求个性化等特点的背景下，培养和提高大学生就业信息搜集能力，将有利于加强就业信息对大学生个体的适用性。

（二）就业信息搜集技能

对于大学生来说，搜集就业信息的技能主要包括如下方面。

1. 综合利用多种信息渠道的技能

当前大学生信息搜集的渠道主要可分为：毕业生就业指导机构、劳动人事部门、人才服务机构和职业介绍所等职能部门；校园和社会招聘会；互联网、新闻媒体等传媒渠道；人际渠道，通过社会关系网搜集就业信息；社会实践和实习；等等。获取信息渠道的多样性，决定了就业信息搜集过程中，必须综合利用多种信息渠道，掌握不同的信息收集方法。既要全方位收集就业信息，也要根据自我制定的职业方向如求职行业范围等来收集求职信息。

2. 具备基本的信息处理技能

面对众多的信息搜集渠道，要想及时高效地获取其中有价值的就业信息，还需具备一些基本的信息处理技能。首先，能够明确地表达信息需求。能分析信息需求、理解信息需求并加以明确的表达。其次，能够快速地检索信息。能了解各种信息源，运用科学的方法，采用专门的工具，从大量信息、文献中迅速、准确地获取所需信息。以网络信息渠道为例，从庞杂的信息中搜索需要的信息，对信息搜集者的计算机操作能力、信息检索能力、文字处理能力及对新信息的敏锐洞察力和嗅觉等都提出了较高要求。最后，能够正确地评价信息。在获取大量信息的基础上，能准确地分析、判断，评价其可靠性、有效性、准确性、权威性和时效性。将过时、虚假及无用的信息剔出，并按重要程度合理安排自己的精力。

3. 具备信息沟通与协作的技能

在搜集就业信息的过程中，有些信息对自己不一定有用，对他人可能十分有用，遇到这种情况，要及时输出对他人有用的信息。在搜集就业信息时保持资源的共享和信息的交流，也会从别人手中获得对自己有益的信息。和其他的求职者组成一个团体，一起搜集信息，是一个行之有效的方法。

二、大学生就业信息搜集的现状与问题

（一）大学生就业信息搜集的现状

为了解大学生就业信息搜集的现状与问题，调查者对南京林业大学南方学院的学生进行了随机抽样问卷调查，涉及搜集就业信息的渠道、就业意向等，并进行了统计和分析。

问卷共发放600份，回收543份，有效问卷500份。在被调查的学生中，85%的学生选择通过网络渠道进行就业信息搜集，57%的学生选择通过宣讲会、招聘会搜集就业信息，亲朋好友推荐、实习和社会实践获取就业信息的比例分别为34%和21%。有76%的人认为"缺乏工作经验"是就业中最困扰的问题；44%的学生认为"个人能力不足"导致就业困难；40%的学生承认"职业规划不明确"是最困扰他们的问题；认为"就业信息不足"是就业中最困扰的问题的比例只有25%。对于"缺乏工作经验"的担忧远远大于对"就业信息不足"的重视。其实，职业生涯规划的不明确、个人能力的不足都与对就业信息的关注和掌握不足有关。因此，大学生要学会有针对性地搜集相关就业信息，尽早进行职业生涯规划，提升个人的就业能力。

（二）大学生就业信息搜集存在的问题

总的来说，目前大学生在就业信息搜集过程中主要存在以下问题：

1．对就业信息搜集的技能培养重视度不高

从思想认识方面来说，对于就业信息搜集的技能培养重视程度不够，很多同学到了大三或者大四，才开始关注就业信息。更多的学生认为就业信息就是用人单位的招聘广告、消息，找工作的时候才用得到，对就业信息的搜集存在应急心理，缺乏系统观。

2．利用信息工具的技能水平不高

从利用信息工具的技能水平上来说，多数大学生都停留在比较低端的程度。很多大学生不了解网络检索的基本技术，不知道如何查找所需信息，或检索不当，花费了很多时间，却无法找到所需信息，极大地削弱了利用网络搜集就业信息的信心和欲望。

3．缺乏以职业角色为核心进行融合的实力

简单地对待就业信息搜集，缺乏以职业角色定位为核心进行融合的实力。在搜集就业信息的过程中，由于缺乏明确的职业生涯规划，盲目性比较大，缺乏立足自身素质，按照专业匹配度、工作地域、工资薪酬、发展前景等个人因素对就业信息进行有重点的分类、加工、整理的技能，"海投简历"就是这种心态的代表。

三、对大学生就业信息搜集技能培养的建议

（一）加强就业指导

在目前情况下，为提高大学生的就业信息搜集技能，需要加强就业指导，进行就业信息搜集技能方面的培训。有相当一部分毕业生对学校的就业信息网知之甚少，学校要进一步强化对大学生的就业指导，鼓励和引导大学生从低年级开始正确使用就业信息网，主动获取就业信息，为将来的就业做好信息准备。

要指导毕业生对其收集到的信息进行全面筛选和甄别，剔除虚假信息和过时信息；要指导毕业生立足自身素质，结合个人专业、职业兴趣、实际能力等，适时调整个人求职的预期目标，选择自己最需要的信息，有的放矢，少走弯路。同时引导毕业生充分解读信息，针对信息透露的单位性质、岗位要求等内容，采取合适的策略技巧，增强择业的针对性，提高就业成功率。

（二）规范社会就业服务体系

随着社会主义市场经济的深入发展，大学毕业生的择业将更加依赖社会服务体系。劳

动力市场、人才市场、社会就业中介机构和就业咨询指导机构都是大学生就业信息的重要来源。规范社会就业服务体系，尤其是加强对这些就业服务机构提供的就业信息的监管，将为大学生择业提供规范标准的信息平台，缩小毕业生就业信息收集的范围和周期，提高信息的信度和效度。

（三）提高信息素养

对于大学生来说，要提高信息素养，强化敏锐的信息意识，掌握搜集、鉴别、综合分析、运用信息的各种能力和技能；掌握相关的就业信息资源及使用方法，掌握以职业角色为核心的行业信息的搜索技术，培养融会贯通、表达交流、判断分析的信息处理能力。

总之，大学毕业生就业信息的搜集是大学生就业成功的先决条件，只有通过各种途径提高大学生就业信息搜集的各项技能，才能帮助大学生在激烈的就业竞争中抢占先机。高校要加强就业指导，在对大学生进行就业技能培训的同时，也要注重大学生自身的就业信息素养的培养，提高其主观能动性，为实现就业目标奠定坚实的基础。

第二节 职业生涯目标的设定

职业生涯目标是在人生目标的基础上确立的，职业生涯目标的意义不仅是强调职业目标的重要性，关键在于如何才能找到适合自己的职业目标，而这取决于个人的选择。因此，职业生涯目标的确定需要考虑个人的内因与外因。

职业生涯目标的设定是一个动态的过程，是一个从模糊到清晰的过程。职业生涯规划本身是一个实践总结再实践再总结的过程，所以无论是生涯目标的设定还是生涯决策的执行，都是一个循序渐进的过程。

一、职业生涯目标设定考虑的因素和具体方法

（一）职业生涯目标设定考虑的因素

职业选择正确与否，直接关系到人生事业的成功与失败。据统计，在选错职业的人当中，有80%的人在事业上是失败者。由此可见，职业选择对人生事业发展是何等重要。如何才能选择正确的职业呢？至少应考虑以下几点：

（1）性格与职业的匹配。需要考量的、与职业选择相关的性格特征包括合群性、责任性、情绪性、进取性、自律性、自信心、灵活性、有恒性、宽容性、自主性等。

（2）兴趣与职业的匹配。职业兴趣特征包括现实性、探索性、艺术性、社会性、事业性和传统性。

（3）能力与职业的匹配。职业选择与人的能力、特长息息相关。通常语言、数字运算、逻辑判断、资料分析、机械推理、空间关系方面的能力称为一般能力；而沟通、创新、学习、问题解决、合作、信息处理和管理能力则是核心能力。

（4）内外环境与职业相适应。

（二）职业生涯目标设定的具体方法

通过性格、兴趣、能力、内外环境四个方面与职业匹配度的思考，就可以进入操作环节，具体操作有两种方法。

1. 按时间分解职业生涯目标

在现实生活中，我们做事之所以会半途而废，往往不是因为难度太大，而是觉得成功离我们太远。如果我们把离我们较远的目标分解成离我们较近的目标，一步一步地来，然后根据实际情况做适当的调整，是不是实现目标会容易很多呢？

（1）人生目标。

人生目标是指整个人生的发展目标，时间长至四十年左右。一般说来，短期目标服从于中期目标，中期目标服从于长期目标，长期目标服从于人生目标。

（2）长期目标。

长期目标主要是指时间为五年以上的目标，长期目标主要受人生目标的影响。它的主要特征有：

① 目标有可能实现，具有挑战性。
② 对现实充满渴望。
③ 非常符合自己的价值观，为自己的选择感到自豪。
④ 目标是认真选择的，和社会发展需求相结合。
⑤ 没有明确规定实现时间，在一定范围内实现即可。
⑥ 立志改造环境。

（3）中期目标。

中期目标一般为三到五年的目标，大学生的中期目标一般为大学学习期间应该达到什么目标。中期目标在长期目标的基础上确立，如毕业后找到一份满意的工作，继续攻读研究生，到自己所梦想的国家去留学，或者选择创业，等等。中期目标相对长期目标要具体一些，其特征主要有：

① 中期目标通常与长期目标保持一致。
② 结合自己的志愿和企业的环境及要求来制定目标。
③ 用明确的语言来定量说明。
④ 对目标实现的可能性做出评估。
⑤ 有比较明确的时间，且可做适当的调整。
⑥ 基本符合自己的价值观，充满信心，愿意公布于众。

（4）短期目标。

短期目标通常是指每日、每周、每月、每季、每年的目标，是中期目标和长期目标的具体化、现实化和可操作化，是最清楚的目标。其特征主要有：

① 目标具备可操作性。
② 明确规定具体的完成时间。
③ 对现实目标有把握。
④ 服从于中期目标。
⑤ 目标可能是自己选择的，也可能是企业或上级安排的、被动接受的。
⑥ 目标需要适应环境。

⑦ 目标要切合实际。

2．按性质分解职业生涯目标

职业生涯分为外职业生涯和内职业生涯。

外职业生涯即树冠，是指从事职业时的工作单位、工作时间、工作地点、工作内容、工作职务与职称、工作环境、工资待遇等因素的组合及其变化过程。它是依赖于内职业生涯的发展而增长的。内职业生涯即树根，是指从事一种职业时的知识、观念、经验、能力、心理素质、内心感受等因素的组合及其变化过程。内职业生涯是真正的人力资本所在。

外职业生涯目标是依据外职业生涯规划制定的，主要包括工作成果目标、职务、经济收入、工作环境等的改进和提升。内职业生涯目标是根据内职业生涯规划制定的，主要强调个人内在的职业素养的提升，包括身心素质、能力发展、知识储备等。

二、职业生涯目标设定的原则

制定职业生涯目标有一个"黄金准则"——SMART 原则，好的目标应该符合这个原则。成功的职业规划，在方向明确后，最需要的是科学的管理。目标管理和自我控制，曾被公认为是管理学家彼得·德鲁克对管理实践的最主要贡献。彼得·德鲁克的目标管理精髓就在于制定目标体系过程中要遵循 SMART 的五原则。

（1）S 是 Specific 的第一个英文单词，即具体化，目标必须是具体的，不可以是抽象模糊的。

职业规划必须明确、清晰、具体，才具有可行性。当谈论具体目标的时候，不要只是单一地说"我要找份好工作""我要成功地晋升"之类的话，这只是愿景，不是具体的规划，所以没有办法去具体执行。而"我的目标是成为××公司的超级销售员""今年把工资提升到 5 000"，这才是目标。当我们开始进行职业生涯规划时，应该更加注重细节的具体化，只有细节问题处理好了，才不会仅有大方向，而没有脚踏实地前进的步伐。比如我们从事的是系统维护商的工作，我们告诉用户要保证优质服务。优质服务这句话表达的意思很模糊。可以具体点，如保证对紧急情况，在正常工作日内 4 小时响应。那么什么是紧急情况呢？又要对之具体定义，如四分之一的内线分机瘫痪等。

（2）M 是 Measurable 的第一个英文单词，即可量化，可量化指的是可衡量、可测量、有一定的评定标准，尤其针对结果而言。

具体化可能还含有感性的成分，而可量化则要求理性地分析数据和数字，拒绝"大概""差不多""快了"之类的模糊修辞语。面对职业规划，我们不需要任何自我欺骗和任何借口，因为数据、数字、事实会说明一切。

（3）A 是 Attainable 的第一个英文单词，即可达成，目标必须是可以达到、实现的。

职业规划设定的目标要高，要有挑战性，但是目标一定要是经过努力可达成的。这里的可达成目标会随着能力水平的进步而不断增加，但是无论什么目标，都要根据自己的现实水平和能力合理设定，只有这样，你才会获得成就感。

（4）R 是 Relevant 的第一个英文单词，即相关性，目标必须和其他目标相关联，设定的职业规划要和岗位的工作职责相关联，不要跑题。比如，你做的是国际贸易，学习一些海关方面的知识是有必要的，和本职工作有关联，但是如果你去学习行政管理，这就有点跑题了。

(5) T 是 Time-based 的第一个字母,即时限性,目标必须具有明确的截止期限。设定的职业规划目标,要规定什么时间内达成。时限已经在我们生活中无处不在地运用着。从另一种角度说,时限性也是自己给自己设定的一个限制,是一种自信的表现。项羽当时规划巨鹿之战,破釜沉舟,让军队只携带三日口粮,"三日"便是一个明确的时限,于是行军神速,最终成就了以少胜多的著名一战!

在 SMART 五原则普遍运用的今天,我们在职业规划中所做的,不应该只是简单地了解它,而是在实际的规划执行中运用它。运用的时候,每个原则也不是单一的,五个原则其实是互补的、综合的,任何一个目标都是五个原则的综合体。职业生涯目标不仅要具体化、可量化;还要可达成的,具有相关性和时限性。

三、职业生涯路线的选择

在确定职业后,还要计划一下职业发展的大致路线:是向行政管理路线发展,还是向专业技术路线发展;是先走技术路线,再转向行政管理路线……由于发展路线不同,对职业发展的要求也不相同。因此,在职业生涯规划中,须做出抉择,以便使自己的学习、工作及各种行动措施沿着你的职业生涯路线或预定的方向前进。通常职业生涯路线的选择须考虑以下三个问题:

(1) 我想往哪一条路线发展?
(2) 我能往哪一条路线发展?
(3) 我可以往哪一条路线发展?

针对以上三个问题,进行综合分析,以此确定自己的最佳职业生涯路线。

牛刀小试

1. 试着用 SMART 原则制订你的年计划与月计划,当然在这之前你要明确你的人生目标与长期目标。
2. 试着从目标出发收集你的资料,要多渠道收集优质资料,为下一步做决策提供依据。
3. 说说你理想的职业,目前情况下,你为理想做了哪些准备?

导师寄语

职业生涯没有目标不行,目标太多不行,目标总变化也不行。对目标的处理方法是选择、明确、分解、组合,再加上时间坐标。目标分解是在现实处境与美好愿望的实现之间建立可拾级而上的阶梯,目标组合是找出不同目标之间互为因果、相互促进的内在联系。

课后推荐

[1] 米歇尔·贝克特尔. 目标管理:如何实施有效的业务评估 [M]. 马素红,高巍,庞锦,译. 沈阳:辽宁教育出版社,2002.

[2] 王兴权. 职业定位决定你的人生 [M]. 北京:中国法制出版社,2010.

职业生涯规划与就业指导

第九章 职业决策工具的应用

学习要点

- 了解自己的决策风格。
- 掌握几种主要的决策方法。
- 使用决策平衡单进行决策分析。

思维园地

德国的奥托·瓦拉赫是 1910 年诺贝尔化学奖获得者,他的成才过程极具传奇色彩。

奥托·瓦拉赫在上中学时,父母曾为他选择了文学这条路。但是奥托·瓦拉赫在中学里只上了一个学期,老师就在他的评语栏中写下了如此结论:该生用功,但做事过分拘泥和死板,这样的人即使有着完善的品德,也绝不可能在文学上有所成就。

无奈,父母只好尊重老师的意见,让奥托·瓦拉赫改学油画。可奥托·瓦拉赫既不善于构图,又不会润色,对艺术的理解力也不够,成绩在班上居然倒数第一,而学校给出的评语更是令他难以接受:"你是绘画艺术方面的不可造就之才。"

面对如此笨拙的学生,绝大部分老师认为奥托·瓦拉赫成才已无望。但有一位化学老师却不这样认为,他觉得奥托·瓦拉赫做事一丝不苟,非常具备做好化学实验应有的素质,并建议他主攻化学。

这位化学老师对奥托·瓦拉赫说:"条条大路通罗马。你在文艺方面的缺点正是在化学研究中的优点,我相信你在化学方面是一个可造之才。"

于是,奥托·瓦拉赫听从了这位化学老师的建议,改为向化学方面发展。这一次,奥托·瓦拉赫的缺点正好用在了他适合的位置上,因为做化学实验需要的正是一丝不苟。他好像找到了自己人生的舞台,智慧的火花一下子就被点燃了。不久,文学艺术方面的"不可造就之才",一下子竟然变成了公认的化学方面的"前程远大的高才生"。在同专业学生中,他的成绩遥遥领先。奥托·瓦拉赫孜孜不倦地在化学领域学习研究,后来终于荣获了诺贝尔化学奖。

点评: 正所谓世界上没有无用的垃圾,只有放错地方的资源,那么,何况是人呢?天生我材必有用,你经常妄自菲薄的缺点有可能就是另一个领域需求的优点,生涯规划的复杂多变性往往会让人不知如何选择,而有时候选择确实比努力更重要,选对了再努力才不会南辕北辙,所以用科学的方法做决策就显得尤为重要。

第一节　决策风格测试

做决策时，"鱼与熊掌兼得"是许多人的梦想，然而在现实中绝非如此简单，如何做出符合自己利益最大化的选择，才是现实选择的关键。

其实，无论你属于哪种决策风格，都会有利有弊，但如果我们知道了自己的短板在哪里，那么以后做决策时就会警醒自己规避不足，扬长避短。下面我们就花两分钟时间做个测试，了解一下自己的决策风格吧！

测试说明：请根据自己的个人特质和实际情况，客观地对以下问题作答，若符合，得1分，不符合，则得0分。回答结束后，将分数填入表9.1中进行统计汇总。

1. 需要做决定时，会多方收集资料。
2. 经常凭自己的感觉做事。
3. 做事时，喜欢有人在旁边，以便随时商量。
4. 有事需要拿主意时，便会感到紧张不安。
5. 通常将收集到的信息进行比较、分析，列出可供选择的方案。
6. 时常会改变自己做出的决定。
7. 发现别人与自己的看法不同时，不知该怎么取舍。
8. 做事总是东想西想，经常拿不定主意。
9. 会衡量各个方案的利益得失，判断出最适合的选择。
10. 经常仓促地对事物进行判断。
11. 做事时，不太喜欢独自想办法。
12. 遇到难以决定的事时，就会把它扔在一边。
13. 决定了方案后，会展开必要的准备去做好它。
14. 决定之前，一般不会有任何准备，但也会进行大概的分析。
15. 很容易受到别人意见的影响。
16. 觉得做决定是一件痛苦的事。
17. 会参考其他人的意见，综合自己的想法来做决定。
18. 容易不经慎重思考就做决定。
19. 在被催促之前，不打算立即做出决定。
20. 处理事情经常犹豫不决。
21. 经过深思熟虑，能得出一套明确的行动方案。
22. 通常情况下，自己对事物的判断是很准确的。
23. 常让父母、师长或亲友给自己提供意见。
24. 为了躲避做决定的痛苦过程，会让事情不了了之。

表 9.1 决策风格得分统计表

决策风格	理性型	直觉型	依赖型	犹豫型
得分项	1	2	3	4
	5	6	7	8
	9	10	11	12
	13	14	15	16
	17	18	19	20
	21	22	23	24
总分				

测试分析：将得分汇总后，得分最高的项目总分代表着个人的决策风格。

理性型：做事有依据，能透彻地分析各个选项的利与弊，并做出最满意的决定。建议：多听取他人的意见和想法，尽量把事情考虑得更加全面合理。

直觉型：做事过于自信和冲动，往往会忽视收集相关信息的重要性。建议：在做决定时，应保持冷静思考，在保留自我感觉的情况下，重视对信息的采集，并加强对职业环境等相关因素必要的了解。

犹豫型：这类人往往处于难以下决定的挣扎状态，即使充分收集了相关资料，往往因为对自身缺少必要的认识，对做决策犹豫不决，从而错过时机。建议：应该进一步认识自我，充分了解自身各方面的需求和能力，这样才能找到合适的方案，从根本上解决犹豫的毛病。

依赖型：等待和拖延是这类决策者的主要特征，他们在做决策时比较被动和顺从，常把希望寄托在他人身上。建议：应该加强对自身的了解和认识，积极了解和学习相关的知识，充实个人的内在力量，及时改变自身的思维惰性及胆小懦弱的性格。

每个人都应该根据各自的决策风格和特点，分析自身决策能力方面存在的缺点和不足，以便进一步修改与完善。

第二节　决策方法

做决策的过程之所以复杂，主要在于你之前对自我决策风格认知的模糊，更重要的是你没有好的武器对付之。我们要学会挑选出自己称手的兵器披荆斩棘，做出合理决策，则会事半功倍。

下面介绍几种主要的决策方法。

一、5W 法

5W 法是众多方法中最简单易行的方法，也叫 what 归纳法。这种方法通常采用问句的方式，协助个人逐次进行筛选。回答过后，通过问题的交集确定大致方向。

5W 法提出 5 个问题：我是谁？我想干什么？我能够做什么？环境支持或允许我做什

么？我最终的职业目标是什么？

要回答好这5个问题，并不是易事。可从以下5个方面着手。

个人特征：根据自身状况进行感知，这需要大学生对自己有一个清晰而深刻的认识，把个人的性格特征、特长、能力等方面的优势挖掘出来，可以更加清晰地明确目标的范围。

个人喜好：虽然随着年龄和经历的增长，每个人在不同阶段的兴趣发展不完全相同，但兴趣对职业的发展有导向作用是毋庸置疑的，因而可据此来锁定一个人的职业发展方向。

个人潜能：除了要考虑个人的性格和特长等因素，对自身潜在能力的分析和预测也十分重要。职业的成功依赖于个人的能力，但职业发展的空间往往受个人潜力的限制。通过对潜能的考察，可以进一步缩小职业决策的目标范围。

环境许可：职业的发展与环境相适宜是十分必要的，这就要求大学生在做决策时，需考虑影响职业环境的各种因素，从政治环境、经济环境、法制环境、科技环境和文化环境等方面进行综合考量。

职业目标：对前4个问题进行筛选，将可能的职业方向进一步缩小，这时候需要有一个明确的目标来指引职业生涯规划的实施，从而确立个人职业生涯发展的最佳方向。

认真回答这五个问题，然后看看交集指向的职业是什么，这个指向的职业就可以作为大致努力的方向了。

二、CASVE 法

CASVE 职业决策包括6个流程：沟通、分析、综合、评估、执行、再循环。

（一）沟通（Communication）

沟通，包括内部和外部的信息交流，通过交流，个体意识到理想和现实之间存在的巨大差距。内部的信息交流是指个体自身的身心状态。例如，在毕业找工作的时候，你可能在情绪上会感受到焦虑、抑郁、受挫等情绪，在躯体上会有疲倦、头疼、消化不良等反应，这些情绪和身体状态都是一些提醒你需要进行内部交流沟通的信号。外部的信息交流是指外界的一些对你产生影响的信息。例如，宿舍同学开始准备简历，这就是给你提供了一种外部信息，你也需要开始准备找工作了；又如在求职过程中父母、老师、朋友给你提供的各种建议。通过内部和外部沟通，你意识到自己需要解决某些问题，这样的交流对开始职业生涯选择十分重要。沟通阶段需要回答的最基本的问题是：此刻我正在思考并感觉到自己的职业选择是什么？

（二）分析（Analysis）

分析，是通过思考、观察和研究，对兴趣、能力、价值观和人格等自我知识及各种环境知识进行分析，从而更好地理解现存状态和理想状态之间的差距。

在分析阶段需要对两方面的知识进行了解。首先是自我知识，包含兴趣（我喜欢做什么？做什么事情的时候我最能够投入？做什么事情能让我得到享受？）、能力（我擅长做什么？什么事情是我能做得比别人好的？我都掌握了哪些专业知识？）、价值观（我看重什么？我这辈子希望达到的目标是什么？我希望工作可以带给我什么？）和人格（我的性格属于内向的还是外向的？我更关注宏观抽象的事物还是具体细节？我倾向理性思考还是感性体验？我习惯于有条不紊还是随机应变？）。

其次是环境知识，每一个选择处于什么样的环境？会带来什么样的生活？需要付出什么努力？比如：要参加研究生入学考试，需要付出什么努力？花多长的时间准备？读研之后的生活是什么样的？研究生毕业之后的求职情况如何？而对于找工作，也需要了解与每一份职业相关的信息。

（三）综合（Synthesis）

综合，是根据分析阶段所得出的信息，先把选择范围扩展开来，然后逐步缩小，最终确定3~5个最可能的选项。这个先扩大后缩小的过程非常重要。通过分析阶段，我们对自我的各方面都有了了解，每一个方面都分别对应着很多职业，首先，把这些职业都列出来，就会得到一个范围很广的选择列表。然后，选取其中的交集，就得出了缩小的职业选择范围，再把最可能从事的职业限定到3~5个。最后，可以问自己："假如我有这3~5个选择，是否可以解决问题，消除现实和理想状态的差距？"如果可以，就进入评估阶段，选出最适合的选择；如果还是不能解决问题，就需要重新回到分析阶段，了解更多信息。

（四）评估（Value）

评估，对于综合阶段得出的3~5个职业进行具体的评价，评估获得该职业的可能性，以及这个选择对自身及他人的影响，从而进行排序。比如，可以问：对我个人而言什么是最好的？对我生活中的重要他人而言什么是最好的？对我所处的环境而言什么是最好的？

在操作层面上可分为两步：第一步，评估每一种选择对生涯决策者和他人的影响。例如，如果选择了服兵役，这一选择将会给自己、伴侣、父母、孩子等重要的人带来什么影响？每一种选择都要从对自己和对他人的代价和益处两方面进行评价，并综合物质上和精神上的因素。第二步，对综合阶段得出的选项进行排序，将能够最好地消除差距的选项排在第一位，次好的选项排在第二位，依此类推。此时，职业规划决策者会选出一个最佳选项，并且做出承诺去实施这一选择。

（五）执行（Execution）

执行是最终目的，之前所做的所有步骤都是为执行服务的。这是实施选择的阶段，把思考转换为行动。很多人都觉得在执行阶段制订行动计划是令人兴奋的和有价值的，因为他们终于可以开始采取积极行动去解决问题了。

（六）再循环

再循环是一个不断重复的过程。在执行阶段之后，生涯决策者又回到沟通阶段，以确定已经做出的选择是不是最好的，是否能最有效地消除理想与现实间的差距。

三、生涯决策平衡单

生涯决策平衡单能够帮助我们通过赋值量化，把面临的选择进行分数化，这种方式可以帮助我们更有条理地、客观地、具体地看待每一个选项。

以下是生涯决策平衡单示例。

某学生是国际贸易专业的应届毕业生，表9.2是一个她比较"国贸专业研究生""英文记者""导游"三种选择的决策平衡单示例。

表 9.2 决策平衡示例

考虑因素	权重 1~5 倍	选择一 国贸专业研究生		选择二 英文记者		选择三 导游	
		加权分数(+)	加权分数(-)	加权分数(+)	加权分数(-)	加权分数(+)	加权分数(-)
个人物质方面的得失							
1. 个人收入	3	0 (0)		2 (+6)		4 (+12)	
2. 未来发展	4	5 (+20)		4 (+16)		2 (+8)	
3. 休闲时间	2		-1 (-2)	0 (0)		3 (+6)	
4. 对健康的影响	1	2 (+2)		2 (+2)		4 (+4)	
他人物质方面的得失							
1. 家庭收入	3		-1 (-3)	2 (+6)		4 (+12)	
2. 家庭地位	2	5 (+10)		3 (+6)			-2 (-4)
个人精神方面的得失							
1. 创造性	5	4 (+20)		4 (+20)		4 (+20)	
2. 多样性和变化性	5	4 (+20)		5 (+25)		5 (+25)	
3. 影响和帮助他人	4	3 (+12)		2 (+8)		5 (+20)	
4. 自由独立	4		-1 (-4)	4 (+16)		5 (+20)	
5. 挑战性	3	5 (+15)		3 (+9)		4 (+12)	
6. 被认可	4	4 (+16)		5 (+15)		5 (+15)	
7. 应用所长	5	2 (+10)		5 (+25)		5 (+25)	
8. 兴趣的满足	4	3 (+12)		5 (+20)		5 (+20)	
他人精神方面的得失							
1. 父亲	3	5 (+15)		3 (+9)		3 (+9)	
2. 母亲	3	5 (+15)		2 (+6)			-1 (-3)
3. 男朋友	2	3 (+6)		4 (+8)		4 (+8)	
4. 老师	1	5 (+5)			-4 (-4)		-1 (-1)
总分		165		197		208	

表中，生涯决策平衡单的选项会从四个方面进行分类考虑，这四个方面也是我们工作的主要原因。它们是：

（1）个人物质方面的得失，即选择某一个生涯选项，在物质方面个人能够得到或失去的东西。一般包括：个人收入、未来发展、休闲时间、对健康的影响等。

（2）他人物质方面的得失，即选择某一个生涯选项，在物质方面对他人的影响。常见的他人一般是家人，他人物质方面的得失如家庭收入、家庭地位等。

（3）个人精神方面的得失，即做出一项选择时，个人能够得到或者失去的精神层面的东西。例如，创造性、多样性和变化性、影响和帮助他人、自由独立、挑战性、被认可、应用所长、兴趣的满足等。

（4）他人精神方面的得失，即个人做出一项选择时，他人（生涯规划上一般都指家人)在精神方面的得失。他人一般指父亲、母亲、妻子、老师等。

以上四类因素,我们统称为选项考虑因素。

解释完选项考虑因素后,接下来就是一步一步来制作完成生涯决策平衡单。一般只需要五步就够了。

(1)列出需要比较的所有生涯选项,当然,既然涉及选择,肯定至少有两个选项。

(2)根据自己的具体情况,按照四大选项考虑因素,分别罗列出各组的考虑因素。

(3)为选项考虑因素赋值,即给予权重分数。最重要的因素为5,最不重要的因素为1。

(4)设定各个选项对相应考虑因素的影响程度分数,从-10~+10,根据选项对考虑因素具体项影响的大小而定。

(5)加权算出总分,然后评估不同的生涯选项。

在总分一目了然的前提下别马上做出决策,停下来问自己一个问题:这个选择真的是我心甘情愿的吗?当然,如果没有更好的选择,也只能选择这个。但是问题并不出在这里,问题的症结在于你要回头看看生涯决策平衡单上这个职业选项中的负向分值所面临的问题你要如何解决?也就是说,如果选择了示例中看似分值最高的"导游"选项,但如何解决被扣掉的8分呢?如果你不能解决这个选项,它就不是你最终选择。

牛刀小试

回忆人生最重要的三个决策

目的:初步了解决策风格。

内容:回想迄今为止人生所做的三个重大决定,按以下部分予以描述并在纸上记录:目标或当时的情境;所有的选择;做出的选择;决策方式;对结果的评估。

你的三个重大决定:通过以上三件事,总结并描述自己的决策风格。

讨论:如何描述自己在上述三件事中的决策风格?它们有共同之处吗?以前曾意识到过自己的决策风格是呈现一贯性的吗?

导师寄语

生涯是一个不断决策的过程,如萨特所说:"我们的决定,决定了我们。"

课后推荐

赵正宝. 趋势的力量:个人职业发展战略决策必修课[M]. 北京:中国广播电视出版社,2012.

第十章 求职技能要素与职业发展成长路径

学习要点

- 掌握求职技能核心要素并练习。
- 了解大学生自我提升的相关路径。

思维园地

有一个博士被分配到一家研究所,他是该研究所学历最高的一个人。有一天他到单位后面的小池塘去钓鱼,正好正副所长也在他的一左一右钓鱼。他仅仅微微点了点头,因正副所长只是本科生,有啥好聊的呢?不一会儿,正所长放下钓竿,伸伸懒腰,从水面上健步如飞地走到对面卫生间。博士的眼睛瞪得都快掉下来了。水上漂?不会吧?这是一个池塘啊。正所长上完厕所回来的时候,同样也健步如飞地从水上漂回来了。怎么回事?博士生又不好意思去问,自己是博士呀!

过一阵,副所长也站起来,同样健步如飞地飘过水面,这下子博士更是差点昏倒。不一会儿,博士生也内急了。这个池塘两边有围墙,要到对面卫生间得绕十分钟的路,而回单位又太远,怎么办?博士生也不愿意去问两位所长,憋了半天后,也起身往水里跨,我就不信本科生能过的水面,我博士生不能过。只听咚的一声,博士生栽到了水里。两位所长将他拉了出来,问他为什么要下水,他问:"为什么你们能够走过去呢?"两所长相视一笑:"这池塘里有两排木桩子,因为这两天下雨涨水正好在水面下。我们都知道这木桩的位置,所以能够踩着桩子过去。你怎么不问一声?"

点评:学历只代表过去,只有学习才能代表将来。尊重经验的人,才能少走弯路。一个好的团队,也应该是学习型的团队。

当我们褪去学生的稚嫩进入职场时,向有经验的员工学习,多沟通交流,注重团队合作能力,无疑是非常重要的。很多大学生在校期间只顾埋头读书,很少与社会接触,对参与社会交往和竞争有惧怕心理。最近发布的一项调查显示,大学生在找工作的过程中,畏惧失败、与他人竞争时自卑、缺乏面试经验,已经成为影响求职成功率的三个主要因素。

职业生涯规划与就业指导

第一节　求职核心三要素

一、找到真实兴趣

什么东西让你为之着迷？你最喜欢探讨什么话题？最喜欢读什么书？许多伟大的创意都是由人们对某一具体领域的兴趣点燃的。

金钱很重要，但是驱动一个人完成卓越壮举的是更深刻的东西。只要看看最近停工的项目或者身边"病恹恹"的从业人员，你就能深刻理解没有兴趣的工作的种种"病症"了。没有真实的兴趣却想做出一番成绩，就像绝食后空腹去跑马拉松。加满兴趣的"燃料"，你将一飞冲天，创造辉煌。

二、培养核心技能

你有哪些专长？你有什么天赋？你是数学天才或故事达人吗？你对人类学、社会学有非凡的见解吗？盘点一下你的知识储备或者你学起来很轻松的科目。善用你的特长，它就会引导你走向源源不断的机遇中去。

当然，仅有特长是不够的。把特长、真实兴趣与新的机遇组合起来，你内在的潜能就会闪闪放光，成功的道路将会为你敞开。

三、善于抓住机会

第三个通往成功职业生涯的要素就是机遇。不幸的是，我们常在这一点上卡壳。我们怀疑身边潜在的机遇太少了，我们不相信机会面前人人平等。当然，社会上确有不良风气，如攀同学关系、任人唯亲等，但更主要的还是自己不会抓住机会。

机会不是一跃千里，机会是慢慢地稳步上升的。很多人说成功的机会都来自偶然的对话。这就是为什么自我推介、学术会议及人际交往会给人们带来好的机会。将自己置身于各种活动中，机会就会滚滚而来，你离心中的真实兴趣就更近了。

与此同时，求职者还可以参考的具体方法有：找几个与自己一样状态求职的同学组成一组，由于彼此情况差不多，不会有压力，在一起交流沟通时通常会很顺利；过一段时间后，再另换一组沟通技巧高于自己的人进行交谈，逐渐培养"我也能成功地与人沟通交流"的信心。

有些毕业生面对比自己强的人，会产生"未比先输"的自卑心理。建立自信心的办法是：从小任务和最基本的要求做起，培养自信心和荣誉感，每次完成任务后都表扬和奖励自己，否则予以惩罚；然后稍稍提高任务难度，并随时找人分享成长的经验，获得肯定……如此循环，不断恢复和提升自信，培养荣誉感和成熟度，直到敢于正视某些方面优于自己的对手。

有些毕业生面对考官时发怵，他们担心自己经验不足，不知道该如何回答考官提出的问题。如何能够不遭受面试失败的打击，又获得面试经验呢？解决办法就是多参与模拟招聘。通过心理指导师或经验人士设计的模拟面试，从求职者与主考官目光的接触、礼仪、表情、语言、态度甚至握手的时机、方式等方面进行反复的实践性训练，直至做到在任何情况下都能应对自如。

第二节　职业发展成长路径

一、大学生职业生涯规划四个阶段

刚刚踏出校门的大学生总是有非常美好的憧憬，但现实是残酷的，就业的压力很快地将这种美好的憧憬打碎。这时候大学生会突然觉得自己在学校里学的某些东西不是很有用，实际操作与书本的东西很不一样。由于缺乏工作经验，大多数的应届毕业生找不到心目中理想的工作。为了避免这种状况，可将职业生涯规划做一定的调整。

首先，将自己的职业生涯规划分为几个大的方面，可以以时间作为分界点。

（一）在校期间

大学生在校期间应该多学习对就业有用的知识，拓展自己的知识面，锻炼交际能力与实践能力。可尝试从以下几个方面努力：

要学会起草各种商业文书；熟练掌握办公软件和各种办公设备如打印机、扫描仪等的使用方法；强化英文水平，有能力的话，最好再多学习一门语言；学会各种社交礼仪；掌握一些必要的法律知识，如《劳动合同法》，以便以后应聘时可以保障自己的合法权益；锻炼自己统筹安排的能力，并养成记录的习惯；养成执行计划的习惯，任何事情要说到做到；锻炼临场发挥的能力和良好的心理素质；利用假期做一些不同行业的销售兼职，通过这些工作，研究大众的消费心理，并积累工作经验。

（二）刚刚毕业

刚刚毕业的大学生不外乎会遇到以下几种情况：

情况一：找到一份自己喜欢又能挑战自我的工作，这时不要过分地追求高收入，这是对个人的一种历练。

情况二：没能找到自己喜欢的工作，但是发现了一个新兴的职业。如果感兴趣，可以大胆地尝试，或许因为这次尝试和努力就创造了奇迹，说不定会找到自己新的兴趣所在。

情况三：既没有找到喜欢的工作，也没有发现新兴职业。那就先解决温饱问题，先找一份工作，在工作中再寻找机会。

（三）工作几年之后

相信此时的你已经没有了学生时代的稚气，反倒平添了几许成熟。几年的锻炼已经让你的想法变得理性，考虑问题也更周密了。这时，你或许会有更高层次的挑战，如希望找到更高收入的职位或者更有挑战性的工作或尝试自己创业。在做决定之前，要做好实际的考察和科学的预测，以避免不必要的损失，让自己少走弯路。

当然，如果觉得自己知识匮乏，也可去充充电，让自己拥有更先进的知识武器。

（四）事业有成期

当你事业有成，试着去帮助需要帮助的人，做些公益事业，回报社会。例如，为残疾人提供适合他们的岗位，为成绩优异的困难大学生提供帮助，等等。

二、大学生提升自我的具体途径

（1）应正确地认识自己，这是完善自我的前提。大学生要注重心理健康，要保持良好的心态，有一颗拼搏之心，遇到挫折不放弃，不断进取。

（2）应勤奋学习，提高学习能力，进一步增强自身素质。在大学期间，一定要学好基础知识（数学、英语、计算机和互联网的使用，以及本专业要求的基础课程，训练基本功）。如果没有打下良好的基础，也就很难适应现代科技的飞速发展。

（3）要提高创新能力，进一步增强自身的综合素质；要提高实践能力，做到理论知识和实践技能融会贯通，从而更深入地理解理论知识体系，牢牢地记住学过的知识。

（4）严格自律，陶冶高尚的道德情操，提高自身修养和人格魅力。如果觉得自己没有特长、爱好，可能会成为自己提高人际交往能力的一个障碍，那么可以有意识地去选择和培养一些兴趣爱好。共同的兴趣和爱好也是你与朋友建立深厚感情的途径之一。

（5）坚定信念，提高思想政治素质。

（6）学会正确交往，建立良好的人际关系。以诚待人，以责人之心责己、以恕己之心恕人。

牛刀小试

1. 根据成长路径要素制订自己的能力成长计划。
2. 在执行成长计划的过程中一定要用 SMART 原则复盘，不断精进，不断完善。
3. 对你来说，你认为求职过程中哪一项技能最为重要？你目前所欠缺的技能是什么？
4. 在提升技能的过程中，分享一下你个人的经验或者"秘密武器"，可以结合实例说明。

导师寄语

许多事就是坚持并持续跟进的结果。把一张厚0.1毫米的纸折叠100次，预估一下纸最后的厚度。

课后推荐

丹尼尔·平克. 全新思维：决胜未来的6大能力［M］. 高芳，译. 杭州：浙江人民出版社，2013.

第十一章 公共关系礼仪（下）

学习要点

- 掌握公共礼仪和职场礼仪的基本规范。
- 通过训练促进自我礼仪成长。

思维园地

甲公司的秘书小凤是个年轻女孩，有幸随总经理会见乙公司的总经理刘总。

刘总看到甲公司的总经理，马上加快脚步走过去迎接对方，并伸出右手。小凤被刘总的领导风范所折服，一看到刘总向自己投来问候的目光，条件反射地伸出手，热情地说："刘总，您好！"刘总一边伸出右手，口中寒暄着，一边暗自猜测："这是谁呢？这么年轻，看起来像个秘书，可是她主动和我握手，派头还不小。难道是另一位经理？没听说过啊！"这时小凤对刘总自我介绍说："我是秘书小凤，请您多多指教。"刘总这才明白小凤的身份。他觉得这个秘书不是不懂礼仪就是妄自尊大，心里马上看轻了小凤。心想：第一次和甲公司打交道就遇上这么个小错误，以后的合作过程中还不知道会出什么差错呢！刘总还没进甲公司经理办公室的门，就已经给对方判了刑。

点评：社交礼仪中握手礼是很重要的部分，因为不论是商务谈判还是出席活动，除了与人寒暄问好外，最常用的方式就是握手了，如果握手的姿势、时间、次序不对，小则闹笑话，大则影响公司的利益与形象。

职场礼仪，是指人们在职业场所中应当遵循的一系列礼仪规范。学会这些礼仪规范，将使一个人的职业形象大为提高。职业形象包括内在的职业形象和外在的职业形象，而每一个职场人都需要树立塑造并维护自我职业形象的意识。

需要明确的是，前文介绍的仪容仪态和社交礼仪在一定环境中都会在职场礼仪中体现，如职场礼仪同样会对职场人的表情、体态、称呼和介绍、拜访和接待、用餐和行车等都有相关的要求和规范。但有时又有不同，职场礼仪更凸显职场性，比如社交礼仪中注重女士优先，但是在职场中更注重男女平等，很多场合忽略性别之分。这些融合和差异需要在实践中应用、体会和分辨。

职场礼仪包含职业着装礼仪、办公室礼仪、会议礼仪、谈判礼仪、名片礼仪、电话礼仪、位次礼仪、交谈礼仪、馈赠礼仪、应聘礼仪等很多内容，这里综合重要性、使用频率、容易忽略和出错等因素，着重介绍以下五种职场礼仪。

一、职业着装礼仪

(一) 男士篇

1．三三原则

三色原则：男士在正规场合穿西装时，全身的颜色不得多于三种。

三一定律：鞋子、腰带、公文包这三个地方的颜色应该一致。

三大禁忌：穿西装时，左边袖子上的商标要拆掉；在正规场合，男士不宜穿尼龙袜和白色袜子；西装上衣若有2粒以上扣子，不宜同时扣上。

2．领带

领带以真丝或羊毛面料为主，色彩以单色为主，蓝、灰、棕、紫、红、黑等单色均可，切勿多于三色，色调与西装一致，颜色以单色无图案、条纹、圆点、方格为主图案。

3．搭配标准

一般西装是深色的，皮鞋和袜子是深色的，衬衫是白色的，领带的颜色和西装以同一种颜色最佳。

4．妆容要求

保持头发清洁、整齐，眼睛无异物、无睡意、不充血、不斜视；若戴眼镜，眼镜应端正、明亮，不戴有色眼镜和墨镜；不留长胡子或怪异胡子。

(二) 女士篇

1．发型发式

发型时尚得体，美观大方，符合身份。发卡式样庄重大方，以少为宜。

2．面部修饰

女士化妆是自尊自爱的表现，也是对别人的一种尊重。一般化淡妆，保持清新自然。化妆注意事项：化妆要自然，不让人感到做作，不能化另类妆。总之，每天的打扮必须要迎合你当天要会见的人们，符合他们的身份。

3．职业套装

稳重有权威的颜色包括海军蓝、灰色、炭黑、淡蓝、黑色、栗色、锈色、棕色、驼色；要避免浅黄、粉红、浅格绿或橘红色。职业套装要重质量，讲究做工和面料，要合身。不穿黑色皮裙，不穿无领、无袖、领口较低或太紧身的衣服，正式高级场合不光腿，穿贴近肉色的袜子，不穿黑色或镂花的丝袜，袜子不可以有破损，应带备用袜子。

4．鞋子

不穿过高、过细的鞋跟，中跟或低跟皮鞋为佳。正式场合，不穿前露脚趾、后露脚跟的凉鞋，可穿正装凉鞋。注意鞋的颜色必须和服装的颜色相配，鞋子的颜色以深于衣服的颜色为宜，如果鞋子的颜色比服装的颜色浅，应用其他装饰品搭配。

5．饰品

职业女性希望表现出聪明才智、能力和经验等，所以佩戴的首饰宜简单，不要戴摇摆晃动的耳环或走路时发出声响的项链。不戴展示财力的珠宝首饰，不戴展示性别魅力的饰品，同质同色戒指的数量不超过两件，饰品整体上以少为宜。

许多职业女性喜欢染指甲，但指甲油的颜色不应该选得太亮丽，否则会使别人的注意力集中在你的指甲上，宜选一些和你口红相配的颜色。

6．包

包是女性行为的符号。手提包要精小细致，并且要避免包内塞得太满。建议女士的包内应随时准备以下物品：一把可以折成很小的雨伞、一双新的丝袜、一包纸巾、一个化妆包、一个针线盒。

以上着装要求大多指在相对正式、严肃的职业交流场合中。在不同的工作场合中要学会灵活应用，不可刻板教条。例如，实验室科研人员在工作中可能只需要穿实验服和运动鞋，但去参加项目谈判或参加正式的职场晚宴，就需要按职场着装要求来装扮了。

二、办公室礼仪

（1）上班不要迟到、缺勤。当发现自己要迟到时，务必在上班前和上司联络，在道歉的同时报告上班的确切时间。如果因为身体不适无法上班，应当及时告知上司，由本人亲自打电话请假，除非病重，让别人代为请假。

（2）不要在工作场合化妆。

（3）不要在办公室里打电话聊天，以免影响他人工作。

（4）在办公室内不吃零食、不吸烟。有旁人和接听电话时，嘴里不可嚼东西。

（5）形象要得体。工作时语言、举止尽量保持得体大方，应避免使用方言土语、粗俗不雅的词汇。无论是对上司、下属，还是对同级，都应不卑不亢，以礼相待，友好相处。

（6）不要高声喧哗，旁若无人。别人讲话时若有必要，可暂且回避。

（7）不要随便挪用他人的东西。

（8）对同事的客人要热情。

（9）不能泄露公司秘密。

三、名片礼仪

在人际交往中，名片不但能推销自己，也能很快地助你与对方熟悉起来，它就像持有的颜面，我们不但要很好地珍惜它，而且要懂得怎样去使用它。

（一）出示名片的礼节

1．出示名片的顺序

名片的递送先后虽说没有太严格的礼仪讲究，但也有一定的顺序。一般是地位低的人先向地位高的人递名片，男性先向女性递名片。当对方不止一个人时，应先将名片递给职务较高或年龄较大者；或者由近至远处递，依次进行，切勿跳跃式地进行，以免对方误认为有厚此薄彼之感。

2．出示名片的礼节

向对方递送名片时，应面带微笑，稍欠身，注视对方，将名片正对着对方，用双手的拇指和食指分别持握名片上端的两角送给对方。如果是坐着的，应当起立或欠身递送。在递名片时，切忌目光游移或漫不经心。出示名片还应把握好时机。当初次相识，自我介绍或别人为你介绍时可出示名片；当双方谈得较融洽，表示愿意建立联系时就应出示名片；当双方告辞时，可顺手取出自己的名片递给对方，以示愿结识对方并希望能再次相见，这样可加深对方对你的印象。

（二）接受名片的礼节

接受他人递过来的名片时，应尽快起身或欠身，面带微笑，用双手的拇指和食指接住名片的下方两角，态度也要毕恭毕敬，接到名片时要认真地看一下，可以说"谢谢！""十分荣幸"等。然后郑重地放入自己的口袋、名片夹或其他稳妥的地方。切忌接过对方的名片一眼不看就随手放在一边，也不要在手中随意玩弄名片，否则会伤害对方的自尊，影响彼此的交往。

案例

两位企业的经理，经中间人介绍，相聚洽谈生意，这是一笔双赢的生意，而且做得好还会大赢。预计到合作的美好前景，双方的积极性都很高。A 经理首先拿出友好的姿态，恭恭敬敬地递上了自己的名片；B 经理单手把名片接过来，一眼没看就放在了茶几上。接着他拿起了茶杯，喝了几口水，随手又把茶杯压在名片上。A 经理看在了眼里，随口谈了几句话，便起身告辞。

事后，他郑重地告诉中间人，这笔生意他不做了。当中间人将这个消息告诉 B 经理时，他简直不敢相信自己的耳朵，一拍桌子说："不可能！哪儿有见钱不赚的人？"立即打通 A 经理的电话，一定要他讲出个所以然来，A 经理道出了实情："从你接我的名片的动作中，我看到了我们之间的差距，并且预见到了未来的合作还会有许多的不愉快，因此，还是早放弃的好。"闻听此言，B 经理痛惜失掉了生意，为自己的失礼感到羞愧。

案例点评：B 经理没有妥善存放 A 经理的名片，单手接名片已经很没有礼貌，而且随意放在桌子上，更把杯子放在 B 经理的名片上，这些都是不礼貌的做法。

四、电话礼仪

（一）公务电话礼仪

（1）接通电话先说"你好"。
（2）电话铃声响过两声之后接听电话。
（3）报出公司或部门名称。
（4）确定来电者身份、姓氏。
（5）听清楚来电目的。
（6）注意声音和表情。
（7）复诵来电要点。
（8）最后道谢。
（9）让对方先收线。

（二）手机使用礼仪

（1）在一切公共场合，手机在没有使用时，都要放在合乎礼仪的常规位置。不要在并不使用手机的时候放在手里或挂在上衣口袋外。
（2）在会议中、和别人洽谈的时候，最好的方式是关掉手机，或将手机调至震动状态。这样既显示出对别人的尊重,又不会打断讲话者的思路。

(3) 在公共场合接听电话时、开车时,在飞机上、剧场里、图书馆和医院里,不可大声地接打电话。

(4) 拨打对方手机时,尤其当知道对方是身居要职的忙人时,首先想到的是,这个时间他(她)方便接听电话吗?故"现在通话方便吗?"通常是拨打手机的第一句问话。

(5) 公共场合特别是楼梯、电梯、路口、人行道等地方,不可以旁若无人地使用手机,应该把自己的声音尽可能地压低一些,而不是大声地说话。

(6) 不要在别人注视你的时候查看微信。一边和别人说话,一边查看手机微信,是对别人的不尊重。

(7) 在编辑微信内容时,也应保持文明,这反映了你的品位和水准。

五、位次礼仪

位次礼仪是指在各种宴会的座次安排中需要遵循的一系列礼仪规范。主要包括:以右为上(遵循国际惯例)、居中为上(中央高于两侧)、前排为上(适用所有场合)、以远为上(远离房门为上)、面门为上(良好视野为上)。

(一) 宴会位次

排序原则:以远为上,面门为上,以右为上,以中为上,观景为上,靠墙为上。

座次分布:面门居中位置为主位;主左宾右分两侧而坐,或主宾双方交错而坐;越近首席,位次越高;同等距离,右高左低。

(二) 乘车位次

首先要明确的是,客人上车后坐哪儿,哪儿就是上座,无须生硬谦让。但一般正式商务场合,乘车座次安排有以下几种:

1. 主人亲驾

主人亲自驾车时,副驾驶座为上,客人不可坐到后面,前高后低,右高左低。主人亲驾时,前排座不应空着;先生亲驾时,其夫人应坐副驾驶座;主人驾车送其友人夫妇回家,其友人中的男士一定要坐在副驾驶座上,与主人相伴,而不宜与夫人坐在后排。

2. 司机驾车

有司机驾车时,司机后排的对角线之位为上。双排五人座,尊卑顺序:后排右座、后排左座、后排中座、副驾驶座。酒店门童只开后排右门。

(三) 会议位次

1. 国际惯例

会议来宾按拉丁字母顺序排列。也有变通之法,即抽出一个字母,再依序排列。

2. 国内选举

按姓氏笔画排列。

3. 政务礼仪、主席台座次排列方式

前排高于后排;中央高于两侧;国际惯例右高左低;中国传统左高右低。左右指当事人的左和右。

当领导同志人数为奇数时,1号首长居中,2号首长排在1号首长左边,3号首长排在

1号首先右边，其他依次排列。如有7位领导，从台下（面对面）的角度看，是7、5、3、1、2、4、6的顺序；从台上（面向同一方向）的角度看，是6、4、2、1、3、5、7的顺序。

当领导同志人数为偶数时，如有8位领导，1号首长、2号首长同时居中，2号首长排在1号首长左边，3号首长排在1号首长右边，其他依次排列。从台下的角度看，是7、5、3、1、2、4、6、8的顺序；从主席台上的角度看，是8、6、4、2、1、3、5、7的顺序。

牛刀小试

以下情景请你安排位次。

情景一：张总带着司机和小王一同驾车出行，张总和小王坐哪儿？

情景二：公司领导王董要请客，请你安排宴席。被请的客人有李董、陈总、徐经理、郭副经理、钱科长、员工老赵和秘书小刘。你如何安排席位？

情景三：公司开会，请你帮忙安排主席台。主席台就座的有李董事长、陈总经理、徐经理、郭副经理、员工代表老赵，你如何安排席位？

导师寄语

礼仪在中国是一种文化形态，它既包括一套仁、义、礼、智、信为中心的价值观念，也包括一系列以礼仪为内容的风俗习惯。可以说，礼仪是人类文明的结晶和标志，使人和动物、文明和愚昧区别开来。到了今天，礼仪成为现代社会的道德规范，成为人们待人接物的行为准则。懂得适度的礼仪知识，不仅可以展示一个人的风度，也能反映一个人的内在修养。把这些知识应用到我们平常的生活、工作中，每个人都学礼、懂礼、知礼、按礼办事，那么人人就会友善得体、心怀爱心、互相尊重，社会也必将和谐、长治久安。

课后推荐

［1］电影《国王的演讲》（The King's Speech）.

［2］关彤. 现代社交礼仪［M］. 北京：中国社会出版社，2004.

第十二章 职业道德（诚信意识）

学习要点

- 了解职业道德的含义与特征。
- 了解职业道德的核心思想与指导原则。

思维园地

海尔"砸冰箱"事件①

1984年前，青岛电冰箱总厂主要生产单缸洗衣机，那时候按照一等品、二等品、三等品、等外品对产品进行分类。当时中国刚刚改革开放，物品极度缺乏，市场需求非常巨大，不管产品是几等品，只要产品还能使用，基本能销售掉。实在卖不了的产品，就分配给员工自用，或者送货上门半价卖掉。1984年年末，张瑞敏到厂以后，反复给大家上质量课，学习日本质量管理知识，成立质量管理小组。员工很快学会了质量管理的方法。但员工质量意识的提高，则不是一朝一夕所能改变的。

1985年4月，张瑞敏收到一封用户的投诉信，投诉海尔冰箱的质量问题。于是，张瑞敏到工厂仓库里去，把400多台冰箱全部做了检查，发现有多台冰箱不合格。为此，恼火的张瑞敏找到检查部，问这批冰箱怎么处理？他们说以前出现这种情况都是内部处理，加之当时大多数员工家里边都没有冰箱，即使冰箱有一些质量上的问题，还是能使用的。张瑞敏通知检查部，开展一个劣质工作、劣质产品展览会，在展示会上摆放上劣质零部件和劣质的多台冰箱，通知全厂职工都来参观。

张瑞敏痛心疾首地说："我们引进了德国的设备，人家派来了专家指导我们，但是你们看看这些冰箱不是有坑的，就是螺丝没拧紧的，这些都是小毛病。为什么我们做不到位？就是因为我们没有质量意识！中国产品要想让国际认可，我们首先就得有质量意识！这些冰箱谁是负责人谁负责砸！"他顺手拿了一把大锤，照着一只冰箱，咣咣就砸了过去，把这台冰箱砸得稀巴烂。然后把大锤交给了责任者，转眼之间，多台冰箱被销毁了。当时，在场的人都流泪了。虽然一台冰箱当时才800多元钱，但是员工每个月的工资也才40多块钱，一台冰箱是他们两年的工资呀。张瑞敏说："从现在开始，我们要确立质量理念：'有缺陷的产品就是废品。'以后我们的产品不能再按一等品、二等品、三等品、等外品分

---

① 85年海尔"砸冰箱"事件 [EB/OL]. (2011-08-18) [2021-01-21]. https://wenku.baidu.com/view/eb00be22dd36a32d737581c7.html.

类了。我们的产品就分合格产品、非合格产品。市场只有合格产品，非合格产品就不能进入市场，若再进入市场，就追究生产者的责任。从现在开始，我们要完善质量管理制度，以后谁再生产了这样的冰箱，责任由他负责。"

由此，大家明白海尔的前途与严格的质量管理是息息相关的。冰箱总厂的老职工胡某说："忘不了那沉重的铁锤，高高举起又狠狠落下，多台质量不合格的冰箱顷刻间成了一堆废铁。它砸碎的是我们陈旧的质量意识，唤醒了我们去努力提高自身素质的意识。有了质量，我们才有了现在的一切。"张瑞敏带头扣掉了自己当月的工资，以做警戒。这一事件作为海尔创业史上的一个重要镜头，也成为海尔发展史上的经典案例。砸冰箱这件事，给海尔全体员工极大的震撼，员工的质量意识有了普遍的提高。他用一把有形的锤子，砸醒了全体员工的质量意识，砸出了海尔的品牌诚信，第一次在中国企业的员工中树立起争创一流的观念。海尔的这一锤也告诫全体海尔员工：谁生产了不合格的产品，谁就是不合格的员工。一旦树立这种观念，员工们的生产责任心迅速增强，在每一个生产环节都不敢马虎了，精心操作，"精细化，零缺陷"变成全体员工发自内心的心愿和行动，从此，企业奠定了扎实的质量管理基础。

又经过4年的时间，也就是1988年12月的时候，海尔就获得了中国电冰箱市场的第一枚国内金牌，把冰箱做到了全国第一。

点评：从本案例可以看出，无论是国家、社会还是个人，都要有诚信意识，诚信是一种品质，是职业道德的根本，是成就事业的根基。同学们在今后的学习、工作、生活中应从每件小事做起，处处做到诚信，为将来的人生道路打下坚实的基础。

第一节 职业道德的含义与特征

一、职业道德的含义

职业道德是从业者在职业活动中应该遵循的符合自身职业特点的职业行为规范，是人们通过学习与实践养成的优良职业品质，它涉及从业人员与服务形象、职业与职工、职业与职业之间的关系。职业道德行为规范是根据职业特点确定的，它是指导和评价人们职业行为善恶的准则。每一个从业者既有共同遵守的职业道德基本规范，又有自身行业特征的职业道德规范，如教师的有教无类、法官的秉公执法、官员的公正廉洁、商人的诚实守信、工人的质量与安全、医生的救死扶伤、军人的服从命令等，都反映出自身的职业道德特点。职业道德品质是通过知识学习和社会实践，在社会和职业环境的影响下逐渐养成的，它是将从业者向善发展的职业道德意识、意志、情感、理想、信念、观念（即精神）固化的结果。这种优良的职业道德品质又是通过从业者的职业活动以正确评价、选择和指导自身或他人的职业行为，达到协调人与人之间、职业与职业之间的关系，使之和谐健康地发展。

二、职业道德的特征

职业道德主要有以下七个方面的特征。

（一）职业性

职业道德必须通过从业者在职业活动中来体现。职业道德主要体现在从事工作的人群中。如果一个人从 20 岁到 60 岁是工作期，那么一个人最主要的年华和精力都是用于工作。除少数有特殊情况的人之外，绝大多数的人都要从事职业活动。有职业活动，就会有职业道德问题。

（二）普遍性

职业道德的普遍性首先是由其职业性决定的。从事职业的人群众多，范围广大，这就决定了职业道德必然带有普遍性。职业道德有其从业者必须共同遵守的基本行为规范。2001 年 10 月，中共中央印发的《公民道德建设实施纲要》明确提出，"爱岗敬业、诚实守信、办事公道、服务群众、奉献社会"是从业人员职业道德规范的主要内容，要求所有从业者都要共同遵守。

（三）自律性

职业道德具有自我约束、控制的特征。从业者通过对职业道德的学习和实践，产生职业道德的意识、觉悟、良心、意志、信念、理想，形成良好的职业道德品质以后，又会在工作中产生行为上的条件反射，形成有利于社会、有利于集体的行为的高度自觉，这种自觉就是通过职业道德意识、觉悟、信念、意志、良心的自我约束控制来实现的。

（四）他律性

职业道德具有舆论影响的特征。从业人员在职业生涯中，随时都受到所从事职业领域的职业道德舆论的影响。实践证明，创造良好的职业道德社会氛围、职业环境，并通过职业道德舆论的宣传、监督，可以有效地促进人们自觉地遵守职业道德，实现互相监督。

（五）鲜明的行业性和多样性

职业道德是与社会职业分工紧密联系的，各行各业都有适合自身行业特点的职业道德规范。例如，从事信息安全职业的人员以确保信息安全为己任，这是其主要的职业道德规范；教师以其有教无类、为人师表、教书育人的高度示范性为其主要行为规范；从事服务业的人员以其热情周到的服务为其主要行为规范。正因为职业道德具有多行业性，因而表现出形式的多样性。

（六）继承性和相对稳定性

职业道德反映职业关系时往往与社会风俗、民族传统相联系，许多职业道德跨越了国界和历史，作为人类职业精神文明传承了下来，如"诚信""敬业乐业""互助与协作""公平"等，这就是它的继承性。从业者通过学习和修养，一经形成良好的职业道德品质，这种品质一般就不会轻易改变，它会自觉或不自觉地指导自己的职业行为，并影响他人的职业行为，这就是它的相对稳定性。

（七）很强的实践性

一个从业者的职业道德知识、情感、意志、信念、觉悟、良心、行为规范等都必须通过职业的实践活动,在自己的职业行为中表现出来,并且接受行业职业道德的评价和自我评价,使职业道德形成一个理论与实践的紧密结合体。因此,我们学习职业道德,是为了更好地践行职业道德。

第二节 职业道德的核心思想与指导原则

社会主义道德体系把"五爱"(爱祖国、爱人民、爱劳动、爱科学、爱社会主义)作为社会主义道德的基本要求,把为人民服务作为核心思想,把集体主义作为指导原则,把社会公德、职业道德、家庭美德作为着力点。社会主义职业道德也以此作为基本要求、核心思想和指导原则,并与社会公德、家庭美德密切相关。

一、为人民服务是社会主义职业道德的核心思想

1. 为人民服务是中国共产党的宗旨

1944年,毛泽东同志在中共中央警备团追悼张思德的大会上做了《为人民服务》的讲演,明确提出为人民服务的思想,从此为人民服务就成为党的宗旨,并且写进了《中国共产党章程》,规范着每个党员的言行。许多同志甚至不惜牺牲生命来实践党的这一宗旨,使中国共产党深得民心,所领导的事业取得一个又一个胜利。

2. 为人民服务是区别其他社会形态职业道德的本质特征之一

以为人民服务为核心的职业道德,首先要解决的是职工与职工、职工与集体、职业与职业之间利益关系问题和为谁工作的问题。马克思在学生时代就立下了"为人类福利而劳动""为世界大多数人谋利益"的志向,列宁提出要为"千千万万劳动人民服务",提倡"我为人人,人人为我"的道德原则。以为人民服务为核心的职业道德是社会主义的本质所决定的,为人民服务与共同富裕,两者目标一致。

在建设社会主义市场经济的过程中,所有的职业活动仍然要以为人民服务为核心。这有三个方面的理由。一是社会主义市场经济的发展需要社会主义道德伦理这样先进的文化,只有用先进的文化去鼓舞人,才能使劳动者始终保持奋发向上、积极进取的昂扬斗志,而为人民服务精神就是这样一种精神文化。二是商品生产本身包含着为他人服务的属性。不管商品生产者的主观动机和目的如何,如果他自己的产品或经营的产品、服务的项目不能首先满足社会的需要和广大消费者的需求,他所追求的利润就不能实现。三是社会主义社会从业者既是服务者,也是被服务的对象。这是因为从本质上讲,社会主义市场经济中的广大劳动群众仍处于主人翁地位,每个劳动者既要主动地为他人服务,又能享受他人的服务,因此要大力提倡"我为人人,人人为我"的道德风尚。

3. 每一位从业人员要努力实践为人民服务

在社会主义市场经济建设中,每一位从业人员在自己的工作中都要自觉地为人民服务。"我们的一切干部不论地位高低,都是人民的勤务员",都要始终坚持人民的利益高于一切。各行业领域的从业人员都要忠于职守,努力为人民谋利益,通过辛勤劳动将自己的知识、智慧奉献于社会。只有每一位从业者都努力为人民服务,一切从人民的利益出发,

想人民之所想，急人民之所急，为社会做贡献，社会才会变得更加美好。

二、社会主义职业道德的指导原则是集体主义

在职业生涯中如何体现集体主义的职业道德原则，必须搞清什么是集体主义，为什么要把集体主义作为职业道德的指导原则。

1. 集体主义的含义

集体主义包含了三个方面的内容。一是集体主义强调以集体利益为基础，集体利益高于个人利益，这是由社会主义性质和个人与集体的关系所决定的。二是集体利益强调个人、集体、国家三者利益统筹兼顾、和谐发展，这是因为社会主义社会，个人利益、集体利益、国家利益在根本上是一致的，三者必须统筹兼顾、和谐发展，才能调动各方面的积极性，促进生产力的健康发展，这是几十年来社会主义建设的经验总结。三是集体主义强调，在维护和发展好国家利益、集体利益的情况下，要充分满足个人正当利益，这是因为社会生产的目的就是为了满足人们日益增长的物质文化的需要，社会主义的本质就是解放和发展生产力，实现共同富裕。

2. 要以集体主义作为职业道德的指导原则

第一，集体主义集中反映了广大劳动人民的根本利益。我国现阶段实行的是社会主义市场经济，它是以公有制为主体、多种经济所有制并存的混合所有制经济，在这种情况下必须首先维护最广大人民群众的根本利益，巩固国家的经济基础，因此，必须坚持集体主义的职业道德原则。

第二，集体主义是正确处理个人利益、集体利益、国家利益关系的基本原则。在社会主义制度下，国家利益、集体利益、个人利益在根本上是一致的，但是在社会主义市场经济的发展阶段，以国有经济为主，民营经济、个体经济、三资企业及股份制、租赁制、承包制等多种经济成分并存，人们在从事职业活动的过程中，个人利益与国家利益、集体利益会发生矛盾和冲突，要正确处理好国家、集体和个人三者的关系，就必须以集体主义这把尺子来衡量：当国家利益与局部的集体利益发生冲突时，局部的集体利益要服从国家利益；当局部的集体利益和个人利益发生冲突时，个人利益要服从局部的集体利益；当国家利益、集体利益和个人利益发生冲突时，个人利益应当服从国家利益和集体利益。

第三，集体主义职业道德原则是区别于其他阶级社会形态道德的本质特征之一。奴隶社会、封建社会和资本主义社会，其职业道德都带有剥削阶级的伦理道德的特征，只有社会主义职业道德才是以集体主义为原则，以人民利益作为最高利益的。

3. 坚持集体主义的指导原则

（1）提倡正确的义利观。"义"就是为人民服务，就是集体主义，就是无私奉献；"利"是通过劳动的合理回报。要正确处理好两者的关系。在职业活动中，我们应当大力提倡把国家和人民的利益放在首位而又充分尊重公民的合法权益的社会主义义利观。

（2）要正确认识和区分个人主义与个人利益、个人努力奋斗，集体主义与小团体主义。

① 个人主义与个人利益的区别。个人主义表现在把个人利益视为高于一切，把个人利益置于党和人民的利益之上，是与集体主义完全相反的。个人利益是劳动者生活和发展的需要。社会主义市场经济允许个人在遵守法纪、遵守社会道德和职业道德的前提下，通过

诚实劳动、科学经营获得重大的个人利益，这种个人利益不是个人主义，这是因为当个人利益与国家利益和集体利益发生矛盾的时候，个人利益是让位于国家利益和集体利益的；而个人主义则是处处表现为自私自利，当个人利益与国家利益发生冲突时，首先考虑的是如何有利于自己。这就是个人主义与正当的个人利益的本质区别。

② 个人主义与个人努力奋斗的区别。个人努力奋斗是从业者通过个人的刻苦学习、钻研，付出超常的艰苦劳动，攻克各种难关，在职业活动中取得巨大成绩、成果。例如，在北京奥运会上，我国体育健儿取得金牌数居世界第一的战绩，与大批优秀运动员的个人努力奋斗是分不开的；在科技领域，袁隆平杂交水稻的推广，"两弹一星"元勋们的试验成功，以及任何一项创造发明，都是与科学家个人的努力奋斗分不开的；在平凡的工作岗位上，也有无数创造非凡业绩的人士，他们通过个人努力奋斗，为社会创造了更多更好的物质和精神财富。这样的个人努力奋斗是值得提倡的。不过，个人努力奋斗也要处理好集体与个人的关系。现代社会，要想在职业领域取得优异的成绩，往往离不开集体，个人努力奋斗也要与集体的智慧和力量相结合，才能取得更大的成功。如果只讲个人奋斗，只突出个人的力量，或者将个人努力奋斗所取得的成果作为向国家和人民索取报酬的砝码，就会走向反面，变成个人英雄主义，甚至是极端自私的个人主义，因此，在提倡个人努力奋斗的同时，要坚决反对追逐个人名利的个人主义。

③ 集体主义与小团体主义的区别。小团体主义是指为了本地区、本部门、本单位、本企业或一伙人的利益而不顾国家利益的行为。这与集体主义有着本质区别。例如，我国有些地区走私，一些地区的行政部门参与了，有些企业参与了，表面上看，他们为本地区、本单位和个人暂时获得了较为丰厚的"利益"，但是，这是以损害国家和人民的利益为代价的，它践踏了国家的法律制度，破坏了国家的关税制度，扰乱了国家正常的经济秩序，这样的小团体主义对国家的社会主义建设事业破坏力极大，这是有组织的犯罪，并且对部分地区、部分单位、部分企业的群众具有很大的诱惑力和欺骗性。

（3）要用集体主义的观点和集体主义的精神认识、处理职业人际关系。首先，要发扬一方有难、八方支援的集体主义和人道主义的精神。一方有难，八方支援，扶危济困是中华民族的传统美德，集体主义也是传承文明的具体体现。例如，2008年5月12日，我国四川汶川发生了8级超强地震，给当地人民的生命和财产造成了巨大的损失，全党、全军、全国人民立刻全力投入伟大的抗震救灾的战斗中，体现了大爱无疆的伟大抗震救灾精神。其次，在单位同事之间要互相尊重、理解、配合、和睦相处，遇到矛盾要从工作和集体利益出发，从团结的愿望出发，互相理解，信赖，做到下级服从上级，个人服从组织，全党服从中央；同时领导又要注意发扬民主作风，善于调动一切积极因素，带领群众为共同的事业而奋斗。最后，单位与单位、企业与企业之间也要办事符合规范，遵守法纪，从国家的利益出发协调各种矛盾和冲突，和谐相处，互相支持和支援，力争实现双赢。只有这样，才能建立起符合职业道德规范的良好的职业人际关系。

牛刀小试

1. 2012年11月2日，江苏省扬州市某中学的一位同学，在放学骑车回家途中，不慎撞坏了一辆停在路边的轿车。他没有逃走，而是在原处等了约半个小时。后来给车主留下一张纸条，这才骑车离去。不久后，车主发现了这张纸条，上面写道："尊敬的某某（车牌号）车主：我是某某附中的一名学生。在今天中午放学途中，不小心弄坏了您的车。车上有一道划痕，左后视镜损坏，我无法及时赔偿。联系方式：××××。某某，对不起！"车主看到纸条后深受感动，联系到这位同学，表示不需要赔偿。他在自己的微博中写道："我们的下一代若都如此，社会必有希望！"你对车主这句话如何理解？

2. 2016年9月3日，某专业2015级学生王某在《高等数学》补考考试中，请其同宿舍同学李某代考。经查，李某学习成绩较好，在《高等数学》考试时是该宿舍所有同学中成绩最好的，由于王某复习不充分，担心补考时仍不能通过，故请李某替其参加考试。起初李某并不同意，后经同宿舍部分同学劝说，李某顾及哥们义气，抱着侥幸心理替王某参加考试。在考试过程中被监考教师当场发现。事后，学校给予王某、李某开除学籍的处分。对此，你怎么看？

导师寄语

诚实守信是一切职业道德的立足点。诚实是做人的基本原则，是美好品德的核心，是各种良好品格的基础。诚实就是实事求是，表里如一，说实话，做实事，不虚伪，不夸大其词，不文过饰非。守信就是讲信用，守信誉。

课后推荐

[1] 徐立平. 诚信之道[M]. 上海：上海远东出版社，2021.

[2] 卜燕华，靳宝申，蔡璟珞. 大学生诚信与征信教育[M]. 北京：应急管理出版社，2021.

第三部分
筑梦大三

第十三章　职业角色转换

学习要点

- 了解职场与校园的不同之处。
- 理解不同工作方式的差异。
- 规避试用期新人雷区。
- 掌握职场新人转变技巧。

思维园地

一只小骆驼经常郁郁寡欢地看着远方，没有人知道它为什么不快乐。有一天，小骆驼终于忍不住开口问了同样看起来也不快乐的老骆驼几个问题：

"老爹，为什么我们的背这么驼？丑死了！"

"傻孩子，这个叫驼峰，可以储存大量的水和养分，让我们顺利横越沙漠呀！"

小骆驼再问："那我们长长的睫毛又是做什么用的呢？"

老骆驼不耐烦地回答："当风沙来的时候，长长的睫毛使我们在风暴中依然看得到方向啊！"

小骆驼又问："那我们的脚掌为什么要有厚厚的肉垫呢？"

老骆驼生气了："厚肉垫是让我们可以踩在松软的沙漠上，便于长途跋涉呀！烦死了！还有其他的问题吗？"

小骆驼兴奋地说道："哇！原来我们这么有用啊！看来沙漠比动物园更适合我们才对！"

点评：同学们，看完这个小故事，一笑过后你是否思考过你是什么"物种"，适合在哪里生存呢？如果说学校是动物园，而你是小骆驼，那么你知道自己马上就要进入沙漠了吗？你知道如果自己不练就高高的驼峰、长长的睫毛、厚厚的肉垫……你就无法适应职场的风沙吗？沙漠况且如此，何况变化诡谲的职场呢？骆驼尚且需要做好准备，何况是活生生的人呢？

第一节　职场与校园的不同之处

一、文化不同

（1）在大学里，很多问题往往是有正确答案的；而在职场，很少有正确答案。

（2）在大学里，更多的是分数上的个人竞争，评优时分数是硬杠；而在职场，是按照团队或个人业绩进行评估的，多数按团队业绩评估。

（3）在大学里，以学期或学年为计算节点，循环周期较短；在职场，持续数月或数年的工作循环很常见。

（4）在大学里，奖励是以客观性标准和优点为基础的；而在职场，奖励更多以主观性标准和个人判断为基础。

二、环境不同

（1）在大学里，时间弹性较大，较为灵活；在职场，时间弹性小，较为固定。

（2）在大学里，老师和同学提供有规律和针对性的反馈；在职场，只有无规律和不经常的反馈。

（3）在大学里，拥有长假和自由的节假休息；在职场，没有暑假，节假休息相对较少，即使是老师，也有相应的工作安排。

（4）在大学里，教学大纲提供清晰的学习任务；在职场，学习任务模糊、不清晰。

三、领导不同

（1）在大学里，老师就是相对意义上的领导，他会鼓励学生进行讨论；在职场，通常老板对讨论不感兴趣，执行得好更重要。

（2）在大学里，老师会规定完成任务的交付时间；在职场，分派紧急的工作很正常，通常交付周期很短。

（3）在大学里，学生经常索要并期待公平，老师也尽量做到公平；在职场，老板有时很独断。

（4）在大学里，老师对学生的要求通常是知识导向；在职场，老板更看重结果（利益）导向。

四、学习过程不同

（1）在大学里，学习的是抽象性、理论性的知识；在职场，要面对具体问题并解决它。

（2）在大学里，学生接受正规的、结构性的和象征性的学习；在职场，学习经常以工作中发生的临时性事件和具体真实的生活为基础。

（3）在大学里，学习是个人化的学习；在职场，更多的是社会性、分享性的学习。

第二节　职场工作方式

通常父辈们一生在一个企业的一个职位上辛勤付出，直到退休，而且他们的工作形式通常是永久性的全职工作。近年来，"996""007"这样的词汇频繁地出现在我们的视野里，也有很多新鲜的工作名词层出不穷，这都是由于我们的工作形式发生了翻天覆地的变化。下面介绍8种工作方式，看看有没有你擅长的和感兴趣的。

一、弹性工作制

弹性工作制是近年来被广泛使用的一种工作形式，尤其是新冠肺炎疫情出现以来，就出现在更多行业中。当然，弹性的方式也有很多：
（1）每周工作四天，每天10小时（也叫压缩工作周）。
（2）工作时间从早晨6:30到下午3:30。
（3）午休只有半小时。
（4）有些天中的工作时间长，而另一些天中工作时间较短，只工作半天。
（5）周六和周日工作。
这样的工作时间的好处是便于员工履行家庭责任、安排照料病人等。有很多人喜欢这种工作形式，因为这能够有效地减少高峰时段的交通堵塞。从现在起，你可以用心观察哪些行业采用这类工作方式。

二、兼职或多重职业

一说到兼职工作，很多人想到假期打工的工作或者勤工助学的岗位，其实，在你工作之后也可以有这种工作形式。在兼职工作中，女性人数增长最快。兼职工作可以采取几种形式，包括：
（1）承担两份兼职工作。
（2）从事一份全职工作，再加一份兼职工作。
（3）从事一份以上的全职工作。兼职工作多半是服务行业、娱乐业、公共管理、保护性服务和教师行业的工作。

三、工作共享

工作共享是除了全职性的常规工作以外另一种相对普遍的可供选择的工作形式。一项工作有两个人分担。工作共享有一些优点：
（1）在常规的工作时间参加业余课程班，能更快地完成一门课程的教育培训。
（2）寻求娱乐休闲和发挥创业才能，这在从事全职工作中很难实现。
（3）能够享有常规性全职工作所提供的保障和其他福利。
（4）能够减少工作和家庭冲突带来的紧张和时间压力。

这样的工作形式是企业所乐见的,因为这可以留住高水平雇员,这也是弹性工作的一种,只不过这种形式要求参与共享的人员必须与工作伙伴紧密合作,能够就工作项目进行有效的沟通,以便顺利完成工作,并能灵活地对工作计划做出必要调整。

四、远程办公

近年来,远程办公这种工作形式正得到快速迅猛的发展。它是指在远离办公室或雇主工作场所的地方工作。当然这种工作方式对办公设备和环境是有要求的,如笔记本电脑、传真机、移动电话、互联网、电子邮箱、声讯邮箱、手写板、高拍仪、打印复印机等。尤其近两年来,线上办公与线上教育呈指数上升,这也使得与这些业务相关的公司在大获收益的同时,成本大幅降低。当然,这种形式有利有弊,当员工很少见面时,就会在信息交流和团队建设方面出现问题,员工有时不得不一直工作,因为很难区分工作和你的私人生活。

五、独立签约人、自我受雇者、自由职业者或顾问

这是最像企业家的雇员。独立签约人被定义为依靠自身提供的一种产品或服务而获得消费者的个人。这些工作者也将自己视为顾问或自由职业者,而学术研究中所指的独立签约人并不包括像商店业主或旅店业主这样的商业业主。

如果独立签约人并不希望与现在的雇主维持一年以上的合约,或者工作本身有特定的结束期,则独立签约人就属于临时员工。其实雇员和独立签约人之间还是有区别的,独立签约人不接受任何培训;可以雇佣、监管、支付他人工资;人际关系仅限于任务的完成;根据工作或佣金支付工资;资料和设备由自身提供;能够营利或者遭受损失;只要不违背签约条例就不能随意被解雇;不能随意辞职,除非圆满完成工作或支付赔偿。

六、合同工作者

合同工作者被定义为为一家公司工作,由公司签订合同让他们去客户的工作场所为客户提供服务的人。这些工作者多受雇于某专业性的领域或服务业中的服务组织。我们现在绝大部分人都属于合同工作者。注意:一定要与企业签订正式的用人协议或劳动合同,这是对员工最好的保护。

七、外包

组织在解雇永久性的正式员工的同时,会与其他公司签订协议,雇佣员工来从事先前由被解雇的员工所做的工作,这些员工被临时雇用,称为临时工作者。对于企业来说,这节省了大量的成本。外包雇佣形式现在随处可见,并由一开始的非技术领域的外包转为更为高端的技术外包。

八、后备员工

临时劳动力中包括了只在需要时才被聘用一天或几周的员工储备。比如说建筑业和服

务业中从事专业性、服务性和体力性的工作的员工。大量的后备人员都是短期的。

第三节　试用期

试用期的新人，一定非常苦恼于刚开始工作的各种压力，由于业务不熟，可能会感到身不由己，如果某处注意不到的话，可能会做错事，或者得罪人。所以，新人一定要注意一些事情，才能顺利度过试用期。

一、做事要低调

在工作中一定要低调，不要张扬，否则，容易在同事中树敌。

二、工作要勤奋

无论自己有多优秀，都要通过工作来表现，所以，一定要努力去做事，不要只做表面文章，如果是那样的话，则会让自己遭到别人的非议。

三、要多动脑筋

做事情一定要多思考，不要盲目地去做一件事情，而应该多动脑筋，当把问题想清楚了，再去行动，一定会起到事半功倍的效果。

四、要注意团结

单位就像一个大家庭，我们在大家庭中一定要注意团结，和谐共事，这样工作起来就会得心应手。

五、努力学习业务

业务能力是看家的本领。一定要努力学习业务，提升自己的工作能力，尽快胜任本职工作；否则，再勤奋，若总做错事，工作也不会很顺利。

六、常帮助别人

对于周围的同事，一定要多帮助、多支持，如果有时间的话，可以多帮助老同志做一些力所能及的事情，这样会给自己赢得一个好口碑，有利于今后顺利转正。

七、敢承担责任

承担责任一定要主动、适度，如果是自己的责任，即使出错了，也要勇敢地承担下来，不要因为怕出事就躲起来，让别人承担，那样会让自己的形象大打折扣。

职业生涯规划与就业指导

第四节　职场新人三件宝

一、努力适应工作

相信很多人听过"马努杰死亡回旋梯"的故事，马努杰是一名传说中的亚美尼亚推销员，他曾经在47年的职业生涯中为207个公司工作过。平均下来一年换5次工作，平均两个月就被辞退或跳槽一次。他最大的问题是没有在一个地方踏踏实实地工作一阵子，认真探究自己的需要与工作的给予能否在彼此互动的过程中达到平衡。这就是我们常说的工作适应论。大学毕业生刚到一个新的环境总要有一个和环境熟悉适应的过程，工作一段时间后，就会进入下一轮适应，这个过程是动态的，永远都不会一成不变，所以，对未来职场的适应能力显得尤为重要。我们需要在工作过程中踏踏实实地干，而不是左顾右盼。

二、认真对待第一份工作

很多人都说第一份工作对人的职业生涯至关重要。宝洁公司人力资源总监根据多年招聘经验，总结应届毕业生的几个特点：大部分学生不清楚自己要做哪一行，不清楚自己感兴趣的工作和岗位，甚至不清楚自己喜欢哪个公司。所有这些的背后反射出的是毕业生对自己优势与发展方向的模糊，从而出现了很多人第一份工作的高离职率，企业对应届毕业生的信任缺失。

要判断这是否是一份好工作，可以从以下几方面考察：能否让你锻炼优势或者弥补短板；能否教会你下一次不再犯同样的错；此次工作经历能否为你履历加分；能否有个好"师傅"指点迷津；能否在一个岗位上承担不同的工作任务；能否有一个相对简单的人际关系环境让你专心做事；这份工作能否让你感受到工作的激情并让你勇于向未知挑战；能否教会你赚钱的硬本领；能否帮你积累人脉，学会与人打交道的方式；工作氛围是否让你舒服，是否让你感觉到应有的尊重及心灵的自由。

三、计划自己的未来路径

当你前面两件事都选对了，还有一件事情越早思考越好，那就是你接下来要走什么样的职业发展路线，或者说你现在在山脚下，应该如何找到适合你的路线爬到山顶，领略不一样的风景。

施恩教授说职场发展经常会用到一个锥体模型，将八椎体横向、纵向剖开，会出现三种路线：向内、垂直、水平。

第一种路线是向内，即向圆心出发，也就是不断精进业务知识，你会发现当你不断提升的时候也会面临不同的考验，有时是业务能力考验，有时是人品考验，一旦你通过考验机会，就会伴随职务的升迁。

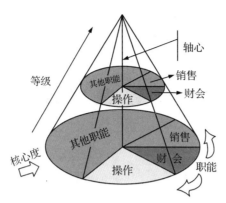

图 13.1　施恩圆锥形三维职业通道模型

第二种路线是垂直，即向上做垂直运动，很多人把这种运动作为评判一个人职业是否成功的标准。伴随职位的提升，对压力的承受能力和有无接受额外职业培训的意愿也对员工的晋升起重要作用。

第三种路线是水平，即在机构内部不同职能部门间轮换。不同部门间轮岗学习，这常见于我们平时所说的管培生的情况。在轮岗的过程中是积累人脉的过程，也是熟悉公司业务的过程，更是发现人岗匹配的过程。广泛的经验，伴以管理技能的完善，一定是你下一次发展的机会窗口。

牛刀小试

职业角色转换确实不容易，但是这一天迟早会到来，早做准备胜过毫无防备。其实职业发展的几个阶段中，你会依次面临学生、求职者、学徒、职员、传授者、核心员工、退休人员七个阶段。你每个阶段的主要任务是什么？你应该在每个阶段具备什么样的心态呢？

导师寄语

选择了一个领域，就需要遵循这个领域的游戏规则，否则会处处碰壁。如人常说："吃饭的时候吃饭，睡觉的时候睡觉。"

课后推荐

麦克莱兰. 职业转换［M］. 北京燕清联合传媒管理咨询中心，译. 北京：机械工业出版社，2004.

职业生涯规划与就业指导

第十四章　自我管理（压力管理）

学习要点

- 了解压力的来源与形成。
- 学会诊断自己的压力状况。
- 掌握应对压力的方法。

思维园地

培训师在课堂上拿起一杯水，然后问台下的听众："各位认为这杯水有多重？"有人说是半斤，有人说是一斤，培训师则说："这杯水的重量并不重要，重要的是你能拿多久？拿一分钟，谁都能够；拿一个小时，可能觉得手酸；拿一天，可能就得进医院了。其实这杯水的重量是一样的，但是你拿得越久，就越觉得沉重。这就像我们承担着压力一样，如果我们一直把压力放在身上，到最后肯定会觉得压力越来越沉重而无法承担。我们必须做的是放下这杯水，休息一下后再拿起这杯水，如此我们才能拿得更久。所以，各位应该将承担的压力于一段时间后适时地放下并好好休息一下，然后再重新拿起来，如此才可承担更久。"记住，休息和放松是为了明天更美好！

点评：当我们面临压力时会产生一系列心理、生理反应，并伴随相关的行为反应。这些反应在一定程度上是机体主动适应环境变化的需要，它能唤起和发挥机体的潜能，增强抵御和抗病能力。但如果反应过于强烈或持久，就可能导致心理、生理功能的紊乱，严重时会引起死亡。所以，了解压力的反应对我们有效进行压力管理非常重要。

第一节　认识压力

有些同学感慨："转眼大学就要毕业，可我要什么？我又有什么？四年我都经历了什么？""马上就要踏入社会，想起我未来的工作境遇，忽然莫名地担心起来，我能适应吗？我恐惧进入社会，但我能拒绝成长与受伤吗？"这种对未来的不确定性，往往会让人内心惶恐。因此，在求职过程中要学会调节心理压力。

情绪压力不是自发的，一定是由刺激引起的。而且这些刺激有外在的因素，也有内在的因素，有时这些刺激是具体可见的。就引起情绪的外在刺激而言，生活环境中的任何人、事、物的变化都会影响人的情绪，所谓"感时花溅泪，恨别鸟惊心"。笑声、哭声、风声、雨声、读书声、歌声令人产生不同的情绪，尤其当求职受挫的时候可能更容易被这些外在的刺激影响情绪。

身体的激素分泌、器官功能失常（疾病），都会成为内在刺激而影响情绪；另外，记忆、联想、想象也会令人产生不同的情绪。

但同时也可以看到，即使外在看到了某些事与物，内在想到了某些事与物，不同的人也会有非常不同的情绪反应。这可以说明三点：一是情绪发生因人而异；二是情绪的产生不是直接由观察事物引起的，而是由人的信念加工造成的；三是情绪具有可调控性。

案 例

赵先生是某公司的销售总监。他工作积极努力，责任心强。工作以来，总是每天早上7点就出门去公司，一直工作到晚上11点才回家（如果出差在外，就更不用说了）。面对激烈的市场竞争和公司不断下滑的销售业绩，赵先生对下属的表现越来越不满意。在赵先生看来，这些人为什么都不能像他那样努力地工作？明明非常简单的事情，还婆婆妈妈处理不好，都要他亲自过问。为了扭转被动局面，他越来越忙，并不断压缩自己吃饭和睡觉的时间。他的脾气变得越来越暴躁。如果谁的表现稍不如意，他就不留情面地严厉批评。这让大家见到他都很害怕。有两位销售骨干在昨天提交了辞职报告。家中太太也开始抱怨自己的丈夫太不照顾家庭，家里就像他的旅馆。面对来自工作和家庭的压力，赵先生感到郁闷和不被理解，却又没有办法解决。他感到自己就像坠入蜘蛛网中，越陷越深，无力自拔。不久，他就住进了医院。

案例点评：赵先生没有采取正确的措施对压力进行管理，结果导致人际关系紧张，健康受损。

第二节　诊断压力

一、压力的诊断

适度的压力可以增强生活与学习的动力，过度的压力会导致许多身心疾病。在压力管理中，个体首先要对压力进行诊断，以确定当前自己的压力状况。诊断压力，可以使你更有效地认识压力，从而洞悉个人压力的本质。

压力通常会通过身体上的一些征兆表现出来，如头疼、高血压、疲劳、呼吸困难等。在心理方面，压力也可以通过消极、厌倦、不满、易怒、生气、烦恼、抱怨、冷漠、拖延、抑郁、退缩、健忘、无望等表现出来。

诊断压力可以借助一定的测评工具来进行。下面我们就通过一份压力诊断表来了解自己的压力状况（表14.1）。

表 14.1　压力诊断

检查以下叙述，选择最贴近你最近一个月实际情况的压力征兆频数					
征兆类型	从不	很少	有时	经常	一直
持续疲劳					
精力低下					
持续头疼					
胃肠紊乱					
呼吸困难					
手脚出汗					
头昏眼花					
高血压					
心跳加快					
持续内心紧张					
失眠					
情绪失控					
换气过度					
闷闷不乐					
易怒					
注意力不集中					
日益增加对别人的攻击					
强制饮食					
长期抑郁					
焦虑					
不能放松					
感觉不正常					
日益增加防范措施					
依赖镇静剂					
过度酗酒					
过度抽烟					
分数说明："从不"到"一直"的得分为 0～4 分					
得分及解释：26 分以下，表明你的压力情况一般，你可以应付；27～52 分，表明你正在承受一定的压力；53～72 分，表明你承受的压力很大；73 分以上，表明你压力过大，你正在走向崩溃					

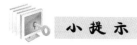

小提示

对自我压力状况的诊断工具有很多，有些诊断工具信度、效度都很高，而有些诊断工具可能会较低。在进行评估时，建议你选择较好的诊断工具。不同的人对测评工具的效果评价不尽相同，但不管怎样，测评的结果对你认知压力还是具有一定的参考价值的。

二、压力来源的确定

诊断压力之后还要弄清楚压力来自何处，也就是压力产生的原因，即压力源。压力源就是我们要千方百计避开的事情，如果你是投资者，那么股市突然下滑就是一种压力源。其实，压力源不仅来自人们自身，也可能存在于环境当中。

受内在因素控制的人，相信命运操控在自己手里，相信自己的际遇由内在的因素所决定，如努力、能力及所做的抉择。当身处压力时，这些人认为自己可以对事情的结果起到决定性的影响，因此，当他们处理事情时会显得较有自信，压力较少。

受外在因素控制的人，认为自己是命运的工具，认为自己的际遇主要取决于外在的力量，如运气、命运和其他人的决定。当身处压力时，他们会变得被动和保护自己。他们不会设法减压，只会保持沉默。这些人较易感到无助及经常感到压力。

只有明确了压力到底来自何处，我们才能采取针对性措施管理压力。一般而言，压力主要来自四个方面：

（一）较大的生活事件

较大的生活事件是指生活中遭遇的足以扰乱人们心理和生理稳态的重大变故。这些变故会对个体健康产生重要影响，严重时可能会导致疾病的发生。

心理学家霍曼和瑞希编制的生活改变与压力感量表列出了43种大部分人都可能经历的生活事件，这些生活事件带给人们的压力感各不相同。通过大样本测试，每项生活事件的压力感得分都有一个均值，如配偶离世的平均值为100分，怀孕为40分，生病为18分等。人们只要回忆去年曾经经历过的生活事件，并填写出每个生活事件的平均值，然后将43项得分相加，就可得出这些事件的总分（表14.2）。当然，你可以通过得分，判断出你是否会产生潜在的与压力有关的疾病。

表14.2 生活改变与压力感量表

填写你在过去一年中曾经经历过的较大的生活事件的平均值，然后加出你的个人得分			
序号	生活事件	平均值	你个人的分数
1	配偶的死亡	100	
2	离婚	73	
3	夫妻分居	65	
4	坐牢	63	
5	家庭成员死亡	63	

续表

6	个人受伤或生病	53	
7	结婚	50	
8	失业	47	
9	复婚	45	
10	退休	45	
11	家庭成员健康发生变化	44	
12	怀孕	40	
13	性生活不协调	39	
14	家庭增加新成员	39	
15	业务上的新调整	39	
16	经济状况的改变	38	
17	好友死亡	37	
18	工作性质发生变化	36	
19	家庭纠纷	35	
20	大宗消费的抵押或贷款	31	
21	抵押品赎回又被取消	30	
22	工作职责上的变化	29	
23	儿女离家	29	
24	与亲家的麻烦	29	
25	杰出的个人成就	28	
26	妻子/丈夫开始或停止工作	26	
27	开始或结束正式教育	26	
28	生活条件的改变	25	
29	个人习惯的改变	24	
30	与上司之间的矛盾	23	
31	工作时间或条件的改变	20	
32	迁居	20	
33	转学	20	
34	娱乐方式的改变	19	
35	宗教活动的改变	19	
36	社交活动的变化	18	
37	购买适中物品的抵押或贷款	17	
38	改变睡眠习惯	16	
39	家庭成员数目的变化	15	

续表

40	饮食习惯的改变	15	
41	休假	13	
42	过重大节日	12	
43	轻度违法行为	11	
总分			

分数解释：如果一个人的总分少于150分，表明他身体健康；分数在151～200分之间的人，有37％的概率将会出现健康问题；分数在201～300分之间的人，有51％的概率将产生健康问题；高于300分的人，有80％的概率将患上重大疾病。

（二）日常生活琐事

日常生活琐事的困扰也可以导致我们产生各种压力，甚至导致生理、心理上的衰竭，如对体重的过分担忧、丢东西、物价上涨、家务事、交通堵塞、家人与邻里（室友或同学）争吵、环境干扰等。这些日常轻微而持久的麻烦事同样会带给我们苦恼，从而直接或间接地使我们产生压力，甚至引发疾病。

（三）与工作相关的事件

除工作职责变化、与上司的矛盾、工作条件变化之外，还有其他方面的压力事件来源。例如，指令不清，常使得我们为那些不由我们负责，却出了差错的工作而受到责备；同事之间竞争的压力，使得我们无法敞开心扉，整天相互猜忌和争斗；过大过重的工作任务使得我们没有喘息的机会；其他如晋升、发展、薪酬、培训等事件也会使得我们在工作中产生压力。

（四）环境事件

环境压力同样会使个人的心理、生理稳态发生破坏，如地震、洪水、火山爆发、有毒化学物质的外泄、核辐射、噪声、空气污染、瘟疫等。这些环境事件有的是自然力所导致的灾害，有的是人为的灾难，也有的是由背景性压力源引起的。

第三节　应对压力

诊断了压力，也明确了压力的来源，接下来就要采取措施应对压力。应对压力有两种控制方法：第一种是以改变压力事件本身为主，通过消除或改变压力来源来直接应对它们；第二种是当不能改变压力来源时，通过控制技巧来缓解压力所致的情绪变化，改变压力带来的消极反应，让我们更加乐观、放松和自信。

下面介绍几种具体的应对压力的措施或方法。

一、寻求帮助

你可以从同事那里征求意见，从领导那里寻求建议，从朋友或家庭成员中寻求支持，或者接受培训、脱产学习、在职学习等，这些都可以为你提供知识和技能来有效地应对压力来源。只要你愿意，生活或工作中有很多人都可以帮助你，这些人都可以成为你的专业教练和医生。

二、管理时间

如果我们的时间失去控制，我们就会严重焦虑、踌躇，甚至恐慌。尤其是具有如下性格的人：成就动机高，竞争意识强，对自己给予极大的希望；严格要求自己，不惜任何代价实现自己的目标；说话办事讲究效率，工作努力奋斗，以事业上的成功与否作为评价人生价值的标准；时间紧迫感强，试图在极少的时间里做出极多的工作；成天忙忙碌碌、急躁易怒、紧紧张张，不知道放松自己，极不情愿把时间花在日常琐事上。这样的人很容易产生压力情绪，因为他们长期感觉到时间的紧迫并且要在较少的时间内过分追求较多的成果。

三、改善工作模式

你可以重新组织你的工作，如确立明确的目标、减少过多的工作量和适度调节工作的节奏。在工作中善用行事日历、列表、避免外来干扰（可考虑提前30分钟上班或假期时处理积压的工作）、学会授权等。

四、提高耐力

耐力是那些认为自己能够控制自己的生活，有能力应付及扭转不利形势并且能够积极地寻求新奇和挑战的人的一种综合个性特征。耐力强的人欢迎变化并且对角色的模糊不清有很高的忍耐力。耐力强的人在高度的压力环境中遭受病痛的概率会低得多。耐力强的人有一些最重要的性格特征，如高度的自尊、受内部因素控制及外向性格。提高耐力可以从这三方面入手：首先，提升自尊，使自我感觉良好并具备高度的自信，能够有效地应对压力；其次，从受外部因素控制转向受内部因素控制，强调自己的命运主要掌握在自己的手中；最后，改变性格，从内向型向外向型转变。

五、保持健康

适当的锻炼、饮食及休息，保持健康的思维和体魄，可以有效地应对压力。有规律的身体锻炼，既提高了应对压力来源的自信，又增强了体质；均衡的饮食，可以帮助你保持正常的体重，避免耗尽抵抗压力的资源；充足的睡眠，可以帮助你保持清醒的头脑，理智地应对压力来源。

六、自我调整

自我调整实际上就是学会如何放松自己，做到内心平静，抛弃烦恼。可以尝试当头脑中出现负面思考时及时叫"停"；可以学会冥想和沉思，把思想聚焦在一些愉快的事情上；还可以学习画画、种种花草、练习瑜伽等。此外，心理暗示疗法、肌肉放松疗法、按摩、呼吸法等都可以使你紧张的心情得到放松，情绪得到舒缓。

除了上述六种常见的应付压力的方法和措施之外，还有很多其他的方法。例如，更换工作、接受专业的心理咨询、改变认知、调整性格等。在实际的压力管理中，适合你的方法或技巧就是最合适、最有效的压力管理工具。

牛刀小试

想象放松

选一个安静的房间，平躺在床上或坐在沙发上，闭上双眼，想象放松各部分紧张的肌肉。

想象一个你熟悉的、令人高兴的、具有快乐联想的景致，比如校园或者公园。

仔细看着它，寻找细致之处。如果是花园，找到花坛、树林的位置，看着它们的颜色和形状，尽量准确地观察它。

此时，敞开想象的翅膀，幻想你来到一个海滩（或草原），你躺在海边，周围风平浪静，波光熠熠，一望无际，你心旷神怡，内心充满宁静、祥和。

随着景象越来越清晰，幻想自己越来越轻柔，飘飘忽忽地离开躺着的地方，融进环境之中。阳光、微风轻拂。你已成为景色的一部分，没有事要做，没有压力，只有宁静和轻松。

在这种状态下停留一会，然后想象自己慢慢地又躺回海边，景色渐渐离你而去。再躺一会，周围是蓝天白云，碧涛沙滩。然后做好准备，睁开眼睛，回到现实。此时，你头脑清晰，全身放松，非常舒服。

导师寄语

断崖是山的挫折，却产生了壮丽的瀑布。

课后推荐

安德鲁·沙曼. 职业幸福书：50种增强精力和管理压力的方法[M]. 陈秋萍，译. 北京：电子工业出版社，2021.

第十五章 求职简历制作与投递技巧

学习要点

- 掌握求职简历制作流程。
- 掌握求职简历投递技巧。

思维园地

20多年前,一位知名企业的总经理想要招聘一名助理。这对于刚刚走出校门的青年们来说是一个非常好的机会,一段时间应征者云集。经过严格的初选、复试、面试,总经理最终挑中了一个无经验的青年。副总经理对于他的决定有些不理解,于是问他:"那个青年胜在哪里呢?他既没带介绍信来,也没受任何人的推荐,且毫无经验。"

总经理告诉他:"的确,他没带来介绍信,刚刚从大学毕业,一点经验也没有。但他身上有很多东西更为可贵。他进来的时候在门口蹭掉了脚下带的土,进门后又随手关上了门,这说明他做事小心仔细。当看到旁边身体上有些残疾的面试者时,他立即起身让座,表明他心地善良、体贴别人。进了办公室他先脱去帽子,回答我提出的问题时干脆果断,证明他既懂礼貌又有教养。"

总经理顿了顿,接着说:"面试之前,我在地板上扔了本书,其他所有人都从书上迈了过去,只有这个青年把它捡起来了,并放回桌子上。当我和他交谈时,我发现他衣着整洁,头发梳得整整齐齐,指甲修得干干净净。在我看来,这些细节就是最好的介绍信,这些修养是一个人最重要的品牌形象。"泰山不拒细壤,故能成其高;江海不择细流,故能就其深。诺贝尔曾经说过,要想获得成功,应当事事从小处着手。而关注细节的人无疑也是能够捕捉创造力火花的人。一个不经意的细节,往往能够反映出一个人最深层次的修养。

点评:从以上小故事可以看出,用人单位在职场中非常注重一个人的细节处理,我们向用人单位的第一次"自我介绍"就是个人简历,如何在众多的简历中脱颖而出,让用人单位注意到你,这尤为重要。

第一节 求职简历的制作

一、求职简历制作的指导思想

(一)"有效建立关系"是制作求职简历的核心指导思想

大学生在成长过程中,一般都是被动建立关系的,从高中到大学,都是被动地被分到一个班级而建立同学关系的,很少受到主动与陌生人建立关系的训练。在就业指导中,我们发现当前大学毕业生在与用人单位建立关系过程中存在三个问题:第一,在人才评价标准多元化的社会背景下,大学毕业生对自己具有的优势认识比较模糊或者错误定位自己的优势;第二,当代大学生以独生子女为主,他们个性好强、较为自我,受自我中心思想的影响,在建立职业关系过程中,大学毕业生只是一味强调个人的优势,很少考虑用人单位对人才、对能力的实际需求;第三,大学毕业生在求职过程中,对自己优势的呈现方式上过于笼统、直白或空洞,难以让用人单位产生共鸣。

从本质上说,求职简历的目的是与一个陌生对象建立合作共赢的关系。有效建立合作共赢的关系有三个要素:第一,表示自己的优势,并知道自己的优势所在,这样才能自信地与对方沟通;第二,对对方的需求有基本的了解,只有自身具备的基本能力和要素符合对方的需求和喜好,才能引起对方的兴趣,为进一步沟通打下基础;第三,要有方法和技能展示自己的优势,使对方能在短时间内对自己有一个基本的了解和认识。

毕业生在制作求职简历前应该以有效建立关系为核心指导思想,在认识自我、了解用人单位需求的基础上确定求职简历的内容和格式。第一,要以职业测评为基础,通过老师、同学对自己的评价,对自身的能力、性格、适合从事的职业有基本的认识,并结合自己的学习路径、获奖和资格证书情况,对自己的优势有比较充分的认识;第二,要结合自身的社会实践、专业实践经历,通过报纸、网络等媒体了解自己的意愿和可能从事的职业的用人标准和能力素质要求;第三,在进行人职匹配的基础上,找出自身能打动用人单位的突出优势,并以此作为简历制作的切入点,让用人单位在短时间内了解自己、认识自己和正确地评价自己。

(二)"调整优势呈现顺序"是制作求职简历的关键指导思想

研究证明,一份简历在用人单位招聘人员手中停留的时间大约是 15 秒。要在 15 秒内抓住用人单位招聘人员的眼球,需要主动地将个人的优势在最短时间内呈现给招聘者。如求职简历中的个人学习经历,用人单位第一时间希望看到的是求职人员的最高学历及就读学校,而不是小学、中学等毕业学校。又如有些毕业生罗列了许多获奖证书,应把"校三好学生""省优秀学生干部"及各类高等级的专业资格证书等最能展示个人优势的奖项放在前面,次要的奖项放在后面。再如资格证书,对于一个拟从事教育工作的毕业生来说,普通话等级证书是应聘基本条件;对于一个拟从事财务管理工作的毕业生来说,会计资格证书是应聘的基本条件。因此,如果将入门资格证书放在第一位来呈现,会让招聘人员缺乏新鲜感和变化感。在制作简历时应该优先呈现非入门资格证书，给用人单位一种与众不同的感觉。如文科类的学生如果拥有高等级的计算机证书，就应该优先呈现；非财会类专业的学生如果拥有会计资格证书，也应该优先呈现。

（三）"组合资源"是制作求职简历的策略性指导思想

很多毕业生在制作简历时，几乎把他们大学四年做过的所有经历都塞进了简历中，每次社会实践、每个奖项、每个参加的活动，无论与申请的岗位是否有关系，都将它们一股脑地写进简历中，而忽略了不同行业和单位对员工能力和素质有不同的要求。毕业生应根据用人单位和职位的要求，事先对其所需的能力和社会实践经历进行必要的分析，在制作简历时通过组合资源，巧妙突出自己的优势，给人留下鲜明深刻的印象。

二、求职简历具体制作流程

通常面试时都要向人力资源部（HR）递交个人求职简历，让 HR 对自己的现状有一个简单的了解，所以个人求职简历是非常重要的。那么个人求职简历该如何制作呢？

1．确定求职方向

这是最艰难的一步，也是最至关重要的一步。要明确地告诉雇主：自己想找什么工作和最适合干什么工作。

2．确定从事此项工作所必需的知识与技能

这也是关键的一步，如果不能明确这一点，简历就会因缺乏重点而平淡无味，失去吸引力。

3．列出所有与自己相关的特长与技能

简历和工作申请表的差别就在于，工作申请表的重点是"工作"，而简历的重点是"自己"，诚实、精练、有选择地列出自己的技能。

4．想一想有哪些成绩能体现自己的能力

每个人都会有几桩得意之举，只要对求职有帮助，小事也能体现成绩。

5．描述这些成绩

用简练、明确的语言描述这些成绩，重点描述自己干了些什么，起了什么作用，取得了哪些成果，等等。

6．逆着时间顺序

列出所有相关工作经历，包括有偿的和无偿的，全职的和兼职的，不要漏了在职时间、职务及公司名称（全称）。

7．列出相关学历和培训情况

一般述职时列出大学以上学历，除非雇主有特殊要求，一般无须列出中学学历。如果你现在正在就读或培训中，可适当列出部分相关课程。

三、求职简历的制作原则

英国的政治改革家和道德家塞缪尔·斯迈尔斯说："一个没有原则和没有意志的人就像一艘没有舵和罗盘的船一般，他会随着风的变化而随时改变自己的方向。"这个道理同样适用于简历的制作过程。

简历对于求职的重要性不言而喻，需要每一位求职者认真对待，只有用心准备了，才可能得到想要的结果。在制作求职简历时，要遵循一定的原则。

（一）简历排版和格式要符合标准

求职简历是要投递给 HR 看的，HR 阅简历无数，对于简历的格式和排版敏感度很高，如果出现明显的格式或者排版错误，就会被 HR 发现，这样的细节是很致命的。

在制作简历时，要严格按照求职简历的模板进行编写，标准的排版和格式是不会有问题的，因此，整体简洁、大方的简历会给 HR 留下舒服的印象。

（二）简历的语言表达要简洁

简历是正式的求职文件，语言要正式，且尽量使用通俗易懂的短语、短句，不要使用过于口语化的言辞。在涉及与求职岗位相关的内容介绍时，要使用专业术语，不要按照自己的理解进行阐述，这样可以在一定程度上显示出自己的专业性。

（三）简历的内容要有针对性

第一眼看到的内容往往是印象最深的，所以在撰写简历内容时，要知道什么内容是最重要的，什么内容是次要的，以应聘职位的要求为标准，对自己所拥有的相关材料和技能进行权衡。先把最有利、最符合要求的相关材料罗列出来，然后安排次要的材料，先重后轻，懂得取舍。写的内容不是越多越好，要详略得当，才能让 HR 看到重点，更容易给他留下印象。

（四）简历内容要实事求是

无论在什么时候，实事求是都是万能的法则，简历上所呈现出来的内容必须遵循实事求是的原则，可以适当包装，稍加修饰，但不能违背事实，要按照真实经历进行说明。将自己所取得过的成绩进行量化，用事实论证，以此来增加简历的说服力。在阐述自己的成绩和能力时，要自信果敢，但不要夸大事实，要用真诚的态度去打动 HR。

第二节　投递求职简历的技巧

在当今信息化高速发展的时代，求职者大多在网上投递简历。很多求职者经常遇到这样的情况：发了数十份甚至上百份简历，却没有收到回音。是 HR 没有收到，还是自己投递简历的程序有问题？求职者在网上投递简历也应掌握一些小小的技巧。

一、申请的职位要准确

应聘职位的名称要按公司在招聘中给出的写，不要自己随意发挥。

不要擅自发挥，就算其工作内容相似，但在职位名称方面一定要按照职位广告上所要求的写。比如招聘"渠道部总经理助理"，应聘职位不要写成"总经理助理"或"渠道助理"；招聘"副总裁秘书"，应聘职位不要写成"总裁秘书""文秘"；等等。

二、标题上要注明应聘职位

关于邮件的标题，如果对方在招聘的时候（在职位广告中）已经声明了用哪种格式为主题，尽量照着做，因为这是它初步筛选的标准。

一个 HR 经理一天收到的简历可能有几百份甚至几千份。如果标题只写了"应聘""求职""简历"等，你的简历被关注的程度就不会太高。至少要写上应聘的职位，这样才便于 HR 经理分门别类地去筛选。最好在标题中写上自己的名字，便于 HR 经理再次审核您的简历。

三、要用私人邮箱投递简历

在给用人单位发送简历的时候，要用自己的私人邮箱，切勿用公司的信箱。要选择稳定性、可靠性高的邮箱，尤其使用免费邮箱时更要注意，如果邮箱不稳定，发送的简历对方没有收到，或者对方回复的信件丢失，那就太可惜了。

四、要选好渠道

有人会问，到底是在网站上直接点击"申请该职位"还是另行将自己的简历发送至招聘广告上公布的邮箱呢？建议您如果在该网站已建立了最新的与该职位相匹配的简历，那么不妨点击"申请该职位"，通过该网站发送简历，这样做的好处是：HR 能及时收到你的简历，而不会当作垃圾邮件删除，对你应聘的职位一目了然。

五、邮件正文要避免空白

邮件正文不要一片空白，可以加上你的求职信，开头要有称谓，内容中要对自己姓名、专业、求职岗位进行一个简单的介绍，以加深 HR 的印象，同时要讲清楚自己与这个岗位之间的拟合度，也可以谈谈您对这个职位的理解。建议分条，一目了然，字数控制在 200 字以内。

牛刀小试

1. 如果你即将大学毕业，当你制作求职简历时，你最想在简历中突出的重点是什么？
2. 如果你投递电子简历后一周都没有等到用人单位的任何回复，你会如何处理？

导师寄语

正所谓，"萝卜青菜，各有所爱"，不同的用人企业对于简历的筛选也各有不同。但内容的真实性是用人单位一致认定的重要标准之一，内容翔实又不长篇累牍的简历比较让人认可，那些经过精心设计、贴着艺术照和写真照的简历则往往得不到用人单位的青睐。

课后推荐

应届生求职网. 应届生求职简历全攻略 [M]. 上海：上海交通大学出版社，2009.

第十六章　笔试、面试技巧

学习要点

- 了解笔试、面试种类。
- 掌握笔试、面试技巧。

思维园地

模拟××企业招聘会现场，两位面试者同时面试一个职位。

主考官：请进！

面试者1：快速进入，神态紧张。

面试者2：（慢步走进，面带微笑）各位考官下午好！（鞠躬）

主考官：（微笑）你好，请坐吧！请您简短说下为什么来应聘我们公司？

面试者1：您好，我是在××平台上看到你们的招聘信息，我身边的同学都说不错，我就来试试了。（气氛紧张，介绍简短）

面试者2：（微笑）您好！（注意仪态，端坐）据我了解贵公司是世界五百强中数一数二的，公司福利好，管理制度优越，如果我能够进入贵公司，那么对该公司就更有所了解。因为我所学的专业与贵公司需要的人才相符合，我也喜欢贵公司的工作环境，让人有家的感觉，而且我相信我可以为贵公司带来更多的利益。

主考官：如果我认为你在面试期间的回答表现存在严重问题，你会怎么做？

面试者1：后期继续努力，争取下次面试的时候避免今天的问题。（神态失落）

面试者2：现在的社会是一个竞争的社会，有竞争就必然有优劣，有成功必定就会有失败。如果这次失败了也仅仅是一次而已，我会从以下几个方面来正确看待这次失败：第一，要敢于面对现实，相信自己经历了这次失败之后，经过努力，一定能变得更强大；第二，善于反思，对于这次面试经历，认真看待自己的长短得失，克服这一次失败带给自己的心理压力；第三，再接再厉，以后如果有机会，我会再次来贵公司参加竞争。

点评：以上这个考核环节的小片段共选取了前、中、后三个部分，也是我们在面试环节常见的问题。面对相同问题，两名面试者的胜负情况非常明显。针对大学生在就业择业过程中所要面对的问题，我们又将做什么样的准备呢？

第一节 笔 试

大学毕业生求职既是一种人生的自我选择和自我推销,也是对个人能力及素质的考验,需要具备积极的策略应对,才能发挥出色、如愿以偿。要想从众多的求职者中脱颖而出,关键是要能把握面试中的应答原则,熟悉和掌握面试中应答的策略和技巧,很好地展示自己。一般情况下,求职者在入围面试环节之前必须通过笔试,只有笔试考核合格的求职者才可以进入面试。

一、笔试准备阶段

顺利地择业求职是大学生一生事业成功的起点。国家关于大学生就业制度的改革,为广大毕业生寻求理想的工作提供了良好的条件。同时,大学的扩招与国家产业结构的调整又使大学生的求职竞争比以往任何时候都更加激烈。为了使自己在择业求职中少走弯路,抓住机遇,尽快找到合适、理想的工作,为事业的成功创造一个良好的开端,充分做好择业准备,研究和掌握择业技巧是十分必要的。具体来说,要在以下几个方面下功夫:

(一) 认真做好求职准备,广泛收集就业信息,熟悉就业渠道

就业信息是指择业者事先不知道,经过加工处理,能够被择业者接受并具有一定价值的有关就业的资料和情报,包括就业形势、社会需求、用人单位等方面的信息。毕业生就业成功与否,不仅取决于个人的学习成绩、能力水平及社会对人才的需求等因素,同时也与毕业生能否及时获取就业信息有关。大学生可以通过学校就业指导部门、各类人才招聘会、网络、人际关系、新闻媒体、学习实践机会等渠道获取与自己相关的信息,并且根据自己的需要对这些信息进行加工处理,做好细致的职业分析,最终形成自己的就业信息资料库,帮助自己在做出决定时提供参考。

目前,我国大学生就业的渠道主要分为两类市场:有形市场和无形市场。即大学生可以通过大学生就业市场、人才市场和各类劳务市场择业,也可以通过招聘广告和网上求职。

(二) 准备好完整的个人求职资料

实践告诉我们,个人资料的收集、整理是求职的前提。择业者必须按照应聘的要求来收集和整理好自己的个人资料,并且要对这些资料进行系统化、科学化的汇总与分析。首先把同类的材料集中起来,然后对材料的使用价值进行分析,最后根据应聘的要求分清材料的主次,并一一罗列出来,以便在求职过程中做到有的放矢。

(三) 做好充分的心理准备

作为刚刚踏入社会的大学毕业生们,在求职这个问题上,既要有成功的思想准备,也要有失败的思想准备。落聘并不等于失业,更不等于事业无望。落聘只是失去了一次选择职业的机会。每个人的一生中,择业的机会很多,此处的落聘也许还是彼处更符合自己要求的求职机会。因此,在落聘之后,积极的态度应该是正视现实,针对落聘寻找原因,在这个基础上认真总结经验和教训,进行自我调节,以积极向上的心态迎接下一次的机会。

面对众多的竞争对手，做好择业前的心理准备，克服盲目自信、急功近利、自卑畏怯等心理偏差和心理障碍，学会给自己减压。只有这样，才能在激烈的竞争中处于有利的位置。

笔试是一种常用的考核办法，主要用以考核应聘者特定的知识、专业技术，重点考核应聘者对文字的运用能力，以及考察录用人员的素质，它是用人单位对求职者所掌握的基本知识、专业知识、文化素养和心理健康等综合素质进行的考查和评估。笔试对应聘者来说是相对公平的一种测试方式，因而被越来越多的用人单位所采用。

二、常见笔试的分类

按考试的侧重点分类，目前求职过程中的笔试形式一般有以下几种：

（一）专业考试

专业考试主要是检验应聘者担任某一职务时能否达到所要求的专业知识水平和相关的实际能力。专业知识考试的题目专业性很强，如外资企业、外贸企业对应聘者要考外语，科研机构招聘人员要考动手能力，公检法机关录用干部要考法律知识，等等。值得注意的是，这种考试方式已被愈来愈多的单位采用。

（二）文化素质考试

文化素质考试是为了检验毕业生的实际文化素质，由用人单位给出范围或特定要求，让应聘者通过作文来考察其知识、思维、文字表达能力的一种笔试方式。考试的题目以活题类型居多。例如，要求文科学生运用某一原理或某一历史知识，分析某一问题；要求理工科学生运用某一专业知识解决某一实际问题；等等。

（三）技能测试

技能测试是为了检验应聘者的实际工作能力或专业技术能力，这种考试往往针对特定的工作岗位来设计。比如用人单位要招聘一名秘书，为了考察应聘者是否具有这方面的技能，会通过下面的题目来测试：阅读一篇文章，写读后感；自编一份请示报告和会议通知；听取5个人的发言，写一份评议报告；某公司计划在5月份赴日本考察，写出需做哪些准备工作；等等。

（四）论文笔试

论文笔试是检验求职者分析、综合、比较、归纳、推理等思维能力的方法。其形式采用论述题或自由应答题。该笔试的最大长处是，有利于考查求职者的思考能力，从而能够检查求职者思想认识的深刻程度。这种测试往往会导致种种不同的答案，易于发现人才，促进智力发展，远比简单的测验题更能判断一个人的水平。论文笔试要求毕业生讨论问题要深刻、有见解。

（五）心理测试

心理测试是用事先编制好的标准化量表或问卷来测试被试者心理素质的方法。它要求被试者在一定时间内完成，根据完成的数量和质量来判断其心理水平或个性差异。一些特殊的用人单位常常以此来测试求职者的态度、兴趣、动机、智力、个性等心理素质。

（六）国家公务员录用考试

国家机关录用公务员，一律实行考试录用。中央、国家机关的各招考职位按性质和权责的不同分为 A、B 两类。

"A 类"职位主要包括在中央、国家机关和中央国家行政机关派驻机构与中央垂直管理系统所属机构中，从事政策、法律法规、规划等的研究起草工作，政策、法律法规、规划实施的指导、监督检查工作，以及从事机关内部综合性管理工作的职位（如国家计委综合司从事经济形势分析和政策研究的职位）。

"B 类"职位主要包括在中央、国家机关和中央行政机关派驻机构与中央垂直管理系统所属机构中，从事机关内的专业技术工作、对机关的业务工作提供专业技术支持的职位（如某些机关内部的财务会计职位），实行中央垂直管理的行政机关中直接将各项具体规定施于公民、法人和其他组织的行政执法职位（如基层海关中从事海上缉私或现场查验工作的职位）。

招考职位由于 A、B 两类职位对考生素质和能力的要求有所区别，两类职位的考试科目也不同。报考"A 类"职位的考生笔试公共科目为《行政职业能力测验》（A）和《申论》两科。报考"B 类"职位的考生笔试公共科目为《行政职业能力测验》（B）一科。与以前相比，最大的变化是两类考试都取消了较为理论化的《公共基础知识》科目，并取消了考试指定用书。为方便考生，在全国 31 个省会城市全部设置报名、考试点，实现考生就近考试。国家机关考试录用机关工作人员和国家公务员的报名时间定在每年 11 月的第一个周六进行，公共科目笔试时间在每年 12 月的第三个周六进行。

第二节 面 试

一、大学生在求职过程中的面试技巧

面试场上你的语言表达艺术标志着你的成熟程度和综合素养。对求职者来说，掌握语言表达的技巧无疑是重要的。那么，面试中怎样恰当地运用谈话的技巧呢？

（一）口齿清晰，语言流利，文雅大方

交谈时要注意发音准确，吐字清晰。还要注意控制说话的速度，以免磕磕绊绊，影响语言的流畅。为了增添语言的魅力，应注意修辞美妙，忌用口头禅，更不能用不文明的语言。

（二）语气平和，语调恰当，音量适中

面试时要注意语言、语调、语气的正确运用。打招呼时宜用上语调，加重语气并带拖音，以引起对方的注意。自我介绍时，最好多用平缓的陈述语气，不宜使用感叹语气或祈使句。声音过大令人厌烦，声音过小则难以听清。音量的大小要根据面试现场情况而定。两人面谈且距离较近时声音不宜过大，群体面试而且场地开阔时声音不宜过小，以每个用人单位的代表都能听清你的讲话为原则。

（三）语言要含蓄、机智、幽默

说话时除了表达清晰以外，适当的时候可以插进幽默的语言，使谈话增加轻松愉快的

气氛，也会展示自己的优越气质和从容风度。尤其当遇到难以回答的问题时，机智幽默的语言会显示自己的聪明智慧，有助于化险为夷，并给人良好的印象。

二、应试者回答问题的技巧

（一）把握重点，简洁明了，条理清晰，有理有据

一般情况下回答问题要结论在先，议论在后，先将自己的中心意思表达清晰，然后再做叙述和论证。否则，长篇大论，会让人不得要领。面试时间有限，若多余的话太多，容易走题，反倒会将主题冲淡或漏掉。

（二）讲清原委，避免抽象

用人单位提问总是想了解一些应试者的具体情况，切不可简单地仅以"是""否"作答。应针对所提问题的不同，有的需要解释原因，有的需要说明程度。不讲原委、过于抽象的回答往往不会给主试者留下具体的印象。

（三）确认提问内容，切忌答非所问

面试过程中，如果对用人单位提出的问题一时摸不到边际，以致不知从何答起或难以理解对方问题的含义时，可将问题复述一遍，并先谈自己对这一问题的理解，请教对方以确认内容。对不太明确的问题，一定要搞清楚，这样才会有的放矢，不致答非所问。

（四）有个人见解和个人特色

用人单位有时接待应试者若干名，相同的问题问若干遍，类似的回答也要听若干遍。此时，用人单位难免会有乏味、枯燥之感。只有具有独到的个人见解和个人特色的回答，才会引起对方的兴趣和注意。

（五）知之为知之，不知为不知

当面试者遇到自己不知、不懂、不会的问题时，回避闪烁，默不作声，牵强附和，不懂装懂的做法均不可取，诚恳坦率地承认自己的不足之处，反倒会赢得主试者的信任和好感。

三、大学生面试时应具备的能力

（一）口头表达能力

用人单位考察的具体内容包括：表达的逻辑性、感染力、准确性、音质、音色、音量、音调等。面试过程中，应聘者要将自己的思想、观点、意见或建议顺畅地用语言表达出来。

（二）综合分析能力

面试过程中用人单位主要考核应聘者能否对主考官提出的问题进行分析，抓住本质，并且说理透彻、分析全面、条理清晰。

（三）反应能力与应变能力

用人单位主要看应聘者对主考官所提的问题理解是否准确，回答是否迅速、准确；对于突发性问题的反应是否机智敏捷、回答是否恰当；对于意外事情的处理是否得体、妥

当等。

（四）人际交往能力

在面试时，用人单位通过询问应聘者经常参与哪些社团活动，喜欢同哪种类型的人打交道，在各种社交场合所扮演的角色，等等，以了解应聘者的人际交往倾向和与人相处的技巧。

（五）自我控制能力与情绪稳定性

对于国家公务员及许多其他类型的工作人员（如企业的经营管理人员），自我控制能力显得尤为重要。一方面，在遇到上级批评指责、工作有压力或个人利益受到冲击时，能够克制、容忍、理智地对待，不致因情绪波动而影响工作；另一方面，工作要有耐心和韧劲。

大学生就业形势虽然严峻，但我们也不用担心，因为社会不会淘汰有能力的人。大学毕业生在没有经验优势的情况下，应不断学习，认真总结分析，合理设定求职期望，积极主动，灵活争取，以便顺利实现从学生到职场人的角色过渡。

牛刀小试

思考一：当你在笔试环节中遇到关于企业历史类问题，而你之前并不了解时，你要如何作答？

思考二：在面试环节，当主考官问到你如何看待加班问题时，你要如何恰当地回复？

思考三：如果你是用人单位的老板，你更愿意录用什么样的员工？请从你的认知维度说明。

思考四：下面是知名公司的笔试真题，请尝试给出你的答案。

（1）普华永道在上海的笔试题目为英文写作，两个题目任选一个，其中一场的笔试题目是：①当"神舟五号"载人航天飞行成功后，你想到了什么？②你是否遇到过特别难应付的人，你是如何成功地和他/她沟通的？

（2）强生（中国）笔试题的第一部分知识域的部分考题：

①马斯洛的需要层次理论是什么？②人口抽样的统计方法是？③ISO的全称是什么？④三角形中一个"！"的交通标志表示什么意思？⑤电子现金的好处是什么？⑥软盘有病毒怎么处理？⑦新技术革命的标志是什么？⑧产品的生命周期问题是什么？⑨专利有哪三种？⑩福布斯中国富豪榜2018年的第一位是谁？

导师寄语

播种行为，收获习惯；播种习惯，收获性格；播种性格，收获命运。

课后推荐

张平. 决胜面试[M]. 北京：人民日报出版社，2021.

第十七章　毕业生就业权益

学习要点

- 了解毕业生权益的概念与类别。
- 了解毕业生就业权益的保障方式。

思维园地

2019年9月，某专业11名毕业生参加省外某用人单位现场宣讲会并通过企业现场面试，应企业要求，现场与该企业直接签订三方协议并接受了企业向新入职员工发放的入职录取通知（入职录取通知中明确写清了工作薪酬和工作时间、违约责任等相关事宜）。同年11月，该11名同学在完成学校的各项学习任务后，集体到该企业报到并办理入职手续。但是在办理入职手续时，企业要求学生再签署一份进厂协议，并且此项协议中对工作时间、工作报酬、劳动安全等事项均没有明确的表述。这11名同学将情况反馈给学校后，学校就业工作主管部门出面与企业进行核实。经核实，该企业以这11名毕业生当时还未取得毕业证为由，不予履行当时发放的入职录取通知上的相关待遇，而且毕业生与企业签订的三方协议也并没有明确列出具体信息，故企业只能以实习的形式让毕业生进厂工作。而该进场协议就是名义上的"实习协议"，这个协议是企业与毕业生单方面签订的，是不具有任何法律效力的。

由于企业发放的入职录取通知中有关于违约的相关条款，协议注明毕业生不得在入职前无故离职，否则学生应向企业缴纳违约金3 000元。后经学校与毕业生多次研究，结合该企业的"员工管理办法"等相关规定，在保证同学们损失最低的情况下，学校决定一方面让同学们先行办理入职手续，但要求企业必须在"进厂协议"中明确工作时间、报酬及劳动保护等相关细则；另一方面告知该11名同学在入职的1个月后可以向企业提出离职并解除三方协议及入职录取通知，并且在工作的这1个月的时间内要用手机拍摄自己着工服在岗位或在企业生产办公区域的照片作为工作证明，确保同学们在离职后，一旦出现企业不给毕业生发放劳动报酬的情况时，这些材料可以提交给劳动仲裁部门作为佐证。

点评： 通过这个案例，我们可以得出以下结论：

（1）部分企业（以生产型、服务型企业居多）为了提高招聘比例，可能会隐藏部分录用环节，这需要毕业生在签约前详细了解企业的情况。

（2）不要盲目签约。毕业生可以在完成学习任务后，先到企业实地了解情况，确认无误后再签订协议。

（3）在实习、就业过程中出现问题时，既不要隐忍，也不要反应过激。应第一时间与学校取得联系，如实反馈相关情况，以获得学校的支持和帮助。

第一节　毕业生就业权益概述

一、毕业生就业权益的概念及分类

（一）就业权益

就业权益是指劳动者在就业过程中所拥有的权力和应该获得的利益。就业权益是一种合法权益，劳动者在国家法律目录允许的范围所实现的就业及其权益受到法律保护。

（二）不同阶段毕业生就业权益

毕业生就业权益按照时间分类，可以分为三个阶段，而且每个阶段毕业生所享有的权益并不相同。

1．求职阶段

（1）获取就业信息权。

高校、地方人社部门、各类行业协会和企业通过网站、微信公众号、委托具有资质的第三方进行信息发布，这是大学生获取就业信息的线上渠道，新冠疫情期间，线上招聘渠道起了举足轻重的作用。此外，通过举办各类大中型人才双选会、专场宣讲会等线下渠道向大学毕业生公开相关招聘信息，这种形式较为普遍和传统，但企业和毕业生可以面对面进行有效的沟通。无论何种发布渠道，相关单位和部门所发布的招聘信息必须具备以下要求：信息内容实效性，信息传递及时性，不得隐瞒、截留或更改信息。

（2）接受就业指导权。

各高校应当设立专门机构，安排专门人员在毕业生进入求职阶段前，对其进行包括简历制作、笔试技巧、面试礼仪、行业岗位认知、国家政策及地方性政策解读等一系列的就业指导，帮助毕业生准确地认识自我，树立正确的就业观、择业观，实现学生充分就业、满意就业。

（3）被推荐权。

毕业生在求职阶段享有其所在高校向用人单位推荐、投递就业资料的权利。毕业生在求职时所用到的"毕业生推荐表"是高校对用人单位推荐毕业生的重要依据。高校就业主管部门及主管就业工作的工作人员应秉承"实事求是、公平公正"原则，为用人单位推荐毕业生。不得私自扣发、缓发任何推荐材料，不得发生随意推荐、不负责任推荐的行为。

2．签约阶段

（1）自主选择权。

高校毕业生在与企业签约时，只要与签约企业签订的就业协议、劳动合同符合相关法律法规及相关政策，毕业生可以自主选择就业单位。高校、其他单位与个人均不得干涉，不得以各种缘由变相强加，改变毕业生就业的自主选择权。

(2) 公平录用权。

公平录用权是毕业生最需要得到维护的权益。根据《中华人民共和国劳动法》（以下简称《劳动法》）规定，用人企业在录用毕业生时不能因毕业生的民族、性别、宗教信仰等原因拒绝录用。要做到公平、公正、一视同仁的录用原则。

(3) 违约求偿权。

毕业生、用人单位、学校三方签订就业协议后，任何一方不得擅自毁约。如果用人单位擅自毁约，毕业生有权要求对方严格履行就业协议，否则毕业生有权要求用人单位承担责任，赔偿违约金。

3. 入职阶段

毕业生被用人单位录用后，就享有《劳动法》《劳动合同法》所规定享有的劳动权益。需要注意的是劳动权益是不分阶段的，试用期也享有同等的权益（实习期则不在法律保护范围内）。毕业生主要有如下几方面的权益：

(1) 要求用人单位履行就业协议接收毕业生的权利。

毕业生与用人单位的就业协议或三方协议一经签订，即具有法律效力。因此，毕业生有权利要求用人单位必须依照协议规定时间，为其安排约定的工作岗位，保证毕业生正常工作。这里需要特别指出，由于用人单位在要求新录用的人员到岗时间的不一致，会出现签订协议短期内即到岗工作、毕业生完成在校全部学习任务后到岗工作、毕业生取得毕业证后到岗工作等几种情况，这些情况将在后续章节予以详细讲述。

(2) 要求企业签订正式劳动合同的权利。

三方协议是毕业生在取得毕业证并与用人单位签订正式劳动合同前唯一具有法律效力的凭证。当毕业生正式入职企业进行工作后（包含试用期），应该根据《劳动法》规定签订劳动合同。劳动合同是劳动者与用人单位确定劳动关系、明确双方权利和义务的协议。若用人单位故意拖延不签订劳动合同，对劳动者造成损害的，应当赔偿劳动者的损失。

(3) 获得劳动报酬的权利。

毕业生在正式入职用人单位后，包括试用期内，都享有获得劳动合同规定的劳动报酬的权利。其薪酬水平可以因岗位、技能等多方面的差异，与正式员工或同年入职不同岗位的员工有所差异，但用人单位不能无故拖欠或找借口不予支付劳动报酬。这里需特别指出，对于在实习期内的劳动报酬所得、加班工资的计算等相关事宜，将在后续章节予以详解。

(4) 获得享有社会保险的权利。

毕业生在正式入职用人单位后，包括试用期内，用人单位应按照《劳动法》《劳动合同法》《社会保险法》为其缴纳社会保险费。用人单位不得以工作期限、工作岗位、职称职级等因素延迟缴纳社会保险。

(5) 享有劳动保护的权利。

用人单位应当为其劳动者提供必要的劳动防护用品和劳动保护设施，防止事故，降低其在工作中发生危害的可能性。对于一些特殊岗位，如其工作性质要求长时间加班，需严格按照《劳动法》相关要求，不得超出法律规定的加班时间范围安排工作任务。

(6) 享有解除劳动合同的权利。

毕业生在正式入职用人单位后，根据《劳动法》的相关要求，毕业生在试用期间，可以随时通知用人单位解除劳动合同，不需要任何附加条件。用人单位不得要求毕业生支付如职业技能培训费、岗前培训费等相关费用（如在签订劳动合同时有相应的约束条款除外）。同时，用人单位还应按签订劳动合同的相应条款支付工作报酬。用人单位需要与试用期的毕业生解除劳动合同时，必须有证据证明毕业生不符合工作条件或已违反劳动合同相关条款才能辞退。

已经通过试用期的毕业生，如需要离职，按照《劳动合同法》规定，需提前30个工作日向用人单位提出书面申请。30个工作日后即可离职，并且无须缴纳违约金。这里需要特别指出，对于一些特殊行业，在毕业生入职时需签订"守密约定""竞业协议"等，并履约，后期章节会有详解。

第二节　毕业生就业权益的保障方式

毕业生享有上述权益，但在就业过程中有些企业往往会出现一些侵害毕业生就业权益的行为，毕业生可以通过以下几种方式保护自身的就业权益。

一、依托高校就业主管部门，维护自身就业权益

高校就业主管部门对毕业生的权益保护最为直接。当毕业生在求职、签约、入职等就业环节中遇到企业招聘信息与实际工作情况不符、有偿性就业、强制性签订有损个人利益的补充协议、不按时发放劳动报酬、不按照协议及合同强制性安排加班、强制缴纳违约金等一系列情况时，应第一时间将情况向学校就业主管部门进行汇报，由学校出面与涉事企业进行核实，保证毕业生的就业权益。

二、强化法律意识，提升自我保护能力

（一）学会运用法律武器保护自身合法权益

学习从业标准等相关知识，掌握《劳动法》《劳动合同法》等相关法律法规的基础内容，这是毕业生自我保护就业权益的前提条件。

如果在就业过程中发生如公司规定、行业准则等一些侵犯个人就业权益的事情，毕业生应该通过劳动仲裁、诉讼程序等方式，拿起法律的武器保护自己的合法权益。

（二）正确认识就业协议及劳动合同的作用

就业协议（三方协议）是毕业生在与用人单位签订正式劳动合同前唯一具有法律效力的凭证，是证明毕业生与用人单位达成劳动关系的证明材料；而劳动合同是受国家《劳动法》《劳动合同法》保护的，确保劳动者在工作期间内享有公平的就业权益、具有法律效力的材料。毕业生应正视就业协议和劳动合同的功能，一旦与用人单位达成劳动关系，必须要根据其当时的实际情况签订相关的就业协议或劳动合同。

牛刀小试

1. 按照《劳动法》规定，毕业生试用期的时限是如何规定的？
2. 按照《劳动法》规定，毕业生在试用期内的离职条件是什么？
3. 按照《劳动法》规定，毕业生在转正后如何向企业提出离职？方式如何？
4. 如果你现在即将进入求职阶段，你最希望通过何种方式获得就业信息？

导师寄语

毕业生在求职、就业的过程中，往往只重视企业能够给予的薪资水平，而忽略决定薪资水平的先决条件及其他应该享有的就业权益，如工作时间、工作环境、技能培训等。建议各位同学在求职过程中要明确了解以下几点：第一，工作内容和工作环境；第二，企业能够给予的技能和业务上的培训；第三，在工作过程中尤其是在实习期内（后面章节会详解）个人的安全保障；第四，未来在该企业及从事工作的所在行业的发展空间；第五，个人的工作报酬和福利待遇。不能本末倒置，只关注薪酬，而不关注个人成长和人身安全。

课后推荐

《中华人民共和国劳动法》《中华人民共和国劳动合同法》。

职业生涯规划与就业指导

第十八章 社会保险与住房公积金

学习要点

- 了解社会保险种类与缴费比例。
- 了解住房公积金缴费比例与使用方法。

思维园地

我校2005届某专业校友王某某,毕业当年在山东省青岛市某私营企业工作。工作一年后,该校友离开原单位先后前往上海、杭州两地工作。2010年10月,王某某入职深圳市某国有控股企业。2015年9月,王某某晋升为企业高管,具备落户深圳的资格,但是在查询社保缴纳情况时,才发现其缴纳社保期限仅为2010—2015年,之前在青岛、上海、杭州等地缴纳的社保并没有在其离职后进行退保,也没有在新入职的单位办理补缴手续,因此不符合标准,无法落户。2018年,该校友返回学校办理档案、户口的迁转手续。经由学校就业主管部门在其毕业当年的派遣数据库中查询,该校友在毕业时已经将其档案与户口全部派回生源所在地(高考时报考学校所在地),并没有保存在学校。该校友又按照学校提供的信息找到当时接受档案和户口的生源地人力资源保障局。但几经查询,并没有找到该校友的档案,需要其到原来的高中、大学进行补档。而由于该校友当时并没有办理落户手续,户口迁移证已经失效,加上学校已经搬迁,只能到原校区所在地派出所办理户口补办手续。该校友耗费巨大的精力、财力,经过长达3个月的时间,才将档案与户口手续办理完毕,并于2019年7月将自己的档案与户口落在深圳。

点评:通过上述案例,可总结以下几方面的经验:

(1) 毕业生在刚刚步入社会时,往往忽略了最为关键的材料——档案。很多毕业生由于不懂、怕麻烦等原因,在毕业时将档案派回到生源地。而当真的需要档案时才追溯寻找,很多时候无法找到。

(2) 档案对个人的作用很大,包括身份的证明、职称晋级、专业技术晋级、出国政审、办理退休等。建议广大毕业生在毕业时尽量将档案派遣到自己工作的企业,如果企业没有接受档案的权利,就派遣到企业所在地的人事主管单位(人才市场、人力资源社会保障局)。

(3) 目前各地区社保并没有联网,而且各地社保政策并不相同。当工作变更,尤其是异地工作变更时,一定要退出原有缴纳的社保,并在新入职的单位对社保进行补缴,否则会影响到社保的领取额度和领取时间。

第一节　社会保险的概念与内容

一、社会保险的概念

社会保险是指国家通过立法强制建立社会保险基金，对参加劳动关系的劳动者在丧失劳动能力或失业时给予必要的物质帮助的制度。社会保险不以营利为目的。

二、社会保险涵盖的内容

社会保险包括养老保险、医疗保险、失业保险、生育保险、工伤保险，共计 5 种。这就是通常听到的"五险"。"一金"则是住房公积金，它不属于社保的涵盖范围。

第二节　社会保险的缴存比例

图 19.1、19.2 分别为哈尔滨市、北京市社会保险缴纳基数及缴存比例。

项目	缴费基数上限/元	缴费基数下限/元	企业部分 比例/%	企业部分 最低缴费金额/元	个人部分 比例/%	个人部分 最低缴费金额/元	合计 最低缴费金额/元
养老保险	13822.5	2764.5	16	442.32	8	221.16	663.48
医疗保险	18594.99	6198.33	7.50	464.87	2	123.97	588.84
大病	2.5	2.5		2.50		2.5	5
生育保险	18594.99	3719	0.60	22.31	0	0	22.31
工伤保险	18594.99	3719	1.10	40.91	0	0	40.91
失业保险	18594.99	3719	0.50	18.60	0.50	18.59	37.19
合计			26	991.51	11	366.23	1357.74

图 19.1　2020 年哈尔滨市社会保险缴纳基数及缴存比例

户口性质	参险内容	最低基数/元	企业比例/%	金额/元	个人比例/%	金额/元	合计/元
城镇和北京农村劳动力24号文	养老保险	3613	16.0	578.08	8.0	289.04	867.12
	医疗保险	5360	10.8	578.88	2.0	110.20	689.08
	工伤保险	4713	0.16	7.54	0.0	0.00	7.54
	失业保险	3613	0.8	28.90	0.2	7.23	36.13
	合计		27.8	1193.40	10.2	406.47	1599.87

北京市职工五险缴费明细（202007-202106实施）

(a)

户口性质	参险内容	最高基数/元	企业比例/%	金额/元	个人比例/%	金额/元	合计/元
城镇和北京农村劳动力24号文	养老保险	26541	16.0	4246.56	8.0	2123.28	6369.84
	医疗保险	29732	10.8	3211.06	2.0	597.64	3808.70
	工伤保险	26541	0.16	42.47	0.0	0.00	42.47
	失业保险	26541	0.80	212.33	0.2	53.08	265.41
	合计		27.8	7712.42	10.2	2774.00	10486.42

北京市职工五险缴费明细（202007-202106实施）

(b)

图 19.2　2020 年北京市职工五险缴费明细

由图 19.1、图 19.2 可以看出，社会保险存在以下几个不一致：
(1) 不同险种缴存基数不一致。
(2) 不同险种缴存比例不一致。
(3) 各地区社保缴存基数和比例不一致。
(4) 对同一种保险，不同人缴存额度不一致。

并不是所有人的社会保险缴纳金额和比例都是一样的，缴存额度的多少是由缴存基数来确定的，而并非由收入总额来确定。简单地说，在哈尔滨工作，月工资额 1 万元，企业既可以按照哈尔滨市社保缴存最低额缴纳保险，也可以按照哈尔滨市社保缴存最高额缴纳保险。

第三节　社会保险种类

一、养老保险

（一）养老保险的概念

养老保险又称老年保险，是社会保障制度的重要组成部分，是社会保险五大险种中最重要的险种之一。所谓养老保险（或养老保险制度），是国家和社会根据一定的法律和法规，为解决劳动者在达到国家规定的解除劳动义务的劳动年龄界限，或因年老丧失劳动能力退出劳动岗位后的基本生活而建立的一种社会保险制度。其目的是保障老年人的基本生活需求，为其提供稳定可靠的生活来源。

（二）养老保险领取标准

领取养老保险需满足以下条件：
(1) 所在单位和个人依法参加养老保险并履行了养老保险缴费义务。
(2) 个人缴费至少满 15 年。
(3) 达到法定退休年龄，并已经办理退休手续。

（三）养老保险的计算方法

养老保险计算公式如下：

养老金 =（当地上年度职工平均工资 + 本人指数化月平均缴费工资）/2 ×
　　　　［缴费年限（含视同缴费年限）×1%］+ 个人账户存额/计发月数

其中，"计发月数"计算方法（具体信息可参照计发月数统计表）：缴存年限达到 50 岁计发月数为 195，缴存年限达到 55 岁计发月数为 170，缴存年限达到 60 岁计发月数为 139。

二、医疗保险

（一）医疗保险的概念

医疗保险一般指基本医疗保险，是为了补偿劳动者因疾病风险造成的经济损失而建立的一项社会保险制度。通过用人单位与个人缴费，建立医疗保险基金，参保人员患病就诊发生医疗费用后，由医疗保险机构对其给予一定的经济补偿。

（二）医疗保险使用标准

（1）根据我国基本医疗保险待遇支付的基本要求，参保人到医疗保险机构报销自己看病就医发生的医疗费用，一般要符合以下条件：

① 参保人员必须到基本医疗保险的定点医疗机构就医购药，或持定点医院的医生开具的医药处方到社会保险机构确定的定点零售药店外购药品。

② 参保人员在看病就医过程中所发生的医疗费用必须符合基本医疗保险药品目录、诊疗项目、医疗服务设施标准的范围和给付标准，才能由基本医疗保险基金按规定予以支付。

③ 参保人员符合基本医疗保险支付范围的医疗费用中，在社会医疗统筹基金起付标准以上与最高支付限额以下的费用部分，由社会医疗统筹基金统一比例支付。

（2）医疗保险需要缴纳满20年，才能享受退休后的医保报销待遇。

（3）按照每月医疗保险缴存金额（企业与个人共同缴纳的总金额），按月发放至个人社保卡内，可用于购买药品、医院诊疗等。

三、失业保险

（一）失业保险的概念

失业保险是指国家通过立法强制实行的，由用人单位、职工个人缴费及国家财政补贴等渠道筹集资金建立失业保险基金，对因失业而暂时中断生活来源的劳动者提供物质帮助以保障其基本生活，并通过专业训练、职业介绍等手段为其再就业创造条件的制度。

（二）失业保险的领取标准

（1）非因本人意愿中断就业包括以下几种情况：

① 终止劳动合同的。

② 被用人单位解除劳动合同的。

③ 因用人单位不按规定提供劳动条件，提出解除劳动合同的。

④ 因用人单位以暴力、胁迫或者限制人身自由等手段强迫劳动，提出解除劳动合同的。

⑤ 因用人单位克扣、拖欠工资，或者不按规定支付延长工作时间劳动报酬，提出解除劳动合同的。

⑥ 因用人单位低于当地最低工资标准或集体合同约定的工资标准支付工资，提出解除劳动合同的。

⑦ 因用人单位扣押身份、资质、资历等证件，提出解除劳动合同的。

⑧ 因用人单位未依次缴纳社会保险费，提出解除劳动合同的。

⑨ 法律、法规另有规定的。

（2）已办理失业登记，并有求职要求。

（3）按照规定参加失业保险，所在单位和本人已按照规定履行缴费义务满一年。

（三）失业保险领取的时限

（1）累计缴费满一年不足五年的，领取期限最长为十二个月。

(2) 累计缴费满五年不足十年的，领取期限最长为十八个月。

(3) 累计缴费十年以上的，领取期限最长为二十四个月。

这里需要明确，失业保险并不是缴纳时间越长，领取的时间越长，领取的失业保险金越多。失业保险的领取额度与缴纳社保所在地"上一年度社平工资"及个人上一年度收入相关。领取时限并不是无限期的，即便是重新就业后再次失业，失业保险金的期限与前次失业应当领取而尚未领取的失业保险金的期限合并计算，最多不超过二十四个月。

四、生育保险

（一）生育保险的概念

生育保险是指国家通过立法，在怀孕和分娩的妇女劳动者暂时中断劳动时，由国家和社会提供医疗服务、生育津贴和产假的一种社会保险制度。我国生育保险待遇主要包括两项：一是生育津贴，二是生育医疗待遇。其宗旨在于通过向职业妇女提供生育津贴、医疗服务和产假，帮助她们恢复劳动能力，重返工作岗位。

（二）生育保险的参保范围及报销标准

（1）参保范围：凡是与用人单位建立了劳动关系的职工，包括男职工，都应当参加生育保险。

（2）报销条件。

① 用人单位已为职工缴纳一定时间的社保。

② 已办理参保备案，并在当地生育。

③ 当地人社局要求的其他条件。

（3）报销标准。

① 女性职工。

- 生育医疗费：女性职工生育的检查费、接生费、手术费、住院费和药费由生育保险基金支付，超出规定的医疗业务费和药费（含自费药品和营养药品的药费）由职工个人负担。

女性职工生育出院后，因生育引起疾病的医疗费，由生育保险基金支付；其他疾病的医疗费，按照医疗保险待遇的规定办理。女性职工产假期满后，因病需要休息治疗的，按照有关病假待遇和医疗保险待遇规定办理。

- 生育津贴：女性职工依法享受产假期间的生育津贴，按本企业上年度职工月平均工资计发，由生育保险基金支付。

② 男性职工。

- 职工未就业配偶按照国家规定享受生育医疗费用待遇。

- 领取《独生子女优待证》的男配偶享受 10 天假期，以孩子出生当月本单位人均缴费工资计发。随着二胎、三胎政策的放开，今后各地男配偶享受的假期可能会有所调整。

- 男配偶假期工资 = 当月单位人均缴费工资 ÷ 30（天）× 10（天）。

五、工伤保险

（一）工伤保险的概念

工伤保险是指劳动者在工作中或在规定的特殊情况下，遭受意外伤害或患职业病导致暂时或永久丧失劳动能力，以及死亡时劳动者或其遗属从国家和社会获得物质帮助的一种社会保险制度。

（二）工伤保险的特点

（1）工伤保险实行无过错责任原则。无论工伤事故的责任归于用人单位还是职工个人或第三者，用人单位均应承担保险责任。

（2）工伤保险不同于养老保险等险种，劳动者不缴纳保险费，全部费用由用人单位负担。即工伤保险的投保人为用人单位。

（3）工伤保险作为社会保障，其保障内容比商业意外保险要丰富。除了在工作时的意外伤害，也包括职业病的报销、急性病猝死保险金、丧葬补助（工伤身故）。

（4）工伤保险待遇相对优厚，标准较高，但因工伤事故的不同而有所差别。

（三）工伤保险的认定

职工有下列情形之一的，应当认定为工伤或视同工伤：

（1）在工作时间和工作场所内，因工作原因受到事故伤害的。

（2）工作时间前后在工作场所内，从事与工作有关的预备性或者收尾性工作受到事故伤害的。

（3）在工作时间和工作场所内，因履行工作职责受到暴力等意外伤害的。

（4）患职业病的。

（5）因工外出期间，由于工作原因受到伤害或者发生事故下落不明的。

（6）在上下班途中，受到非本人主要责任的交通事故或者城市轨道交通、客运轮渡、火车事故伤害的。

（7）在工作时间和工作岗位，突发疾病死亡或者在 48 小时之内经抢救无效死亡的。

（8）在抢险救灾等维护国家利益、公共利益活动中受到伤害的。

（9）职工原在军队服役，因战、因公负伤致残，已取得革命伤残军人证，到用人单位后旧伤复发的。

职工在发生工伤后，经治疗伤情相对稳定后存在残疾、影响劳动能力的，应当依法进行劳动功能障碍程度和生活自理障碍程度的等级鉴定及劳动能力鉴定。其中劳动功能障碍分为十个伤残等级，最重的为一级，最轻的为十级。生活自理障碍分为三个等级：生活完全不能自理、生活大部分不能自理和生活部分不能自理。工伤职工应依照劳动能力鉴定部门出具的伤残鉴定，享受不同等级的工伤待遇。

（四）工伤保险的赔偿

（1）从工伤保险基金按伤残等级支付一次性伤残补助金，标准为：一级伤残为 24 个月的本人工资，二级伤残为 22 个月的本人工资，三级伤残为 20 个月的本人工资，四级伤残为 18 个月的本人工资，五级伤残为 14 个月的本人工资，六级伤残为 12 个月的本人工资，七级伤残为 12 个月的本人工资，八级伤残为 10 个月的本人工资，九级伤残为 8 个月的本人工资，十级伤残为 6 个月的本人工资。

（2）从工伤保险基金按月支付伤残津贴，标准为：一级伤残为本人工资的 90%，二级伤残为本人工资的 85%，三级伤残为本人工资的 80%，四级伤残为本人工资的 75%。

伤残津贴实际金额低于当地最低工资标准的，由工伤保险基金补足差额。

提示： 社会保险的注意事项。

（一）连续性

无论是养老、医疗还是生育、工伤、失业，都要求参保人员连续性缴纳，并且缴纳社保期间不能存在空档期。

（二）社会保险与档案、户口息息相关

1．在职工退休需领取养老保险金、享受医疗保险待遇前，需到其档案或户口所在地办理退休手续。如果档案或户口所在地与缴纳社保不在同一城市，则需按照当时的实际要求办理相关手续。

2．根据《城镇企业职工基本养老保险关系转移接续暂行办法》中第六条"跨省流动就业的参保人员达到待遇领取条件时，按下列规定确定其待遇领取地"：

（1）基本养老保险关系在户籍所在地的，由户籍所在地负责办理待遇领取手续，享受基本养老保险待遇。

（2）基本养老保险关系不在户籍所在地，而在其基本养老保险关系所在地累计缴费年限满 10 年的，在该地办理待遇领取手续，享受当地基本养老保险待遇。

（3）基本养老保险关系不在户籍所在地，且在其基本养老保险关系所在地累计缴费年限不满 10 年的，将其基本养老保险关系转回上一个缴费年限满 10 年的原参保地办理待遇领取手续，享受基本养老保险待遇。

（4）基本养老保险关系不在户籍所在地，且在每个参保地的累计缴费年限均不满 10 年的，将其基本养老保险关系及相应资金归集到户籍所在地，由户籍所在地按规定办理待遇领取手续，享受基本养老保险待遇。

第四节　住房公积金

一、住房公积金的概念

住房公积金是指国家机关和事业单位、国有企业、城镇集体企业、外商投资企业、城镇私营企业及其他城镇企业和事业单位、民办非企业单位、社会团体及其在职职工，对等缴存的长期住房储蓄。

二、住房公积金的特性

（一）积累性

住房公积金虽然是职工工资的组成部分，但不以现金形式发放，必须存入住房公积金管理中心在受委托银行开设的专户内,实行专户管理。

(二) 专用性

住房公积金实行专款专用,职工有下列情形之一的,可以提取职工住房公积金账户内的存储余额:购买、建造、大修自住住房的;离休、退休的;完全丧失劳动能力,并与单位终止劳动关系的;出境定居的;偿还购房贷款本息的;房租超出家庭工资收入规定比例的。

三、住房公积金使用标准

要使用住房公积金,必须达到标准:持续缴存12个月住房公积金或已累计缴存24个月以上且当前还在继续缴存。

四、住房公积金缴纳比例

缴纳下限为5%,上限为12%。单位和个人按照1:1比例缴纳。

注意:公积金的贷款额度并非以公积金账户内的资金额度作为标准,而是以公积金缴纳的比例作为标准,并且贷款额度有上限要求。以哈尔滨市为例:个人上限为50万,夫妻双方上限为70万。

牛刀小试

1. 养老保险需要连续缴纳多少年才能在退休后领取养老金?
2. 医疗保险需要连续缴纳多少年才能在退休后享受医疗待遇?
3. 社会保险中有哪几个险种是需要企业、个人都缴费的?缴费比例都是多少?
4. 失业保险的领取分几个标准?分别是什么?
5. 你认为社会保险是缴纳得越多越好,还是越少越好?为什么?

导师寄语

社会保险是社会保障制度的一个最重要的组成部分,同时也是毕业生步入职场后对个人在生活上的重要保障。社保不是独立存在的,它与档案、户口、职称、学历等都有着潜移默化的联系。希望各位毕业生能正视社保的意义和作用,真正了解它的功能和用法。将它作为个人职业发展的一个盾牌,在需要它的时候,可以随时举起它来阻挡生活、工作中带来的危害;在不需要它的时候,能用自己在工作上取得的成绩,让它变得更加的坚硬与厚重。

课后推荐

《中华人民共和国社会保险法》。

第四部分

圆梦大四

第十九章 职业生涯规划方案的评估与修订

学习要点

- 了解职业生涯规划方案的评估方法。
- 懂得职业生涯规划的评估要点。
- 理解职业生涯规划的修订原则。

思维园地

避免路径依赖

现代铁路两条铁轨之间的标准距离是1.435米，为什么采用这个标准呢？原来，早期的铁路是由建电车的人所设计的，而1.435米正是电车所用的轮距标准。

那么，电车的标准又是从哪里来的呢？最先造电车的人以前是造马车的，所以电车沿用马车的轮距标准。

马车又为什么要用这个轮距标准呢？英国马路辙迹的宽度是1.435米，马车的轮距最好跟辙迹吻合，不然，它的轮子很快会在撞击中损坏。

这些辙迹又是怎么来的呢？从古罗马人那里来的。因为整个欧洲，包括英国的长途老路都是由罗马人为他的军队所铺设的，而1.435米正是罗马战车的宽度。

罗马人为什么以1.435米为战车的轮距宽度呢？原因很简单，这是牵引一辆战车的两匹马的屁股的宽度。

故事到此还没有结束。

美国航天飞机燃料箱的两旁有两个火箭推进器。因为这些推进器造好之后要用火车运送，路上又要通过一些隧道。而这些隧道的宽度只比火车轨道宽一点，因此火箭助推器的宽度受限于铁轨的宽度。

所以，最后的结论是：路径依赖导致了美国航天飞机火箭助推器的宽度由两千年前的两匹马屁股的宽度来决定。

点评：一旦人们做了某种选择，就好比走上了一条不归之路，惯性会使这一选择不断自我强化，很难轻易走出去。这种现象被称为"路径依赖"。

第一节　职业生涯规划评估的方法

要对职业生涯规划进行客观理性的评估，就需要运用正确科学的评估方法。不管是自我评估、他人评估还是过程与结果评估、内外部评估，其评估的要点都是为了判断自己与现实环境、职业目标的兼容性，并找出其中的差距，提高评估的客观性、准确性。

管理学中有个著名的木桶理论，又称为短板效应。指的是一个木桶的容量大小，不在于最长的那块木板长度，而取决于最短的那块木板的长度。这启发了我们在进行职业生涯规划评估时，需要找准突破方向，评估出自己最弱的环节，从而找准自身与现实的差距，只有这样，才能更有针对性地进行调整与修改。常见的职业生涯规划评估方法有对比反思法、交流反馈法和分析总结法。

一、对比反思法

对比反思法是指在规划职业生涯的过程中，要善于思考和向他人学习，每个人都有自己不同的职业生涯规划方法，学会对他人的职业生涯规划进行分析，吸取有用的方法，再对自己的职业生涯规划进行反思，看是否出现他人在做职业生涯规划时出现的问题，有则改之，这样有助于评估和修改自己的职业生涯规划。

在开展职业生涯规划的过程中，也需要对自身职业生涯规划进行不断的反思，比如职业生涯规划中的某些计划按时完成了没有？通过实践活动有没有收获？与预期效果的差距是什么？为什么会产生这些差距？这些都是需要我们不断自问的问题，再根据回答和客观事实对自身职业生涯规划进行调整与修改。

二、交流反馈法

交流反馈法又被称为360°评估反馈。这套评估方法是由英特尔公司率先提出并实施的，在这套评估法中，评估者包括所有与被评估者有密切接触的人，也就是说，评估者的上司、同事、下属、客户和自己都需要参与到整个评估中来，通过评估者对自己职业生涯的评估反馈意见，来对自己的职业生涯规划进行修改。作为大学生，评估者应该包括学校、老师、同学、朋友和自己，其中，最重要的是需要做好同学和朋友之间的评估和自我剖析评估。

三、分析总结法

分析总结法是指对职业生涯规划分类别进行分析，该方法往往可以借用下面的模板进行分析、总结。

《分析职业生涯规划的评估方案》问答模板

1. 分析基准

（1）我的人生价值观是否发生了变化？

（2）我的外部环境是否发生了变化？

（3）我目前遇到的最大的问题是什么？
（4）我在实践过程中发现了自己的哪些不足？

2. 目标与标准
（1）我现在处在职业生涯的哪一阶段，这一阶段有什么特点？
（2）我先前制订的职业生涯规划目标是否可行？有没有其他更佳的目标出现？
（3）如何来判断自己是否成功??

3. 职业生涯策略
（1）我是否需要调整职业生涯规划的实施策略？
（2）我对相应职业能力的获取和吸收能力如何？
（3）我在职业目标的角色转变方面有什么问题吗？
（4）对我而言，现在还有什么问题是暂时无法解决的？

4. 职业生涯行动计划
（1）我的目标达成计划是否合理？
（2）我的目标达成需要哪些人的帮助？
（3）我在达成目标的过程中最大的障碍是什么？

5. 职业生涯考核
（1）在目前职业生涯规划的开展过程中，我有哪些是做得好的，有哪些做得不够好？
（2）我现在最欠缺的是什么？是知识水平、技能，还是人脉？
（3）我应该如何应用我所学到的知识、技能？
（4）我现在应该立刻去做的是什么？应该停止做什么？

6. 职业生涯修正
（1）我是否需要重新选择职业方向？
（2）我是否需要重新安排职业生涯规划目标的实施线路？
（3）我是否需要更换人生目标？
（4）我是否有其他需要更正的方面？

通过对以上 22 个问题的自问自答，能够帮助我们深层次地认识和思考自己职业生涯规划的若干问题，只有在分析出问题后，才能进一步去解决，从而完善我们的职业生涯规划。

第二节　职业生涯规划评估的要点

职业生涯规划的评估，通常以各类阶段性预定目标和实际结果的对比来进行。评估以找出预定目标与实际结果的偏差为标准，进而进行修订。

一、抓重点

牵一发而动全身，说的就是关键要素的重要作用，我们在评估时要抓住几个关键的重要目标或方案策略进行对比参照。在职业生涯发展的某一阶段，总有一个其他目标都指向的核心目标，我们可以对其重要程度进行排序对比，有选择性地对重点部分进行评估。

二、找弱点

在规划方案的执行过程中,当你发现力不从心或不对劲时,多半是你的观念差距、知识差距、能力差距、心理素质差距等方面出现了问题,而这些因素都会是你的短板,就如木桶原理中所说,一只开口不齐的木桶,其容量的大小主要取决于最短的那块木板,而不是最长的那块木板。此时,找出短板,哪里不对修哪里。

三、发掘新需求

社会在进步,时代在变迁,我们也在不断地成长、成熟。在制订职业生涯规划方案时我们不能做刻舟求剑的愚者,要做与时俱进甚至超前预估的智者。这就要求我们要主动投身就业市场,去感受、分辨真实的一手信息,同时也要主动了解新的发展趋势,跟上形势,关注新的变化与需求,保持高度敏锐力与洞察力,既要防微杜渐,也要居安思危,要随时采取最有利于职业生涯规划实施的方案策略。

第三节 职业生涯规划的修订原则

在对职业生涯规划评估的基础上,我们可以根据评估结果对各阶段的目标(甚至是最终目标)及实施方案进行修订。一般来讲,职业生涯规划修订的主要内容包括:职业的重新选择,职业生涯路线的选择,阶段目标的修改,实施策略与方案的变更,等等。但在职业生涯规划修订过程中,一定要坚持以下几个原则:

一、整体原则

职业生涯规划作为一个计划性较强的事项安排,其本身具有整体性、系统性、程序性等特点。这就要求我们在修订过程中要适当把握整体性原则。任何一个阶段目标、方案策略及路线的修订,都会对后面几个阶段与最终目标产生一定的影响。我们根据评估的结果对职业生涯规划进行修订时,要充分考虑其前后几个阶段及总体实施情况,尽量避免"牵一发而动全身",以免影响整个职业生涯规划的实施进程。

二、适度原则

根据评估结果对职业生涯规划进行修订是非常必要的,但我们要坚持适度原则。职业生涯规划本身是一个系统工程,对评估的结果要本着严谨的态度,修订也要十分谨慎,避免过犹不及,以防修订过了头。特别是"大刀阔斧"的修订,对整个职业生涯规划的影响较大,有可能是对整个规划的整体改动或全盘否定,切莫"回头太难",悔之不及。

三、有效性原则

职业生涯规划的修订要坚持有效性原则。每一次修订的过程,都是对职业生涯目标

（阶段目标及最终目标）、实施策略的调整，要防止"完"而不"善"，以防做无用功，既费时又费力。职业生涯规划是一个时效性较强的系统工程，它是随着时间推移而逐步向前推进的，对其修订不善，就会影响整个规划的时间进程。同时，一个人的精力也是有限的，如把大量的时间花在职业生涯规划的修订过程中，也是得不偿失的。

牛刀小试

1. 谈谈你最喜欢的名人是谁，他身上有哪些值得你学习的品质？看看他的职业生涯轨迹，思考一下他是如何进行职业生涯方案评估与调整的？

2. 通过你平时的实践活动，开始着手对你的职业生涯规划进行调整。

导师寄语

我们大部分人大部分时候都是"聪明的"，但不是行动的。行动才是生涯成长的关键。

课后推荐

苏永涛，李钰龙. 大学生职业生涯规划及评估［M］. 哈尔滨：东北林业大学出版社，2013.

第二十章 大学生身体管理

学习要点

- 了解身体管理对大学生成长的重要意义。
- 了解影响当代大学生身体管理的主要因素。
- 懂得大学生身体管理的促进策略。

思维园地

很久以前,一名妇女发现三位蓄着花白胡子的老者坐在家门口。她不认识他们,就说:"我不知道你们是什么人,但各位也许饿了,请进来吃些东西吧。"三位老者问道:"男主人在家吗?"她回答:"不在,他出去了。"老者们答道:"那我们不能进去。"傍晚时分,妻子在丈夫到家后向他讲述了所发生的事。丈夫说:"快去告诉他们我在家,请他们进来。"妻子出去请三位老者进屋。但他们说:"我们不一起进屋。"其中一位老者指着身旁的两位解释:"这位的名字是财富,那位叫成功,而我的名字是健康。"接着,他又说:"现在回去和你丈夫讨论一下,看你愿意我们当中的哪一个进去。"妻子回去将此话告诉了丈夫。丈夫说:"我们让财富进来吧,这样我们就可以黄金满屋啦!"妻子却不同意:"亲爱的,我们还是请成功进来更妙!"他们的女儿在一旁倾听。她建议:"请健康进来不好吗?这样一来家人身体健康,我们就可以幸福地享受生活、享受人生了!"丈夫对妻子说:"听我们女儿的吧。去请健康进屋做客。"妻子出去问三位老者:"敢问哪位是健康?请进来做客。"健康起身向她家走去,另外两人也站起身来,紧随其后。妻子吃惊地问财富和成功:"我只邀请了健康。为什么两位也随同而来?"两位老者道:"健康走到什么地方我们就会陪伴他到什么地方,因为我们根本离不开他,如果你没请他进来,我们两个不论是谁进来,很快就会失去活力和生命。所以,我们在哪里都会和他在一起。人生的幸福之一,是保持了你的健康。"

点评: 看完这个小故事,你是否思考过身体健康的重要意义?是否真正地做到了健康的身体管理?是否了解身体管理的方式、方法?

大学生是祖国持续发展的可靠接班人和合格建设者,关注其身体管理,不仅关系到每个大学生的成长,而且关系到国家的未来和社会的发展。由于缺乏身体管理,以及长期不良的饮食习惯和生活习惯,使得当代大学生的身体状况普遍较差,这严重影响了他们的正常学习和生活。大学生应该加强体育锻炼,养成健康的生活习惯,及时调整心理,合理营养和均衡饮食,管理自己的身体,最终让自己成为真正健康和合格的人才。

第一节　身体管理对大学生成长的重要意义

身体管理是人们生活、学习和工作的基础，只有拥有健康的身体，才能实现个人价值，并为社会做出贡献。因此，身体管理已成为人们追求的共同目标。马克思曾经将身体健康管理视为人类的第一权利，是所有人生存的首要前提。法国物理学家居里夫人认为："拥有幸福的前提是拥有健康的身体。"在充满竞争和挑战的现代社会中，一个国家需要拥有大量德、智、体、美、劳全面发展的高素质人才，才能在可持续发展中具有竞争优势。高素质人才的身体管理是高素质人才的思想基础，是高素质人才道德和科学文化素质的物质前提。

大学生的身体管理是他们服务祖国和服务人民的基础，也是提高中华民族人民素质的保障，关系到国家的繁荣发展和祖国的未来走向。只有健康、充满活力、具有良好社会适应能力的大学生，才能最大限度地发挥自我价值，奉献社会，促进社会和谐发展。

第二节　当代大学生的身体管理现状

一、生活方式的现状

生活方式狭义是指个人及其家庭的日常生活的活动方式，包括衣、食、住、行及闲暇时间的利用等；广义是指人们一切生活活动的典型方式和特征的总和。合理健康的生活方式，有利于大学生的学习和生活，对全社会健康生活方式的形成和建设也起着积极的作用。大学生的生活方式是指在当前大学生上学期间围绕学生的发展形成的独特活动形式的总和。良好的生活方式是身体管理的重要基础。但是，当代大学生的生活方式则与身体管理背道而驰，主要体现在以下几个方面：

（一）生活习惯不健康

当代大学生生活习惯的不健康主要体现在生活作息不规律，经常性地晚睡晚起，导致饮食不规律，暴饮暴食、挑食现象也越来越严重。有些人审美观念出现了偏差，以瘦为美，相当一部分大学生盲目跟风，追求瘦身，盲目减肥。这些不健康的习惯严重影响当代大学生的身体管理。

（二）运动锻炼不合理

运动是维持身体管理的重要因素。早在 2 400 年前，"医学之父"希波克拉底就曾提出："阳光，空气，水和运动"是生命和健康的源泉。现代社会运动锻炼已经成为一种身体管理的方式。但是，由于时间紧迫，许多大学生无法坚持长期的运动锻炼。有些大学生在运动锻炼之前未进行准备活动或准备活动不充分，导致运动损伤的概率大增，最常见的是肌肉酸痛和肌肉拉伤。另外，一些大学生对用餐时间和运动时间的安排很不合理。例如，一些大学生在进食后即刻开始锻炼，或者在运动后立即进食，这些都是很不合理的。

（三）作息安排不合理

许多大学生通宵达旦地上网或聚会，晚上过度放松和消耗能量，导致白天身体不适。有些大学生晚睡晚起，早上不吃早餐，长此以往，导致胃病，影响日常学习和生活。

二、针对当代大学生身体管理现状的建议

（一）提高生活自理能力

大多数人进入大学后，都能够认识到自己在生活自理能力方面有很大的不足，想要改变现状。应该有计划地谋划自己的学习和生活。首先，要勇于大胆实践，学会独立处理生活中和学习上的各种问题。其次，可以在辅导员和任课教师的指导下，掌握一些具体处理问题的能力和技巧。最后，要不断总结自身的不足，不断提高生活自理能力。

（二）养成良好的生活方式

养成良好的生活方式是身体管理的关键一步，大学生需要养成规律的作息时间。首先，在生活中要注意劳逸结合；其次，饮食要注意有规律，不可暴饮暴食。再次，要坚持适度地锻炼身体，增强体质；最后，也是最重要的，要时刻保持乐观的心境，拥有积极乐观向上的心态。

第三节 影响当代大学生身体管理的主要因素

一、片面追求高考升学率，影响大学生的身体管理

在高中阶段，学校和学生一切以高考为指挥棒，能考上一所理想的大学是高中生的奋斗目标。学校和家长对学生的期望都非常高，不论是在学校里还是在家里，各种复习资料和试卷堆积如山，学生的学习压力得不到有效释放，再加上许多中学片面追求升学率，体育课经常被挪为他用，学生课外自由活动和参加体育锻炼的时间较少，学校、家长和学生忽视了健康的身体管理的重要性，导致许多大学生的身体素质较差。

二、学生个人因素

当代大学生缺乏对身体管理的正确认识，这导致了他们不愿意主动地参加运动锻炼。大多数大学生认为自己年轻并且强壮，不需要进行身体管理，因此，很容易忽略对自身的身体管理，也缺乏对身体管理的追求。

在信息时代，计算机网络高速发展，互联网的发展为大学生的生活和学习带来了丰富的资源和便利的条件，但同时也带来了一些负面影响，特别是对于那些自律性较弱的学生，他们花大量时间沉迷于网络游戏，从而疏忽了自己的身体管理。

三、学校因素

影响大学生身体管理的因素很多,在众多的因素中,学校因素也是一个重要的因素。首先,随着大学规模的扩大,体育设备设施或运动场所已难以满足大学生的运动锻炼需求。其次,在开设体育课程时,许多大学只对大一和大二学生开放,大三和大四学生只能在课外进行独立的活动或练习。学校缺乏对学生的正确指导,学生活动的持续性下降,进而减少了大学生对自我进行身体管理的时间。

四、社会因素

当今社会,随着经济的快速发展,人们把目光都集中在经济的繁荣和社会的进步上,对于身体管理的关注程度持续下降。特别是在大学扩招之后,虽然接受高等教育的人数逐年增加,但是高素质人才的身体素质却逐年下降。并且由于用人单位的招聘条件越来越高,这增加了大学毕业生就业的难度。为了更好地就业,大部分大学毕业生选择继续深造,把绝大部分的时间花在阅读和学习上,没有多余的时间管理自己的身体。

第四节 大学生身体管理的促进策略

一、引导大学生提升身体管理的意识

(一)加强体育锻炼

斯坦福大学的布芬·巴格(Buffin Bagh)教授对哈佛大学约 17 000 名毕业生进行了为期 10 年的跟踪调查。根据调查,每天爬楼梯超过 50 级的人死于心肌梗死的死亡率比每天爬楼梯的人低 25%,因此,定期的运动锻炼可以使人们的平均寿命延长 5~10 年。科学适度的运动锻炼具有诸多优点:

(1)可以提高大学生的运动水平,达到促进生长、增强发育的功效。
(2)能够提高大学生的适应能力,具有增强体质、预防疾病的作用。
(3)可以提升大学生的身体素质,达到强身健体、改善身体的效果。
(4)能够丰富大学生的课余生活,具有调节情绪、提升生活质量的功能。

但是,我们还必须知道,运动锻炼是一把"双刃剑",既能改善大学生的身体健康,同时也能损害大学生的身体健康,因此,运动锻炼需要遵循科学锻炼的原则。鉴于大学生普遍存在对运动缺乏兴趣和运动量不足的问题,大学应正确引导大学生养成科学锻炼的习惯,引导大学生从实际的身体健康出发,进行适合个人身体情况的运动锻炼。大学生要根据自身的身体素质,选择适合自己的运动项目,并且合理地安排运动时间和运动负荷,尤其在安排运动内容和时间上,有必要根据自身发展规律有计划地增加需求,以便在不断适应的同时增强身体体质。科学的运动锻炼应该是连续而系统的,应安排适合自己兴趣和爱好的运动,并坚定定期参加运动锻炼。

（二）按时休息与睡眠

如果大学生想提升生活质量，他们必须选择"从我开始，从现在开始"的健康的生活方式，积极运动并尽早入睡，准时工作和休息，每天锻炼1个小时，逐步养成健康的生活的习惯。大学生必须有规律地生活，学会自我管理，安排工作和休息时间，改善睡眠质量。根据研究表明，充足的睡眠对于恢复身体的疲劳有巨大的作用，因为充足的睡眠可以提高身体对各种压力和刺激的耐受性，进而增强食欲，并促进排泄，从而可以有效地提高身体抵抗疾病的能力，最终使身体能承受各种压力和挑战。除了充足的睡眠外，大学生的身体管理方法也应多样化，如经过长时间的脑力劳动（如阅读和学习），可以适当地参加体育活动，如打球、跑步和游泳等，以改善健康状况并提高学习效率。

（三）及时调节心理

国外的一项调查研究表明，心理健康是所有职业成功的一项重要的因素。过去的时间里，大多数的人仅仅注重身体健康的管理，很大程度上忽略了心理健康的管理，随着社会发展进程的加快，人们面临的压力越来越大，产生心理健康问题的人越来越多，尤其是大学生群体，在学习和生活中不可避免地会遇到各种各样的问题和挑战、痛苦和麻烦，这很容易导致他们心理平衡失调，身心健康遭受损害。因此，有必要增强大学生的心理健康意识，帮助他们树立正确的世界观、人生观和价值观，使他们能够保持心理平衡，积极地应对已经发生或者即将发生的挑战。

首先，应该加强大学生的自我修养，引导他们运用各种方法和手段来调节或缓解影响自身心理健康的不良情绪，时刻保持乐观的精神状态。

其次，需要告诫大学生们随时保持平稳的态度，因为积极稳定的情绪对于改善大脑和整个神经系统的功能具有重要的作用，不仅可以协调人体器官系统的活动，促进新陈代谢，而且能够增强环境的适应能力和抵抗疾病的功能。

（四）饮食符合膳食搭配原理

1. 膳食搭配原理

（1）食物的生物种属愈远愈好。

如动物性食物和植物性食物搭配，海洋动、植物与陆地动、植物搭配，营养互补效果会更好。

（2）搭配的种类愈多愈好。

种类越多，营养互补的机会越多，每天吃的蔬菜、水果、杂粮及坚果类在30种以上的食物最理想。

（3）食用时间愈近愈好，同时食用最好。

如多种食物蛋白质同时食用，不同氨基酸同时到达血液中，能更好地发挥互补作用。

（4）食物加工与食用的时间越短越好。

刚烹调好就食用最好。每天三餐里都应有主食、蔬菜、水果、油、盐、酱、醋、菌菇类、坚果类及少量动物性食物等30种以上食物，这样才能达到食物多样、合理搭配。

2. 食物具体搭配须知

（1）粗细搭配。

长期喜爱精细食品，会导致胃动力不足，消化力减弱。尽可能多种粗细粮搭配着吃，有利于营养互补，促进肠胃消化。

（2）酸碱搭配。

人体属弱碱性，保证食物酸碱平衡，才有利于代谢的正常进行。营养学上的食物酸碱性，不是指味觉上的直接感觉，而是按照食物燃烧后所得成分的化学性质，溶于水生成的酸碱化学属性确定的，相应的食物被称为生理酸性食物或生理碱性食物。如富含磷、硫、氯等元素较多的肉类、油脂类、蛋类、米、面、酒精、碳酸饮料、甜食等，在消化过程中形成的是生理酸性物质；富含钾、钠、钙、镁等元素较多的蔬菜、水果、菇菌类、海藻类、发酵食品、豆类等，以及动物性食物中的奶类和血品在消化过程中形成的是生理碱性物质（海带为碱性物质第一），还有口感为酸味的葡萄、柠檬及醋等，经测定其代谢后也属于生理碱性食物。人若一味地喜欢吃大量的肉类、酒、碳酸饮料等生理酸性食物，很容易在体内形成酸毒，酸毒是慢性病和癌症的温床。由于人们吃肉类食物不断增加，才导致了今天慢性病的高发，所以多吃些当地、当季盛产的纯天然的植物性的蔬菜、水果、豆类及制品、菌类等生理碱性食物，是实现食物酸碱平衡和防治慢性病极其重要的手段。

（3）荤素搭配。

动物性食物能量高，含饱和脂肪和胆固醇高，容易导致多种慢性疾病，应尽量少吃。一般城镇人群的荤素比例1∶7比较合适。

（4）水陆食物搭配。

海洋生物与陆地生物所含的营养物质大不相同，陆地植物所含的维生素、矿物质、膳食纤维比较丰富；而海洋生物所含优质蛋白质、优质脂肪、碘、钾十分丰富。两者在营养素方面具有很好的互补性。

二、大学生体能发展与保健应注意的问题

生命在于运动。坚持体育活动，不仅可以增进健康，而且可以预防疾病、延年益寿。对于学习压力日趋加重的现代大学生来说，适当地进行身体锻炼无疑是有好处的，不仅可以发展运动素质，还可以做到劳逸结合，使智力水平得到更充分的发挥。但是如果自我身体锻炼的内容、方法选择不当，那么就会适得其反。因此，大学生进行体能训练时应注意以下几方面的问题：

（一）科学地安排锻炼

科学地安排锻炼，可以使身体得到全面的发展，避免伤病的发生。它要求锻炼时要因人、因时、因地，根据自己的年龄、性别、工作与学习特点、自身的健康状况安排锻炼的时间和进度，充分考虑到季节、地区、自然环境等因素对锻炼效果的影响。运动量、运动强度也要由小到大，并在锻炼过程中逐渐积累经验，掌握好运动量，以期达到自我身体锻炼的最佳效果。另外，还要注意采用多种多样的运动项目，尤其是对生长发育期的大学生，这样更有利于身体得到全面发展。

（二）避免有碍健康的锻炼方法

不顾人体的生理特点，一味地追求大运动量；不按人体各器官不同的最佳发育期，不选择有针对性的运动项目进行锻炼；不注意全面发展的锻炼；扰乱体力和脑力劳动的生物节律，运动没有规律；不注意运动环境和运动卫生；心血来潮，突发性锻炼；等等。以上

这些都是有碍健康的锻炼方法，应及时纠正和避免。

（三）合理安排一天的锻炼

如果每天能有 1~2 小时的锻炼时间，就应该做以下安排：

早晨活动 20~30 分钟，起床后在室外空气新鲜的地方做操、打太极拳或慢跑。

要注意早晨运动不宜过久，运动量也不能太大，运动项目不要太复杂，否则会影响一天的工作和学习。

下午工作之余或课外（一般在 14：00~18：00）是一天中最好的运动时间，此时可以安排比赛或进行较剧烈的运动。运动量以不过分疲劳、不影响晚上的活动为宜。这对消除一天工作和学习的疲劳、增进健康是大有裨益的。

晚饭后睡觉前则避免剧烈运动，可安排轻柔和缓的健身运动，如散步、打太极拳等。

（四）脑力劳动者更应加强身体锻炼

大学生一般都静坐在教室、实验室与办公室低头弯腰学习与工作，长期处于这种姿势，又不参加身体锻炼，往往会引起多种疾病，如便秘、胃下垂等。因此，从事脑力劳动者要经常参加身体锻炼。因为身体锻炼可以使心肺和胃肠的功能都得到良好的锻炼，使人精力充沛。同时，身体锻炼还是一种积极性休息。脑细胞各有分工，进行身体锻炼时，管理肌肉活动的神经细胞处于兴奋状态，而思考问题的神经细胞则处于抑制状态，从而使大脑得到很好的积极性休息。

（五）身体有疾病时不宜进行长跑锻炼

长跑对人的心肺功能的要求是比较高的，长跑时脉搏每分钟可达 130~200 次，动脉收缩压可达到 150~200 mmHg，呼吸每分钟可达 36 次左右。因此，患心脏、肝脏和肾脏等疾病的人，在急性发作期都不宜进行长跑锻炼。此外，感冒或扁桃体发炎，仍在发烧的病人也不适宜进行长跑锻炼，否则对恢复健康不利。总之，病人患病期和恢复期都不适合进行长跑锻炼。

（六）应谨慎选择游泳地点

经过卫生防疫部门检查合格的开放游泳池当然是比较理想的游泳场所，但如果在户外天然的江河湖海中游泳则必须注意：水必须是清洁、无传染病的活水；河底必须无淤泥、乱石、丛生水草、暗礁、尖利植物及伤人的鱼类等；水流平缓，且非交通繁忙地带。

牛刀小试

1. 当代大学生身体管理的重要意义是什么？
2. 促进大学生身体管理的策略有哪些？

导师寄语

饮食贵在节，读书贵在精，锻炼贵在恒，节饮食以养胃，多读书以养胆，喜运动以延生。

课后推荐

唐健，刘强辉．大学体育理论与方法教程［M］．南京：东南大学出版社，2008．

第二十一章 大学生财商管理

学习要点

- 了解财商与财商教育的概念。
- 了解国外财商教育的经验。
- 掌握财商观的培养方法。

思维园地

有一个人,做人特别吝啬,从来不会把东西送给别人。他最不喜欢听到的一句话就是:"把东西给……"有一天,他不小心掉到河里去了。他的朋友在岸边立即喊道:"把手给我,把手给我,我拉你上来!"这个人始终不肯把手给他的朋友。他的朋友急了,又接连喊道:"把手给我!"。他情愿挣扎,也不肯把手给出去。他的朋友知道这个人的习惯,灵机一动喊道:"把我的手拿去,把我的手拿去。"这个人立马伸出手,握住了他的朋友的手。

点评: "给我"还是"拿去"?我们在经营事业的过程中,是不是一直在向客户表达着"把你的钱给我",有些客户就像上面那个吝啬的人,情愿在痛苦与不满足中挣扎,也不愿意把钱给我们。如果我们对客户说:"把我的产品拿去。"效果是否会更好一些呢?客户会更情愿地去体验你的产品,购买你的产品。"给我"还是"拿去"?这是一个精明的商家是否能从客户的角度去设计商业模式的问题。

换一个角度,事业就豁然开朗。①

---

① 世界财商网. 4个经典财商思维小故事告诉你,财商到底有多重要![EB/OL]. (2020-07-02)[2021-02-25]. http://www.caishangfq.com/1890.html.

第一节　财商与财商教育

一、财商

"财商"是指一个人认识并驾驭金钱(财富)运动规律的能力,也可通俗定义为一个人与财富打交道的能力。"财商"(Financial Quotient)本意是"金融智商",英文缩写为FQ,是个舶来词,最早由美国作家兼企业家罗伯特·清崎(Robert T. Kiyosaki)在全球理财畅销书《富爸爸穷爸爸》中提出。他认为,每个人的身上除智商(IQ)、情商(EQ)之外,还有一个不容忽视的财商(FQ),这是上天赐予每个人的礼物。财富让人拥有巨大的财富潜能,等着人们去唤醒、激活和开发。罗伯特·清崎以自己的亲身经历,讲述了两个爸爸截然不同的财富人生。"穷爸爸"是他的亲生父亲,一个受过良好教育的教育官员——夏威夷市教育厅厅长,聪明绝顶,拥有博士头衔,曾经两年不到就修完了4年的本科学业,随后又在斯坦福大学、芝加哥大学和西北大学深造,并都拿到了全额奖学金,活在当下,应该是最受追捧、名噪一时的"学霸"。但罗伯特亲眼看见了一生辛劳的"学霸爸爸"失了恩宠、失了业,在个人财务问题的泥沼中挣扎。去世时,只留下一些待付的账单。"富爸爸"是他好朋友的父亲,高中都没毕业,若在今天,毫无疑问是彻彻底底的"熊孩子",最好避而远之。但"熊孩子"成功逆袭,成了善于理财投资的企业家,是夏威夷最富有的人之一,去世后为家人、慈善机构和教堂留下了数千万的遗产。

高学历、低财商的穷爸爸,辛辛苦苦为钱工作了一辈子,到头来也没能逃脱负债累累的下场;低学历、高财商的富爸爸,把真实的世界当成一所大学,把生活当成鲜活的课程,最终练就了驾驭金钱的能力,让钱生钱,让钱为自己工作。在现实生活中,高学历、低财商大有人在,博士、教授被金融诈骗的案例并不少见。高智商、高学历不等于高财商。财商是衡量一个人控制金钱的能力,它是测算你能留住多少财富,以及让这些财富为你工作多久的指标。随着年龄的增长,如果你的财富能够不断地给你换回更多的自由、幸福、健康和人生选择的话,那么就意味着你的财商在增加。财商包括观念、知识、行为三个层次的东西,主要由以下四项技能组成:财务知识,即阅读理解数字的能力;投资战略,即钱生钱科学;市场、供给与需求,即提供市场需要的东西;法律规章,即有关会计、法律及税收之类的规定。

所以,财商是一个人在现代经济社会里必备的生存能力,是判断怎样能挣钱的敏锐嗅觉,是会计投资、市场营销和法律等方面的综合能力。财商就中国教育而言是一个新概念,却是影响人一生的重要课程。财商的四项主要技能是通过后天的学习思考练就的,所以,不学习不思考就无财商!如果从方法论的角度解释、定义财商,那么可以认为财商是告诉人们在经济生活中如何做出正确、理智的选择。以房产为例,选择买住宅还是买商铺,这是财商对象选择的内容;选择位置好的还是选择质量好的,这是财商交易策略的内容;什么政策环境、什么时间地点做交易,这是把握时机的内容;是全款还是按揭,这是资产管理的内容;交易前后出现意料不到的状况时如何处理,这是风险控制的内容……一生就是一连串的选择。你虽然拥有选择的权利，但如果不具备选择的能力，你的人生就会面临一串串失败，这就是财商的力量！经济社会，金钱作用无处不在，人们对金钱（财富）的态度、获取和管理金钱（财富）的能力，将决定一个人一生受金钱（财富）左右的程度和他的富裕程度，直接影响着人们的生活质量和幸福指数。换句话说，财商对于人们的幸福人生，其重要性越来越凸显。由于财商进入国人视野的时间不长，因此财商对人们来说相对陌生。尽管每个人身上都自带财商，但如果没有被激活，就相当于"零财商"或"低财商"。大部分人对财商的常识、重要概念等知之甚少，下面普及两个重要的财商概念。

第一个概念是资产和负债。可以简单打个比方：资产，是能把钱放进你口袋里的东西；负债，是把钱从你口袋里取走的东西。许多人都弄不清资产和负债间的联系，甚至还把资产等同于财产，弄出了笑话。如果你想变富，只需在一生中不断地买入资产；如果你想变穷，也只需不断地买入负债。正是因为不知道资产与负债两者间的区别，所以许多人常常把负债当作资产买进，导致自己在财务问题中痛苦挣扎。资产就是能为你挣钱的东西，比如你花钱买了一套房子，每年有一定幅度的增值，这个房子就是你的资产，它在不断地为你挣钱，这是好的资产；相反，总让你掏钱的就是负债，比如你买了一辆车，车子买来第一天就开始贬值，每天你还要消耗金钱去养车，这就是负债。凡是能增值的东西，都可以称为资产，比如拥有一家优质的公司、一个不错的项目、一件好的艺术收藏品，甚至你的健康和心情、人际关系等；凡是不断让你付出代价的东西，都可以称为负债，比如持有糟糕的股票、病恹恹的身体、很不愉悦的心境、糟糕的合作伙伴等。致富最有效的方法是拥有自己的资产，且不断地增值，而不是不断地偿还负债。资产能为你挣钱，负债总让你掏钱。让每分钱都为你工作，把赚到的钱变成资产，那就是一个高财商的精明人。所以，如何增加我们的资产、规避负债就是财商的核心课题。

第二个概念就是"复利"。爱因斯坦说，"比原子弹更强大的武器就是复利"。稍有数学概念的人都能明白，当你具有财富积累力的时候，每一次的增长都是复利的增加，这就是金融的核武器，也就是我们平常的口头禅"利滚利"！

致富的秘诀是什么？答案就是不断地提高自己的财商。哈佛大学是全球造就亿万富豪最多的大学，它的商学院被喻为"总经理的摇篮"，培养了微软、IBM一个个商业神话的缔造者。哈佛大学一直认为：财商是实现成功人生的关键，与智商、情商一起并列为学生不可或缺的"三商"教育。

二、财商教育

因为财商是驾驭金钱与财富的能力，所以财商教育就是培养人们对金钱的理解力、胜任力和对社会的责任感，树立正确的价值观，从而解决人们对金钱的恐惧和贪婪。

在现实生活中，金钱在人生中扮演着重要的角色。"一分钱就能难倒英雄汉"，屡屡发生在我们的身边，令人望"钱"兴叹！当然，金钱也不是万能的，世界上许多珍贵的东西，如健康、时间、诚信、空气、阳光、真正的爱情等，是无法用金钱来买卖的。

金钱令人爱，也令人恨，金钱在满足人物质需要的同时，也让人变得贪婪。我们要有正确的金钱观，一旦金钱观扭曲了，人面对金钱时往往会把持不住，迷失方向，成了金钱的奴隶，被金钱牵着鼻子走。一切向"钱"看，只用眼睛看钱，就有可能丧失做人的底线，走上邪道。

我们的祖辈们就有很多关于如何正确对待钱财的古训，值得我们重温和警醒。如孔子的"君子爱财，取之有道"、孟子的"富贵不能淫，贫贱不能移"等类似名言名句都是留给后人的忠告：喜爱金钱无可厚非，但是取财之道一定是正道、仁道，合乎规则、被社会允许，通过正当渠道获得。

"不义之财"是指没有良心的财富，虽然取之快捷，但终究逃不过法律的制裁，要付出相应的代价，最终会吞下自酿的苦果，多行不义必自毙。

在经济全球化、市场经济化的今天，每个人都有充分展示自己才能的舞台，也都有取财的途径和方法，先知先觉者可能已经成为致富的带头人了，后知后觉者可能刚刚入行，开始寻求致富的门路。但现实生活中还是有人、有企业，面对激烈的竞争，弱肉强食，尔虞我诈，只要能达到目的，就不择手段，没有遵循仁道原则。甚至为了发财、为了一夜暴富，有些人不惜出卖良心，从事走私贩毒、拐卖人口、非法买卖人体器官、权钱交易、买官卖官、非法融资等充满罪恶的黑色交易，那无异于掉进罪恶的深渊无法自拔，哪怕赚到再多的钱，那也是人们口中所称的赃钱、黑钱、臭钱，这种来路不明的金钱是不可能给你的人生带来幸福和快乐。获取金钱、财富必须要靠自己的辛勤劳动和汗水，要遵纪守法、符合道德伦理纲常及市场经济的规则，这是从古至今亘古不变的真理。每个人都有三种身份：自然人、社会人、经济人。作为自然人，我们需要智商；作为社会人，我们需要情商；作为经济人，我们需要财商，即跟财富打交道的能力！财商也称"经济素养"，它是一种指导人们经济行为的无形力量，隐藏在人们的经济生活中，影响着人们的生存和生活。每个人每天都身处五彩斑斓的物质世界里，从事着物质生产、流通、交换和消费等经济活动，大到国际贸易、股市涨跌，小到超市购物、日用品添置、节假日旅游等，都与人的财商密切相关。当你面对琳琅满目的商品时，你是选择需要的，还是选择想要的，是选择对的，还是选择贵的，需要你的财商帮你做出选择。在生活中，如何在纷繁复杂、利欲熏心的花花世界里，寻求平衡，守住底线，不被物质所诱惑，具有抵抗物质欲望的免疫力、自控力，需要后天的引导和自我的修炼，更需要从小的教育。不管你愿意还是不愿意，金钱文化已经强势地渗进我们的日常生活。与金钱打交道能力的好坏直接影响到我们的幸福，财商教育由此应运而生。财商教育是提高人们财商素养的系统学习与训练，具体的教育内容包括观念、知识、行为三个部分，这三部分在财商教育中被称作"财商等边三角形"。三角形的第一条边是思维（观念），就是面对金钱和财富怎么去想的问题；第二条边是知识，面对金钱和财富用什么去想的问题；第三条边是行为，面对金钱和财富如何去做的问题。这三个部分互相支撑、互相影响、互相关联，构成了财商教育的动态系统。财商教育要传授必要的、适当的经济常识及训练人的思维能力、创新能力、自我管理能力、有效学习能力等。养成正确的思维方式是财商教育最重要的一点，因为思维决定行为，思路决定出路。财商被人急需，但也常被人忽略。有人认为，财商教育就是理财教育，是赤裸裸的金钱教育，是为了富有、富有再富有，担心从小跟孩子谈金钱，孩子容易变得势利，成了财迷。这是对财商教育错误、片面、狭隘的理解。财商高的人，当然更擅长理财。但是，理财绝不是财商教育的全部，只是财商教育的内容之一。财商教育教会人们的，绝不仅是用钱、花钱、赚钱、攒钱这点事，而是通过有关经济（财富）知识的启蒙、财商思维的培养、财商社会实践的体验等系统训练，帮助人们建构起一套面对物质生活的价值体系，逐步树立正确的金钱观、财富观和价值观，培养正确的人生观，让人们懂得如何去规划梦想、管理人生。

第二节　国外财商教育启示

2016年，来自世界银行和乔治华盛顿大学的联合调查组，选取了全世界140多个经济体，超过150 000名成年人样本，以面对面的问卷调查为主，对财商的四大基础理念"利率""复利""通货膨胀""分散风险"等进行问答，只有答对了4道题中的3道题才能被判定为有财商意识。调查结果显示，总分100分，我国得分仅为28分，略高于印度和泰国（27分）、越南（24分）等国家，处于中下游水平，落后于新加坡（59分）、日本（43分）、马来西亚（36分）、韩国（33分）。调查显示，北美、澳洲、欧洲尤其是美、英、法、德为首的发达国家公民均有着卓越的财商意识。因此，要提高国人的财商意识，须放眼世界，学习借鉴欧美等发达国家和民族的财商教育，从娃娃抓起，从教育抓起。

理财能力是指人们运用适当的手段和方法，合理地规划财富、使用财富的能力。财商教育应当教会大学生一些基本的理财能力。因为知行应当是统一的，财商教育的最终目标是进行理财能力的实践。此外，实践是检验理财知识的唯一标准，只有进行理财实践，才能认识和评定其财商素质水平。

关于理财能力的培养，我们可以先了解一下其他国家的培养方法。

（一）美国

在美国人看来，一个人的理财能力高低直接关系到他一生的事业成功与否和家庭幸福程度如何。美国父母希望孩子很小就懂得独立、劳动和金钱的关系，他们把理财教育称为从3岁开始实现的幸福人生计划，让孩子学会赚钱、花钱、与人分享。3岁能够认识各种硬币和纸币；6岁能够找钱；9岁能够制订简单的开销计划，购物时知道比较价格；12岁开始接触银行；等等。

（二）英国

性格传统的英国人的理财方针是理性消费、精打细算，他们把这种理财观念也传授给了自己的孩子。在英国，针对青少年的储蓄账户相当普遍，大多数银行都为16岁以下的孩子开设了特别账户。对此政府也表示大力支持，并且公布了一系列新的教学改革计划，将储蓄和理财作为英国中小学生的必修课程。

（三）法国

法国家长的教育方式比较特别，他们认为应该给自己的孩子发放零用钱，因为即便是孩子，也有各自特殊的需要，也有权支配金钱，对此家长理应予以尊重和支持。让孩子早早拥有属于自己的私房钱，有利于培养孩子经济上的独立性。为此，家长会定期给孩子一笔零用钱并限制消费范围，这样做的好处是，孩子们的合理消费有了对应的场所，同时他们在无形中也养成了良好的储蓄习惯。

（四）日本

日本人向来注重家庭教育，他们主张孩子要自力更生，让孩子自己获得并管理自己的零用钱，家长甚少干涉。日本人教育孩子有一句名言：除了阳光和空气是大自然赐予的，其他一切都要通过劳动获得。日本的孩子大多有强烈的理财意识和出色的理财能力。

（五）以色列

以色列人关于金钱的教育主要遵循几个基本原则：第一，每个人都有明确的物权概念，保护自己的财产，同时尊重别人的财产；第二，学会珍惜财富，讲究节俭；第三，明白财富的获取途径。

对比以上这些国家成功的理财教育方法，我们可以发现这些国家有这样的一些共同特点：

（1）从早期开始教育。研究证明，早期教育对人一生的影响最为明显，所以，对孩子的理财教育应当从娃娃抓起。西方理财教育的成功之处就在于让孩子很小的时候就能够意识到理财的重要性，而中国的理财教育普遍起步较晚，很多大学生们都存在或大或小的财务问题。

（2）从抽象到具体、循序渐进。人的认知有一个从易到难的过程，因此，西方国家对青少年的理财教育是随着他们身心的发展逐步推进的，从一开始的认识钱，到学会买东西，到学会储蓄，再到后来的学会投资，体现着一种符合青少年自身发展的循序渐进的过程。

（3）实践原则。国外无论是家庭还是学校，对青少年进行理财教育不是停留在说教阶段，而是注重在实际生活中锻炼孩子的理财意识和能力。

第三节　培养健康的财富观

通过对财富观定义的阐述，结合国外的实践经验，当今我国大学生的财富观应该从以下几个方面着手：

一、正确的金钱观

（1）不鄙视财富。在商品经济时代，金钱财富是直接和物质生活挂钩的，是物质生活的前提和保证。但是由于受到我国长期以来的"君子不言利"的传统思想的影响，社会上有一些人过分轻视财富，耻于谈论财富。这些思想和行为也深深地影响了大学生，对他们的金钱观造成了一些不良的影响。根据马克思对于财富的划分，财富应当包括物质财富和精神财富。鄙视财富实际上是割裂了物质财富和精神财富的关系，是一种不健全的财富观。

（2）不贪恋财富。鄙视财富的另一个极端是贪恋财富，认为金钱是万能的。改革开放之后，随着市场经济的发展和大量资本的涌入，很多人的金钱观发生了逆转，产生了对金钱的绝对崇拜。很多人在金钱面前迷失了自我，成了完全物化了的人。我们应当培养大学生合理健康的金钱观，让他们在追求金钱与保持自己的人格尊严之间做好平衡。

(3) 尊重他人的财富。面对当今社会日益扩大的贫富差距，一些"不患寡而患不均"的仇富心理开始在一部分人的心中涌动，仇富思想产生的根本原因是现在贫富差距的逐步拉大及人们对先富带动后富政策的曲解。我们应当看到，确实有少部分人利用了社会经济转型时期法律规范的不健全而获取了一些非法财富，但是绝大多数人是通过自己的诚实劳动和合法经营富起来的，我们应当保持理性的眼光，学会尊重别人的财富。

二、积极的劳动观

从个人来说，劳动是个人维持自我生存和自我发展的唯一手段。从社会来说，劳动创造了物质财富和精神财富，是人类文明的起源。大学生正处在人生的黄金阶段，日后，他们将成为财富创造的中坚力量。他们作为社会人才中的高智商团体，如何引导他们通过合法劳动获取财富，通过先进科学技术、生产方式和管理模式为个人和国家共同利益创造出更多的财富，是财富观教育的重要内容。

三、理性的消费观

消费观是指人们对待其可支配收入的指导思想和态度及对商品价值追求的取向，是消费者主体在进行或准备进行消费活动时对消费对象、消费行为方式、消费过程、消费趋势的总体认识评价与价值判断。我们获取财富的最终目的是使用财富，消费观是大学生财富观教育的重要环节。

当代大学生的消费主要有生活消费、学习消费、娱乐消费、人际消费四个方面。如今，随着我国市场经济的不断完善和高等教育的普及化，大学生的消费观念和消费结构产生了很大的变化：生活消费高质量化；学习消费不断增加；娱乐消费多样化；人际消费社会化。而与消费结构的变化形成强烈反差的是，大学生的经济来源依然相对单一，主要还是依靠家庭资助。合理的消费观应该包含：一方面，量入为出，适度消费。我们要在消费和自己的经济能力相适应的前提下，学会适度消费。过度消费会造成财务危机，影响我们的正常生活；相反，如果一味地聚财敛财，不敢消费，那么我们生产和劳动也失去了最终的意义。另一方面，崇尚节约，绿色消费。艰苦奋斗、勤俭节约是中华民族的传统美德，是我们宝贵的精神财富。大学生还没有踏上工作岗位，他们平时的经济来源主要靠家庭的给予，节约用钱也是对家庭应尽的责任。因此，要对大学生进行消费观教育，促进大学生的身心健康和全面发展，培养大学生科学的、健康的、适度的消费观念，提升大学生的生活质量和品位，促进大学生身心全面发展。

四、科学的理财观

理财是对于财产的经营。有句流行话叫"你不理财，财不理你"，在市场经济社会，理财已经同计算机一样成为一项必备技能。许多大学生认为自己现在没有工作，理财有难度。这种想法是不正确的，理财不分多寡，尽早学会投资理财很有必要。还有些人认为自己每月有资金结余，因此不需要理财。这种观点也是不正确的，无论你手头的资金是否真的很充足，都应当学会理财。因为我们手头的资金越多，造成损失的可能就越大，而理财在一定程度上可以让我们规避这些风险。

五、牢固的法律责任

美国大法官赫尔摩斯说:"财富是法律的产物。"法律制度也是创造和保护财富必不可少的条件,通过法律给予创造财富的人应有的尊重,并且确保他们获取财富手段的正当合法。我国目前的法律体系尽管相对完备,但是制定法律是一方面,遵守法律又是另一方面。法律责任的缺乏导致了部分人对财富追求的非理性,因此,在经济发展、生活水平进步的同时应对大学生进行法律责任意识的教育,让他们明白,失信者不仅要承担舆论谴责,更要付出法律上的代价,使正确的财富观深入人心并最终外化为人正确的财富行为,实现民族的振兴、国家的富强和个人的全面自由发展。

六、坚定的诚信意识

如果说法律是依靠国家的强制力量来保障实施的行为规范,强调的是"他律"的话,那么,道德通过公序良俗、社会舆论及内心信念来调节人与人之间的利益关系,强调的是一种"自律"。我国古代经商就有讲求诚信的传统美德,诚信是中国古代商人的发家致富之道,是我国传统财富观的精髓。在现代,诚信同样是个人完成自己财富目标及国家宏观经济良性发展的必要手段。我国目前正处在社会转型时期,由于社会结构的调整、利益格局的变动,造成了一部分人道德滑坡。很多人认为只要能够赚钱,可以不择手段,这是一种典型的错误财富观。如果只追求物质利益,而抛弃了道德和尊严,最终会使人们失去奋斗目标和人生动力。因此,在发展经济的同时,诚信意识的教育一定要跟上。大学生要加强社会主义思想道德建设,意识到市场经济必须建立在以诚信为核心的道德基础上,在今后走向社会的过程中,将诚信意识贯穿到自己的政治和经济活动中去,真正成长为祖国的栋梁。

20 道财商测试题测出你的财商

1. 你即将有 14 小时的飞行旅行,而包里只放得下一本书。你想从两本书中做选择,其中一本书是你最喜欢的作者的书,但他最近出版的书却令你相当失望。另有一本热门的畅销书,可除了畅销之外你对它一无所知。你会选择(   )。

    A. 畅销书　　　　　　　　B. 你喜欢的作者的新书

2. 你准备去电影院观看正在上映的某知名电影,本打算买 8 时 30 分的票,售票员却告诉你 8 时 30 分的票已经卖完了,只剩下午和夜场的票。她还告诉你 8 时 45 分在小厅有一个新电影上映,不过你没有听过那部新电影的名字,你会(   )。

    A. 购买新电影的票　　　　B. 买午夜场的票

3. 你去专卖店买衣服,看中一款上衣,但你喜欢的颜色缺货。导购告诉你,在其他连锁店肯定有。不过现在是打折季节,不能为你特别保留,你会(   )。

    A 马上赶到另一家连锁店　　B. 买下手中的上衣

4. 下列(   )事情会让你最开心。

    A. 你在竞赛中赢得了 10 万元

B. 你从一个富有的亲戚那里继承了 10 万元

C. 你冒着风险，投资的 2 000 元期权带来了 10 万元的收益

D. 上述任何一项，你很高兴 10 万元的收益，无论是通过什么渠道获得

5. 你继承了叔叔价值 100 万元的房子，已付清了所有的按揭贷款。尽管房子在一个时尚社区，并且预期会有高于通货膨胀率的收益，但是房子很破旧。目前，房子正在出租，每月有 1 000 元的租金收入。不过，如果房子新装修后，租金可以有 1 500 元。可以用房子抵押获得装修贷款。你会（　　）。

   A. 卖掉房子　　　　　B. 保持现有租约　　　　　C. 装修它，再出租

6. 你购买一项投资，在一个月后跌去了 15% 的总价值。假设该投资的其他任何基本要素没有改变，你会（　　）。

   A. 坐等投资回到原有价值

   B. 卖掉它，以免日后如果它不断跌价，让你寝食难安，夜不成寐

   C. 买入更多，因为如果以当初价格购买时认为是个好决定，现在机会应更好

7. 你在某个电视竞赛中有下列选择，你会选（　　）。

   A. 1 000 元现钞　　　　　　　　B. 50% 的机会获得 4 000 元

   C. 20% 的机会获得 10 000 元　　D. 5% 的机会获得 100 000 元

8. 专家估计一些资产，如黄金、珠宝、珍藏物和房屋（实质资产）的价格会上升，而债券的价格会下跌，但他们认为政府债券相对比较安全。假如你现时持有大量政府债券，你会（　　）。

   A. 继续持有

   B. 把债券卖掉，然后把得来的资金一半投资到货币市场，另一半投资到实质资产

   C. 把债券卖掉，然后把所有得来的资金投资到实质资产

   D. 把债券卖掉，除了把所有得来的资金投资到实质资产外，还向别人借钱来投资实质资产

9. 你购买一项投资，在一个月后暴涨了 40%。假设你找不出更多的相关信息，你会（　　）。

   A. 卖掉它

   B. 继续持有它，期待未来可能更多的收益

   C. 买入更多，也许它还会涨得更高

10. 你为一家私营的呈上升期的小型电子企业工作。公司向员工出售股票募集资金。管理层计划将公司上市，但至少要 4 年以后。如果你购买股票，你的股票只能在公司股票公开交易后方可卖出。同时，股票不分红。公司一旦上市，股票会以你购买的 10～20 倍的价格交易。你会（　　）。

   A. 一股也不买　　　　　　　　B. 用一个月的薪水购买股票

   C. 用三个月的薪水购买股票　　D. 用六个月的薪水购买股票

11. 你选购电脑，选好品牌后，店员告诉你，如果你购买销售展示用的电脑可以打 8 折，全新的电脑则没有折扣，你会（　　）。

   A. 选择全新的电脑　　　　　　B. 选择打 8 折的电脑

12. 下列四个投资选择，你个人比较喜欢（　　）。

A. 最好的情况下赚取 200 元，最差的情况下损失 0

B. 最好的情况下赚取 800 元，最差的情况下损失 200 元

C. 最好的情况下赚取 2 600 元，最差的情况下损失 800 元

D. 最好的情况下赚取 4 800 元，最差的情况下损失 2 400 元

13. 你在一项博彩游戏中已经输了 500 元，为了赢回 500 元，你准备的翻本钱是（　　）

A. 不来了，现在就放弃　　B. 100 元　　C. 250 元　　D. 500 元

E. 超过 500 元

14. 如果你现在得到 1 000 元的现金，你会（　　）。

A. 再额外多赚 500 元（即肯定得到 1 500 元）

B. 50% 机会额外多赚 1 000 元，50% 机会维持到 1 000 元现金

15. 假设你承继了 10 000 元遗产，你必须把所有遗产投资以下其中一项，你会选择（　　）。

A. 储蓄或购买货币市场基金

B. 一个拥有股票和债券的基金

C. 一个拥有十五只蓝筹股票的投资组合

D. 一些保值的投资产品，如黄金、白银或石油

16. 如果你拥有 20 000 元并可用于投资，有以下几种组合：高风险投资包括期货和期权，中风险投资包括股票和股票基金，低风险投资包括债券和债券基金。你会选择（　　）。

A. 低风险占 60%，中风险占 30%，高风险占 10%

B. 低风险占 30%，中风险占 40%，高风险占 30%

C. 低风险占 10%，中风险占 40%，高风险占 50%

17. 你比较愿意（　　）。

A. 投资于货币市场基金，但会目睹今后六个月激进增长型基金翻番增长

B. 投资于今后六个月不断上升的激进增长型基金

18. 假设你喜欢运用不同的理财工具，如股票、基金或期货来投资。当行情看涨时，你会利用（　　）来扩张你的额度吗？

A. 借款　　　　B. 有可能借款　　　　C. 不会借款

19. "投资的亏损只是短期现象。我认为只要继续持有投资项目，终必可收复失地。"您（　　）该说法吗？

A. 非常同意　　B. 可以接受　　C. 倾向同意　　D. 倾向不同意

E. 绝不同意

20. 若市价忽然下跌，您（　　）继续持有该投资项目？

A. 肯定会　　B. 极有可能会　　C. 不能肯定会　　D. 极有可能不会

E. 绝对不会

你的财商对应你的理财水平。

（评分标准：A—0 分，B—1 分，C—2 分，D—3 分，E—4 分。）

（1）得分 0～15 分。

点评：建议你还是先不着急执掌钱袋子，因为你的财商比较低，并且对自己没有信心。基本上你目前属于理财盲，你要学习的东西太多，而且投资对于你还是一个太遥远的

概念，建议你还是先从最基本的东西开始着手，先搞清楚自己到底需要什么样的生活目标。

（2）得分 15～30 分。

点评：恭喜你已经初步意识到你的钱财需要打理，但你也需要多关注你的钱袋子，多看看周围的人是如何管理自己的资源的，在关注各种投资理财讯息的同时，加紧开发自己的财商，掌握各种理财工具。在专家的指导下，你可稳步实现你的财富增长。

投资趋向：鉴于你期望获得中等程度入息及资本增值，可能你并不十分看重目前收入，而是更注重投资的稳定成长。

（3）得分 30～35 分。

点评：你已经具有一定的理财能力，也经常独立地做出一些投资判断，但有些地方你可能还不太在意，如果你对你花出去的每一块钱都多一份关注的话，你会发现原来你可以做得更好！在学习理财知识的同时，虚心采纳专家的意见，富裕的生活离你不会太远！

投资趋向：你的资产组合应该较为丰富，股票的比例不会太低，但应预留短时期内足够的现金流。你可能较为年轻，对未来的收入充分乐观，个人财务上有足够的资金保障。

（4）得分 35 分以上。

点评：你的理财能力非常强，财商很高。可以说，你懂得如何充分利用身边的资源使其发挥最大的作用。你的理财目的不是要在短期内兑现资金，所以你有很高的回报波动承变能力，你追求长期的、高速的资金增值。你的财商已经足够你做出正确的决策，你是一个理财高手！

导师寄语

金钱不一定能让人自由，但缺少它，那你一定不自由。最重要的是我们要保持一个平常和自由的心。真正的财务自由，既要身享之，亦要心往之。你不必为衣食的节俭而感到羞愧，因为你不需要用大腹便便来证明你的富有；你不必炫耀你的财富而获得尊重，因为你的人格已足以赢得尊重；你的财富只为让你所爱的人和爱你的人过上舒适和有尊严的生活。这样的财富才能使你达到真正的心灵自由。

课后推荐

罗伯特·清崎，莎伦·莱希特. 穷爸爸、富爸爸 [M]. 萧明，译. 成都：四川人民出版社，2017.

职业生涯规划与就业指导

第二十二章 实习的意义及注意事项

学习要点

- 了解实习的目的与意义。
- 了解毕业生实习期的注意事项。

思维园地

2020年7月，某校招生就业工作处接到某设计类企业的电话。电话内容是：某校2020届某专业毕业生于三周前开始在该企业实习，企业让该学生负责项目结项后图纸的收集及存档工作，并且跟学生说明需要在企业工作一个月后，再决定是否与其签订三方协议或直接签订劳动合同。企业让该学生负责该项工作的主要目的是希望他在收集整理结项图纸的过程中，能够学习到设计一个成品图所具备的各项条件，以求在短期内提升个人的专业技术能力。但该学生在企业仅仅工作3周后，就向企业提出离职申请。企业经理同意其离职。但因他并没有工作满一个月，所以企业只能按天数给予相应的实习补贴，并要求该学生在第二天与另外一名同事交接工作后就可以办理离职手续。该学生当时并没有表示任何反对意见。但是在当天下班前，该学生将自己电脑中存储的所有结项图纸包括企业内部局域网络上保存的图纸全部删除，第二天也没有按照企业的要求进行工作交接并办理离职手续。企业于第二天下午发现图纸被删除，于是就和该学生进行联系，但始终没有联系上。第三天企业通过学校网站上的联系方式与学校就业主管部门取得联系，反映该情况。企业要求校方找到该学生并让其在规定的时间内向企业说明情况，因该学生的行为已经对企业的利益造成了一定程度的损害，如该学生仍不与企业联系，企业将通过司法程序进行解决。招生就业工作处的老师经与该学生所在专业的辅导员取得联系，反映该情况后，由辅导员老师找到该学生并对其进行批评教育，让其向企业郑重地做出道歉，以求获得企业的谅解。后经学校多次与企业的沟通调解，企业最终并没有追究该学生的责任。

点评：通过此案例可以得出以下几点结论：

（1）有些企业会要求毕业生工作一段时间后才签订三方协议，那么这段没有协议的工作空档期就是一个关键点。一般来说，空档期在6～12个工作日内相对比较符合常理，这包括学生办理入职手续、安排住宿、入职培训等环节。如果超过这个期限，毕业生可以主动提出签约要求，来保护自己的实习权益。

（2）毕业生在实习期应严格遵守企业的工作要求和各项规章制度，不能随意损毁企业的相关材料,不能因工作不顺、发泄情绪等原因做出损害企业名誉利益的事。

(3) 当在实习期与企业发生矛盾,对企业的相关要求不能接受时,应采取正当的方式与企业进行沟通。如沟通无果,可以选择申请调离原岗位或离职。不能消极逃避问题,更不能一走了之,造成更严重的后果。

第一节 实习的目的及意义

一、实习的定义

实习是指学生在完成本专业理论课程学习后,将自己所学知识运用于实践,同时也是在实践中对理论知识检验的过程。

二、实习的分类

按照实习时间进行划分,可分为在校期间的金工实习、顶岗实习等一系列专业教学实习,求职阶段的就业实习。

三、实习的目的

(1) 检验理论知识。
(2) 学习如何将理论知识转化到实际工作中。
(3) 对本专业对应的行业发展有认知和了解。
(4) 对所从事的岗位和工作所需求的技能有所认知。
(5) 了解企业的运行标准,学会从学生向职场人进行转化。
(6) 通过实习积累工作经验,寻求未来的就业岗位和发展机会。

以上6种实习目的是帮助同学们在校期间的专业教学实习和求职就业实习两个阶段能更好地树立实习目标。因为只有做到明确自己的实习目的,实习才能更有效果、更有意义。

四、实习的意义

很多大学生认为,实习的目的应该就是实习的意义。这种理解并不完全正确。目标的设立是为了通过自身的努力做好事情来获得预期的结果。而做这个事情的意义在于用我们在做事过程中的所见所闻、所学所感及最终的结果作为提升自身能力、规划未来发展的重要依据。实习的意义主要在于以下几个方面:

(一)了解目标工作内容,弥补个人职业差距

实习时的工作内容基本上都是与自己所学专业相关的知识。通过在实习中的实操锻炼,对所学知识进行有效的梳理,也能够较为全面地了解自己所学专业对应行业与岗位的

具体工作内容和未来发展空间，同时也能让自己充分地认识到不同岗位对其从业人员的不同要求，明确自己与目标岗位在专业技能、职业素养上的差距，制订中长期切实可行的补短计划，以求在未来的工作中为自己的职业发展提供更为充足的竞争砝码。

（二）提升职业素养，积累人脉资源

实习不仅仅是对所学知识的一种检验梳理，对专业对口行业岗位的认知和了解，更是提升自身职业素养，做好从学生向职场人转变的一次学习机会。首先，要在实习过程中转变自身的思维方式，无论是对待工作，还是与周围的同事相处，要学会用辩证的方法来考虑问题。在处理问题时要退去学生的稚气，做事要多几分职场人的成熟与干练。其次，要学会积攒自己的人际关系，包括企业的领导、部门主管、同事及客户等。这些人脉资源不仅仅能在实习过程中给予你更多的帮助，同时也能为你未来在职业发展上提供更多的机会。

（三）拓展就业视野，增加就业机会

实习是认知行业和岗位的一个必要过程。在此期间，毕业生在完成正常实习工作时，应及时将所从事的工作予以总结、评估，分析自身是否真的适合从事这个行业或这个岗位。当发现自己并不适合时，应该利用实习期间，通过请教企业的领导、同事，咨询自己接触过的客户，查询实习所在地官方人才招聘网站等方式，拓展自己的就业视野，挖掘更多更适合自己的岗位、行业，使此次实习与下一次的入职实现无缝对接。

第二节　毕业生实习期间应注意的事项

一、实习安全保障

（一）实习企业的选择

实习的第一步就是要对实习企业进行选择。毕业生们可以通过以下四种方式来选择企业。

（1）毕业生所在学校（院系）推荐的实习企业。

（2）经学校就业主管部门审核通过，来校进行招聘的企业。

（3）家人、朋友、学长推荐的实习企业，并且此类企业必须是"国家企业信用信息公示系统"中查询为合格的企业。

（4）毕业生通过学校、地方就业主管部门认定的第三方机构发布的招聘企业。

（二）实习期的个人安全

由于毕业生在进入企业实习时，还未能满足缴纳相关社会保险的要求，故毕业生需高度重视个人安全（包括生命安全和财产安全）。部分毕业生同学存在以下几点误区：

（1）在学校已经缴纳了学生的社会保险及商业类保险。

（2）工作内容和工作环境没有危险。

（3）没有那么倒霉，不好的事情都发生在自己身上。

由于实习地点、实习岗位、专业等多方面因素的影响，在企业有可能发生突发情况。建议毕业生在实习企业所在地购买短期类商业医疗、意外保险等，以保护自身的安全。

二、实习权益保障

（一）实习期的认定

实习期是指在校学生充分结合自己的理论知识，参加社会实践工作，以充分提高自身综合素质和工作适应能力的一段时期。由于我国法律中并没有明确规定实习期的时间，同时因行业、企业、地域等多方面因素的差异，实习期的时间并不统一，基本以用人单位的要求为准。现行绝大多数企业以毕业生取得毕业证、学位证，能够与企业签订正式劳动合同为期，在此之前均算作实习期。但是也有企业有固定的实习期，一般3~6个月不等。实习期结束后，毕业生如继续在岗工作，则进入试用期，享受同工同酬的待遇。除教学实习外，在无特殊条款、协议约定的前提条件下，毕业生可在实习期内自主选择新的实习企业、实习岗位，但需要到原实习单位办理离职手续。

（二）劳动关系的认定及权益的保障

由于毕业生在企业实习期间不具备与企业签订劳动合同的条件，为了保障自身实习权益，毕业生需要做到以下几点：

（1）在进入企业实习前要明确自己的实习期的时限、岗位、工作内容、薪酬标准等相关事宜，并尽量将其写进三方协议。

（2）当毕业生确定到企业进行实习，要与企业签订三方协议。三方协议是毕业生在与企业签订劳动合同前具有法律效力的凭证，是证明毕业生与企业达成劳动关系的证明。

这里有一个特殊情况：有部分企业虽然与毕业生签订三方协议，但要求毕业生在拿到毕业证后再到岗工作。那么会存在以下几种情况：

① 先签三方协议，毕业后到岗，这种协议一般都有违约金，毕业生在签约前要慎重考虑。

②"先签约、后到岗"，毕业生有很长的一段空档期，毕业生可以利用这个空当期根据自己的实际情况寻找新的实习企业，但也需要再次与新实习企业签订三方协议。

（3）实习期与试用期的置换。

根据《中华人民共和国劳动合同法》关于试用期的规定：劳动合同期限三个月以上不满一年的，试用期不得超过一个月；劳动合同期限一年以上不满三年的，试用期不得超过二个月；三年以上固定期限和无固定期限的劳动合同，试用期不得超过六个月。且同一用人单位与同一劳动者只能约定一次试用期。由此可见，试用期最长时限不超过六个月，一般情况下试用期为3个月，同时毕业生处于试用期时即受到法律的保护。现在也有很多企业实行实习期顶替试用期的政策。即毕业生在企业实习工作满3~6个月的时间，在毕业生实习期满后，继续留任且与企业签订正式劳动合同，则该毕业生不再有试用期，直接成为正式员工。

三、实习期需注意的特殊情况

（1）毕业生在需签订"竞业协议""守秘协议"的企业实习时，需要做好充足的准备。诸如此类的附加协议，会影响毕业生在未来1~2年内岗位、行业的选择。

（2）毕业生与实习企业签订三方协议后，企业又另外要求签订如"进厂协议"等附加协议时，要认真核对附加协议的每一个条款，尤其在工作内容、工作时间、薪酬待遇、协议时间、安全保障等方面是否与签订三方协议时企业的承诺存在不符的情况，如发生此类情况，应及时联系学校辅导员及就业主管部门。

（3）毕业生应严格遵守实习企业的工作要求和各项管理规定。不做损害企业名誉、利益的事情，不从事违法违纪活动，不能在与自己工作内容无关的各类财务票据、货物单据上签字。如需要向企业提出请假或离职的需求时，应按照企业的相关要求和流程进行申请，不可私自离岗，更不可以在离职后随意删除公司各类文件材料。

（4）毕业生在企业实习期间，如发生意外伤害等情况，首先，要将情况及时通知企业、家人、学校，如需就医治疗，应在第一时间到附近医院进行救治；其次，要根据实习前与实习企业签订的各类协议及缴纳的保险向企业提出请假及补偿，并向保险公司报案要求理赔。

（5）在遇到实习企业未能履行协议的相关要求，包括延长工作时间、延发或扣发工资补助、要求在非安全工作环境下工作、无正当缘由辞退等情况时，毕业生可以向当地的劳动仲裁部门提出劳动仲裁申请。当然，毕业生需要提供工作期间的照片、视频、签订的原始协议等相关的佐证材料。

牛刀小试

1. 你会选择（　　）进行实习。
   A．与本专业相关行业、企业　　　　　　B．自己喜欢的行业、企业
   C．当下比较火热的行业、企业
   选择的原因：_____。

2. 实习过程中你最想得到的是（　　）。
   A．专业能力提升　　B．对行业、岗位的认知　　C．人脉的积累　　D．高额薪酬
   E．直接就业
   选择的原因：_____。

3. 如果你实习的企业给予你的工作和你想象中不符，或者企业要求你要从一线开始做起，你会怎么做？

4. 当你发现你所实习的企业及企业给予你的岗位并不适合你自己，但此时你的实习期还有很长时间，你会怎么做？

5. 当你向实习企业提出离职申请，企业要求你必须工作一个月才能离职，而且你当月的薪资只能在下个月发放，你会怎么做？

导师寄语

实习应该是每一名毕业生在离开学校进入社会前都必须要经历的重要过程。这是毕业生对过往所学理论知识的梳理，对职场和职业认知的开始，对自身职业规划和发展的奠基。利用好实习环节，将会大大提升你在毕业之初与同龄人的竞争力，加快你的职业发

展。任何企业都愿意在众多的大学毕业生中选择更为优秀的人才进行培养,而实习期就是能展现毕业生能力最好的平台。

课后推荐

刘小庆,俞林辉,王存芳. 大学生顶岗实习与就业指导 [M]. 北京:人民邮电出版社,2020.

第二十三章　求职陷阱的种类与应对策略

学习要点

- 了解常见的求职陷阱。
- 掌握求职陷阱的应对策略。

思维园地

弟弟被骗到广东搞传销

对于刚刚毕业的大学生来说，由于缺乏社会经验，在求职中往往更容易误入形形色色的招聘陷阱，轻则被骗财骗色骗劳动力，重则被绑架拐卖。这不，海南文昌籍的大学毕业生符某就遭遇了这么一档子事，在求职过程中落入招聘陷阱，被骗到广东佛山一传销黑窝，若不是其机智逃脱，还不知会落得什么不堪设想的后果。昨日，得知信息的记者联系到了目前仍身在广州的符某，符某在接受采访中，谈到被骗和成功逃跑的经历时仍心有余悸。

7月2日晚7时许，符某在海口工作的哥哥符某彬来到本报，向记者道出了其弟符某被骗到广东佛山顺德搞传销的不幸。符某彬说，弟弟在成都某大学上学，今年毕业前，弟弟来到广东佛山上班，这才发现招聘单位原来是搞传销的。几经周折弟弟才逃跑出来，但所带去的财物已被扣押。"我弟弟说，那里目前还有10多个大学生，他们都是被骗去的。"

据了解，符某是海南文昌市人，就读于成都某大学材料科学系。今年3月份，广东佛山顺德一家打着"××电器"招牌的单位招聘，符某便向该单位投了简历。招聘会后，该单位就电话通知他去上班，这让符某兴奋不已，由于没到毕业时间，符某只好等到7月后再去上班。这之后，符某和这家单位一直保持着联系。

6月底，经过认真考虑，已从成都某大学材料科学系正式毕业的符某便决定去××电器公司工作。并把这一决定电话通知了文昌老家的爸爸妈妈和在海口工作的哥哥符某，得到一致同意后，6月28日，他乘上了开往广州的火车。

"6月30日下午4时许，我曾发过'面试的情况怎样'的信息给弟弟，但是一直没有接到回复短信，又连续发了2条短信，仍然没有接到回信，我以为弟弟在工作不方便回复就再没有发了，也没有打电话。一直到30日晚上7时许，我再次拨打弟弟的手机，发现手机关机。"符某彬说。7月1日上午，符某彬打电话回家才知道弟弟被骗去广东顺德搞传销的事情，并得知弟弟已经成功逃跑出来，他才安心。

连续两天都被带去逛街

7月3日，记者采访了目前仍在广州的符某。符某说，6月28日晚上8时左右他到达广州火车站后,见到了如约来接他的××电器公司的工作人员谭某,到学校招聘且一直和他保持联系的就是这个叫谭某的女孩。在火车站见面后,他就与谭某马不停蹄地乘车赶到了佛山顺德,到达顺德后谭某就叫来另外一青年男子帮他把所带的行李拿到住的地方,而谭某则带着他到处走走,说是"带你熟悉熟悉这里的环境,以后就得在这里工作和生活了"。在此过程中,谭某告诉他,目前单位没有技术人员岗位,得委屈一下先从销售人员做起。想到刚毕业还没有经验,符某对单位的安排没有异议。

符某说:"我当时就觉得稀奇,我已坐了40个小时的火车和一个半小时的汽车,她却不让我休息,带我去逛街到晚上7点。后来才知道,当时他们正在开讲座会,怕我看到。"

第二天,本认为可以上班的符某早上6点40起床,8点钟的时候又被谭某带出去逛街,一直到中午12点才回来。2点钟又出去逛,到晚上8点多才回来。

手机和毕业证等被扣

6月28日,符某被带到住处后,就被安排和一个叫李某的青年男子住在一个房间里,从此,不管他做什么,李某都跟着他,谭某也随时监视着他。

符某告诉记者,6月30日上午,谭某就叫符某将自己毕业证和学位证及身份证交给了她,说公司领导要看,没有经验和对他们没有产生怀疑的符某便将以上证件交给了谭某。

6月30日中午,谭某忽然跑过来对他说:"我的手机拿去维修了,能不能借你的手机用一下,卡你拿着。"没有防御的符某又把手机给了她。

上第一节课才知道受骗

6月30日上午8时许,符某被谭某带到顺德皇宫酒店对面的一民宅上课,这地方离他们住地走路约要一个多小时。

上课过程中,先后有3个人给符某讲课,讲课的内容都是诸如"跟着我们干好处绝对不少,保证一年能拿多少多少钱"的话。

符某说:"为了打消他的顾虑,组织者除了不停地给他讲课外,还派专人来和他聊天,观察他的心理活动,进行心理引导。"

洗杯子时成功逃跑

"上了一天的课后,我已渐渐明白自己误入了传销窝点。下午5时左右,一个主任给我们洗脑,当时我就在思考逃跑的计划。我等主任讲完课后就跟着他走出了房间,然后他进了另一间房间并关上了门。我觉得逃跑机会来了,假装头晕,要出来活动,但李某和谭某仍紧跟着我。"

符某说,他到大厅里面借故喝水,谭某就在那里看书,李某就陪他聊天和喝水,李某一直都是拦着门的方向。李某很快就把水喝完了。我故意慢慢地喝,以便寻找机会。喝完水,刚把杯子放到桌子上,李某要我去洗杯子,这时李某也跟着我进厨房洗杯子。我把杯子洗好走出厨房,李某还在房里,我便不顾一切地冲向了那扇门。我拼了命地跑了出来,并上了一辆摩托车,直奔车站,然后就回到了广州。当天晚上8时许,符某乘车到达广州的一个同学处,并打电话向文昌市家里的爸爸妈妈说了发生的事情。

点评:从本案例可以看出,掉入求职陷阱的学生,大都是因为缺乏戒备心理,易受急功近利的就业观念左右。事实上,高校毕业生拥有高学历,在就业群体中还是很有优势的。大学生应该积极调整就业心态,培养实践能力,储备和积累经验,尽量避免落入求职陷阱。

职业生涯规划与就业指导

第一节 常见求职陷阱

求职陷阱一般是指犯罪分子利用人们求职心切而采用欺骗的手段，骗取求职人员的财物、个人信息或者低廉甚至免费的人工。

一、求职陷阱

大学生求职时要提防来自不法分子的就业陷阱。一项由 12 463 人参加的调查显示有许多人遭遇过就业陷阱，其中遭遇收费陷阱、试用期陷阱、无偿占有智力陷阱的比例最高。

陷阱一：巧立名目，收取费用

以录用作为诱饵，骗取培训费，这类陷阱屡见不鲜，但仍有不少求职心切的毕业生掉入此类陷阱。

这些公司招聘时常常不看任何学历证明，甚至不安排任何面试，而只要求求职者支付信息费、报名费、登记费、资料费、推荐费、注册费等名目繁多的费用，当求职者交费后，这些公司就会找各种理由将应聘者辞掉。这是黑心单位最常用的欺骗手法。

陷阱二：不签订就业协议书

用人单位不签订就业协议，甚至不约定违约惩罚条款。据调查，有 80% 以上的学生都不约定违约金，而在 20% 有约定的学生中，大部分是国有大中型企业害怕学生违约而提出的要求，学生主动提出的很少。毕业生之所以没有约定，一方面是不想自己被"套牢"，最重要的还是学生缺乏这方面的意识。

陷阱三：长期试用、榨取人力

对于刚毕业的求职者来说，签订劳动合同最容易遭"忽悠"的就是"试用期"了。一种是试用期过长，另一种是试用期即将结束时，企业便以各种理由辞退求职者。《中华人民共和国劳动合同法》规定试用期最长不得超过 6 个月。与正式合同期相比，试用期内的工资收入及福利待遇低。求职者若长期在试用期内，不仅蒙受很大的经济损失，而且对求职者的职业发展不利。

陷阱四：弄虚作假、不讲诚信

一些公司为了吸引求职者，常常在介绍招聘岗位信息时蓄意歪曲、编造、美化，极尽包装。这些公司常以高薪为诱饵，迫使应聘者立刻签订合同，约定高额毁约金，千方百计套牢求职者。还有些不规范的网站和中介机构，通过接取求职简历，获取大量个人信息，出售给企业作为销售信息。更有甚者，有些不法中介在报纸上刊登招聘信息，却是"醉翁之意不在酒"，目的是诱使应聘者递上个人资料，留作他用。

陷阱五：以招聘为名、行推销之实

先以优厚待遇，让求职者上门应聘，再以种种理由提出要对求职者进行"考察"。例如，公司先与求职者签订一份产品推广协议或产品促销协议，协议中约定求职者必须在约定时间内以公司规定的价格销售掉该公司某种产品，并收取一定的保证金或样品费。当求职者签好协议去推销产品时，才发现这些产品根本销售不出去。求职者的保证金或样品费就这样被这些公司"黑"掉了。

第二节　求职陷阱的应对策略

一、进一步发挥政府的政策引导和行为主导作用

政府相关部门应对现行大学生就业方式进行总结反思，结合当前新情况、新问题、新现象，出台相关行规来防止和杜绝就业过程中的不良行为。加强反馈与抽查，促使用人单位严格履行相关法律法规及各种制度。

二、发挥新闻媒体正确宣传和舆论监督作用

政府要利用好手中掌握宣传媒体的政治优势，在广播、电视上抽出一定时段播映相关内容，在报纸上开辟就业专栏，定期向社会公布相关用人信息，列举就业陷阱等，以引导大学生的就业行为，有效遏制招聘过程中的不轨行为。

三、高校要强化对大学生的教育

高校要进一步对大学生进行有针对性的教育。同时，要进一步健全大学生就业指导机构，选编一些资料如《中华人民共和国劳动法》《中华人民共和国劳动合同法》及常见的就业陷阱案例等，供大学生阅读，以不断提高大学生的法律意识和自我保护意识。

四、毕业生在求职过程中要保持清醒的头脑和具备相关的法律意识

对于毕业生而言，要了解清楚招聘单位的实际情况，以摸清应聘单位的发展前景。签订就业协议或劳动合同时，一定要注明双方谈妥的条件，这样即使双方产生纠纷时也不会空口无凭。如果遇到与中介招聘信息所列的待遇、薪酬情况严重不符的，可以向争议仲裁委员会申请劳动争议仲裁。求职者对自身资料要加强保密。

牛刀小试

1. 说说你知道的求职陷阱案例。
2. 如果你遇到上述各种类型的求职陷阱，你会如何处理？

导师寄语

由于劳务诈骗往往涉及公安、市场监管、劳动、人事等部门的职能范围，求职者应根

据情况来选择有效的投诉部门。如遇到企业索要证件原件，求职者要坚持拒绝上交证件原件，只能将证件的复印件交给用工方存档。如果已经将押金或者证件交给单位，应先与用工方要求退还押金或证件。如果用工方拒不退还，应及时向劳动部门或者公安部门投诉请求查处，要回押金和证件。如果遇到无证经营的中介机构、发布虚假招工信息、待遇报酬与实际情况不符的，应及时向劳动部门、公安部门或市场监管部门反映，要求将所收中介费退还本人。如给求职者造成损失的，可按照有关规定要求赔偿。如果遇到传销集团，被控制人身自由的，应沉着应对，向家人、朋友报信，或者找到机会报警，及时通知公安部门，自行逃跑或等待解救，也可在求职前提前与辅导员或家人沟通，指定联络暗号，这样即使遇到危险，学校辅导员或家人也能及时掌握情况，报警解决困境。

课后推荐

孙晓，李志刚，张奎升. 大学生安全教育［M］. 济南：山东人民出版社，2020.

第二十四章 应对消极心态

学习要点

- 了解求职中消极心态的种类。
- 掌握消极心态的应对策略。

思维园地

我叫王××，是一名应届大学毕业生，在校4年，自觉学有所成，然而在就业上处处碰壁。我看中的单位，人家看不中我；单位看中我的，我又看不中人家。毕业已经快一个月了，我还未与一家单位签约。时下，我非常焦虑，内心十分矛盾、痛苦。我该怎么办？

点评：小王为什么如此苦恼？主要原因是应聘屡屡受挫，导致他的梦想破灭，从而心理出现严重失衡。小王找工作存在两个问题：缺乏应聘、面试的技巧，对自我职业定位过高。

第一节 消极心态的种类

无论你是求职还是考研，抑或参军入伍或服务基层，在就业过程中，大家都处于人生角色的转换阶段，难免会有心理上的消极心态，下面我们就来一一分析原因，并提供解决办法。

一、焦虑

焦虑是一种紧张不安并带有恐惧体验的情绪状态，是成功就业最大的敌人。目前大学生求职呈现出多元化的趋势，职业选择面大大拓宽。然而，职业选择自由度越大，职业选择行为的责任就越重，择业心理压力就越大。很多大学生到了大四仍然没有目标，四处出击，有点像病急乱投医，不能冷静、客观地思考，情绪处于一种难于自制的急躁状态中。《中国青年报》的一项调查表明：有七成以上的大学毕业生都对自己的前途感到担忧。

二、自卑

自卑是一种消极的失去心理平衡的心理状态，常和消极、依赖、怯懦等心理交织在一起，是个人认为自己某些方面不如他人而产生的消极情感。即将毕业的大学生，往往踌躇满志,很想一展身手,但面对人才市场激烈的竞争,一旦受挫,部分学生就很容易受挫,往往不能客观地评价和认识自己,缺乏一定的信心和勇气。尤其是性格内向、不善言辞、成绩平平的学生更不敢毛遂自荐,从而错失很多展示自己优势的机会。

三、自负

有的学生择业时的期望过高,甚至脱离实际,这山望着那山高。

四、懈怠

很多学生在择业时,心理上不够重视,如不尽心准备就业简历,不收集、关心就业动向和招聘信息,不主动接受就业指导和教育,不积极与同学、朋友沟通就业的经验和教训,甚至认为能否顺利找到工作是宿命。

五、不平衡心理

面对个别用人单位或者就业环境中的不良因素,学生经常不是以积极的态度去争取,看到有的同学靠家里的关系与人脉找到薪水高的工作,而自己到处奔波也没有着落,就会心理不平衡。还有的同学虽然在考研,可是看到同寝室的同学早已参加工作有了收入,就开始动摇,最终考研失利,工作一不理想,就开始怨天尤人,而不能正确分析原因。少数人还会把这种情绪泛化为对社会的不满情绪,甚至出现过激行为。

第二节 消极心态的应对策略

许多人或多或少均有上述的消极心态,我们要想办法消除它。消除消极心态的应对策略主要有:

一、转移

使自己从过分紧张的情绪中转移出来,以保证有最佳的求职表现。比如坐在椅子上等待面试时,缓解紧张的一个好方法就是双手努力抓椅子试着把自己抬起来,这样让思想上的紧张转移到手背肌肉的紧张,然后再放松,就可以达到快速缓解紧张的效果。

二、升华

歌德失恋想自杀,又觉得不值,于是用写作发泄情绪,写出了《少年维特之烦恼》;心理学家谢灵顿被清洁女工拒绝后无地自容,发奋读书,成为近代神经生理学创始人;心理学家阿德勒从小驼背,行动不便而自卑,他拼命努力成为一名医生,并以《超越自卑》一书而成名。

升华的本质就是把焦点从关注求职受挫失败转移到总结、吸取教训上。如果每一次都能够从失败中吸取教训,相信成功就在不远处。

三、代偿

我们面临困境和情绪低谷的时候不能被情绪左右,肆意发泄情绪是解决不了问题的,而是要冷静分析造成这种困境的原因，这样才能得到解脱和成长。"发怒是一种无能的表现，也是后悔的前奏。"代偿就是转移与升华的结合，清楚地衡量自己目前的能力边界，然后选择有意义、可发展的方向，并做出努力。

大学生求职过程其实就是一个面对压力的过程，只要生存就会有压力，压力是成长的动力，我们取得的很多成功都是在外界或自我给予的压力下成就的。没有考试，有些人可能就不会认真复习；没有对手，就不会拼尽全力奔跑；没有挑战，就体验不到征服的喜悦；没有毕业，又怎么开启下一程的美好。我们要积极地完善和塑造自我，改变自己的消极心理状态，改变错误、扭曲与狭隘的自我认知与社会认知，以平常心走进职场，树立正确的择业观与就业观，跳出从众、攀比的社会心理陷阱。

四、果断

人无完人，工作单位也不可能十全十美。要克服"主见缺乏症"，培养果断的决策能力。

（1）分析所有的单位中哪一个更适合自己，更有利于潜能的发挥或符合自己的实际情况、兴趣爱好、特长等。

（2）分析哪一个单位更有利于提升自我（体现职业广度和高度）。

（3）分析哪一个单位需要你更迫切些（体现自我价值）。

（4）分析哪一个单位更有持久性（体现职业深度）。

总的来说，毕业生在确定工作单位时，应对社会、对自己有正确充分的认识和了解，综合各方面因素，做出明智、果断的抉择。

过程训练

规划上班第一天

适应新的工作环境通常需要三个月，这也是最关键的三个月，因为这期间给别人留下的印象非常深刻。若留下一个坏印象，将来很难改变，所以在进入新公司之初要建立美好形象，以下是成功人士的秘诀。

假设你被一个正规而且重视现代礼仪的公司录用，上班的第一天你应该怎样表现自己呢？

1. 注意穿着

第一天上班，最好穿西装，女士还可以配戴简单的装饰，这样给人以简洁、干练、稳重的印象，建议不要穿得太休闲。

2. 严格遵守作息时间

提前5分钟精神饱满地到达岗位。有的女性员工中午逛街会晚半个小时才回到办公室，也许并没有对工作本身造成太大的影响，但会给人留下非常糟糕的印象。大公司往往没有午休时间（吃饭时间一个小时），请注意调节个人生活习惯。

3. 主动和同事打招呼，并做自我介绍

用"您"称呼上司和同事，表示你对他们的尊重，也容易赢得大家对你的尊重和信任。主动介绍自己，大方得体。

4. 处理好人际关系

待人有礼，但是要注意保持适当的距离。

避免卷入是非漩涡：每家公司都有一些爱说长道短的人，他们爱添油加醋。如不了解事情的来龙去脉，最好还是保持缄默，以免说错话。

尊重每一个人：尊重别人，自然别人也会尊重你。

另外，不要看不起公司内外的任何一个人，哪怕是勤杂工、保安等。

5．学会任务管理

熟悉工作内容要求及岗位的作息时间等。

别理会其他杂务：新工作需要高度集中注意力，尝试多花些时间与同事合作、处理棘手的工作，先把私人事务暂时搁置起来。

别将所有责任背上身：谨记自己不是"超人"，公司并不会要求你解决所有难题。所以最好专注去做一些较重要和较紧急的工作，这比每件工作都弄不好效果好。

了解公司的文化：每家公司都有不成文的规则，了解并顺从这些规则，这将有助于你的发展。若企图打破传统，只会浪费时间。

加倍努力：在一个理想的环境下，某件工作可能需要较长时间去处理，而上司可能希望你立即完成，却没有提供足够的培训，所以应多学些相关知识和技能，加班加点完成。在许可的情况下，可寻求同事的协助，但切忌多次问同样的问题，必要时应记下重点。

拓展阅读

第一份绩效评估

莫利·格莱科恩（Morley Glicken）讲述了约翰的故事。作为一个初级会计，约翰参加工作6个月后收到了自己的第一份绩效评估。这是工作第一年中的标准惯例，在这之后，评估通常会每12个月进行一次，约翰惊奇地发现他的工作几乎在所有方面都达不到公司的期望。为什么会这样？莫利·格莱科恩提出了避免这些问题的一些策略。

（1）要注意那些细微甚至无声的却能反映你的工作质量的线索，比如，迟到，不精确，不合政策，没有头绪。

（2）仔细阅读你的岗位责任书，澄清不理解之处；事先预览绩效评估所使用的形式。确保你的上司知道你的行动符合人员评比表格中所涉及的信息归类范畴。

（3）请求你信任的上司和同事对你的工作给予经常性的反馈。

（4）阅读有关组织在怠工、职业道德、衣着、截止期限、缺勤和其他各种事项方面的人事政策。不要因疏忽而使你的行为违反了相关政策。

（5）要意识到评估是在社会人际关系的背景中进行的。这种评估与其说是对你工作绩效的评价，不如说是老板对你这个人的评价。注意每天你工作中所遇到的人际关系方面的人性因素。

莫利·格莱科恩在总结部分肯定地指出，第一份消极的绩效评估并不代表世界末日。因为组织并不想在招聘和调整员工上面浪费过多的金钱和时间，假如你没有因此暴跳如雷，假如你让上司了解到你有改善自己绩效的愿望，那么你将获得新的机会。记住，你的良好表现必须保持下去，了解他人对自己的期望，对同事表现出关注和尊重。这些在第一年的策略中是最核心的因素。

同样，邦妮·斯坦利（Bonni Sanly）提供了有关员工如何增加有利于绩效评估的建议。比如，员工应该保证自己的全部工作都被考评所涵盖，而不只是那些易于衡量的工作。你的评估应基于你的任务和绩效目标，这样，在绩效考核中，人们对你工作表现的种种期待也是情理之中的事。当你的上司提出你必须改进的方面时，你要为之确立目标，并明确这种改进成果将如何被衡量。总之，在第一年中，这些观念可能有助于使绩效评估成为推进专业性发展的一次积极经验。

新手成功的10个秘诀

布拉德利·理查森和布鲁斯·图利苕提供了如何成功地从校园向第一份专业职位转变的10条建议。

（1）（在你试图改变之前）学习行业知识，增加对文化的理解。正如我们早先所指出的，尽可能了解所有与新的工作组织有关的信息，这可以通过阅读组织的发展史，了解部门之间的互动方式，与不同层级的员工进行交谈，以及研究行业发展趋势和组织行为等途径来实现。比如，努力发现车间的轮班工人正在做些什么，以及这将如何影响销售。这个建议对于那些准备开创自己事业并成为独立签约人的学生尤其重要。正如一名员工曾经说过的那样：直到你尝试改变时，你才会真正了解一个组织的运作方式。

（2）学习单独工作。电子邮件、传真、手机已经使办公室的界限发生了变化。你可能选择远程通信。从某种意义上讲，你可以选择任意的工作场所。在某些方面，这个建议似乎与我们说的"团队""工作小组"的概念相冲突。然而，从另一方面讲，它又与以下观念相符合，即在新的生涯世界中，我们都是企业家或"自由代理人"。我们需要发展技能以非传统方式工作，在工作中自我激励、自我指导。你要对自己需要了解和学习些什么有所预期，要使自己始终处于专业领域学习的前沿。

（3）做自己的公关助手。把工作做好固然重要，但若不为人所见，也依然不能收获应得的奖励。利用空闲时间与大家见面交流，让人们知道你正在做些什么，让别人了解你工作的进展；与同事分享有趣的文章；主动把你的工作呈现给大家；通过电子邮件同人们分享你的观点；随时更新自己的简历，尤其是当你获得一个新的资格认证，完成了重要项目，或学习了新技能之后；维护和更新你的个人网页（你所有的社交平台应彰显你的独特工作能力、打造个人品牌）。

（4）关系网络。通过加入专业协会或贸易组织来捕捉行业的动态，维持人际接触，获得新的工作机会，这不是什么不忠的举动。从这个角度说，在大多数图书馆和职业生涯中心所能找到的雇主手册，其价值十分宝贵。经常浏览行业协会最近动态，如果有年会，一定要参加，并和工作人员保持联系，如果在年会上遇到行业专家，一定不要放过请教的机会，如果能留下联系方式则更好。

（5）超越关系网络。你要努力与那些为公司创造价值的个人建立长期的人际关系。这可能涉及形成某种指导关系。它也许意味着提出一个方案，这个方案帮助你所青睐的人更有生产效率。当个人在工作中落后（即工作要求超出其能力所及）时，通常组织会创造新的工作机会，你可以通过了解工作机会的产生过程，将自己与高效率的员工联系起来，从而改善自己的生涯环境。

（6）重塑你的角色。当你对组织形成一套系统的观点之后（即当你知道了部门的独立工作方式和部门之间如何作为一个整体运作之后），你就能够看清组织中你所能帮助的多种"客户"了。除了你的老板,你开始了解到组织中其他管理人员和员工的需要,你能够衡量自己的技能和兴趣,看看自己如何能为组织贡献自己的价值。按照这种评估,你开始形成各种方案来改变自己的角色,创造一个你认为是组织必备的新岗位责任书。基于行业趋势、自身的技能和兴趣、组织的需要,重新设计你的工作,将为你职业生涯的长远发展注入活力。

(7) 不要抱怨杂务。由于大多数人都不是从顶层做起的,所以你可能发现自己最初只是找来做杂务的,这些杂务包括买咖啡和午餐、跑跑腿、信件收发等。多数情况下,也许你并不具备工作所需要的技能,那么做这样的小事可能十分必要。重要的一点是,你没有抱怨这些杂务,却把它们当作了解组织和了解在这里工作的人们的一次机会。几乎所有的工作都有一些乏味和明显不重要的责任在里面。一屋不扫,何以扫天下?

(8) 做你喜欢做的事是很重要的。从长远的角度来讲,职业生涯的基础是做你所感兴趣的事和对你来说重要的事。为了达到这一点,你需要相信你的技能和知识是有市场前景的,你因此能够自由地追随自己的兴趣和价值。如果你的第一份工作并不能真正使你快乐,你很有可能做不好,这可以从你的绩效评估看得出来。所以,找到你的兴趣和价值的结合点,不断去提升技能匹配岗位的需求,这样你就会更喜欢这个工作,当然,也会为你带来更高的价值。

(9) 项目管理。控制自己的工作计划很重要,你应该为每一个项目设定清晰的目标,要明确谁负责做什么事,要清楚下一步做什么和由谁来做。根据任务完成日期来确定时间表,整个项目将按照时间表进行直至结束。为项目制订一个书面计划,保证参与项目的每一个人都有该计划表的复印件,使每一个人都清楚了解项目目前的状态。在工作进行过程中,从可能受项目影响的人们那里获取反馈。如果你在项目发展、管理和评估方面还没有经过特殊的训练,争取在你的第一份工作中获得这种训练,即使你不得不自己利用闲暇时间来学习。一项研究发现,35%从事管理工作的大学毕业生报告说,自己在第一份工作中的任务之一就是规划和执行一个项目,而没有从书面指导、示范或辅导中受益。

(10) 多项任务同时进行。你的新工作可能要求你同时关注不只一件任务。对于我们当中那些只喜欢关注一件事的人来说,这可真是一个挑战。实现多种责任和机会之间的平衡需要建立有关自己和时间方面的一些新的元认知。你也许听说或阅读过史蒂芬·柯维的畅销书《高效能人士的七个习惯》。他区分了"紧急"事件和"重要"事件,紧急事件是指那些发生在我们眼前——办公桌、电话、日历或电脑屏幕的事件,它们通常并不重要。重要事件与结果有关,它们有利于我们长期使命、价值观和优先性目标的实现。成功人士会想方设法将各种项目和活动连成一个整体,这个整体大于一系列孤立分散的部分之和。我们有时称其为"协同优势",或两个以上行为的综合效应。在工作中创造协同优势,将帮助我们更好地处理多项任务。

这10个秘诀所揭示的并不是什么真正的"秘密",但它们能帮你理清那些有助于你处理新工作情境的各种元认知。这些来自现实的领悟意在帮助你从自己作为新手的早期经历中有所收获。

牛刀小试

1. 疫情期间,线下招聘会暂时转为线上进行,你在线上投递了几十份简历,可是没有收到一封回信，眼看同学们纷纷进入面试并拿到录用通知书，你会怎么办？

2. 在参加面试的过程中，企业招聘人员让你说出自己大学期间最失败的一件事情是什么，并说出自己从这样事情中的启示，你会说什么？

3. 你是否相信"天生我材必有用，千金散尽还复来"？

导师寄语

职业意向是一个人从事某个职业的心理准备和行为趋向。从现实出发考察自己的职业意向，能够提醒自己对未来的发展做出合理的规划，明确近期目标和达成目标的途径，看到自己的优势与不足，为实现自己的职业梦想脚踏实地地努力！如果有条件的话，还可以做一个有关职业与性格的心理测试，看看你的性格特点是否支持你从事那梦寐以求的职业。

课后推荐

［1］杜志建. 你若不勇敢，谁替你坚强［M］. 汕头：汕头大学出版社，2020.

［2］格里·洛维斯. 指数级成长［M］. 韩盟盟，译. 北京：民主与建设出版社，2020.

附录

附件1 高校毕业生就业创业政策百问
（2020年）

一、鼓励企业特别是中小企业吸纳高校毕业生就业

1. 国家对鼓励中小企业吸纳高校毕业生有哪些政策措施？

按照《国务院关于进一步做好新形势下就业创业工作的意见》（国发〔2015〕23号）、《国务院办公厅关于做好2014年全国普通高等学校毕业生就业创业工作的通知》（国发〔2014〕22号）、《国务院办公厅关于做好2013年全国普通高等学校毕业生就业工作的通知》（国办发〔2013〕35号）、《国务院关于进一步支持小型微型企业健康发展的意见》（国发〔2012〕14号）和《国务院关于进一步做好普通高等学校毕业生就业工作的通知》（国发〔2011〕16号）等文件规定：

（1）对招收高校毕业生达到一定数量的中小企业，地方财政应优先考虑安排扶持中小企业发展资金，并优先提供技术改造贷款贴息。

（2）当年新招收登记失业高校毕业生，达到企业现有在职职工总数30%（超过100人的企业达15%）以上，并与其签订1年以上劳动合同的劳动密集型小企业，可按规定申请最高不超过200万元的小额担保贷款并享受50%的财政贴息。

（3）高校毕业生到中小企业就业的，在专业技术职称评定、科研项目经费申请、科研成果或荣誉称号申报等方面，享受与国有企事业单位同类人员同等待遇。

（4）对小微企业新招用毕业年度高校毕业生，签订1年以上劳动合同并缴纳社会保险费的，给予1年社会保险补贴。

2. 国家对引导国有企业吸纳高校毕业生就业有哪些政策措施？

按照《国务院关于进一步做好新形势下就业创业工作的意见》（国发〔2015〕23号）、《国务院办公厅关于做好2014年全国普通高等学校毕业生就业创业工作的通知》（国发〔2014〕22号）、《国务院办公厅关于做好2013年全国普通高等学校毕业生就业工作的通知》（国办发〔2013〕35号）和《关于做好2013—2014年国有企业招收高校毕业生工作有关事项的通知》（国资厅发分配〔2013〕37号）等文件规定：

（1）承担对口支援西藏、青海、新疆任务的中央企业要结合援助项目建设，积极吸纳当地高校毕业生就业。

（2）建立国有企事业单位公开招聘制度，推动实现招聘信息公开、过程公开和结果

公开。

（3）国有企业招聘应届高校毕业生，除涉密等特殊岗位外，要实行公开招聘，招聘应届高校毕业生信息要在政府网站公开发布，报名时间不少于7天；对拟聘人员应进行公示，明确监督渠道，公示期不少于7天。

3．企业招收就业困难高校毕业生享受什么优惠政策？

按照《财政部　人力资源社会保障部关于进一步加强就业专项资金管理有关问题的通知》（财社〔2011〕64号）规定，对各类企业（单位）招用符合条件的就业困难高校毕业生，与之签订劳动合同并缴纳社会保险费的，按其为就业困难高校毕业生实际缴纳的基本养老保险费、基本医疗保险费和失业保险费给予补贴，不包括企业（单位）和个人应缴纳的其他社会保险费。

根据《就业促进法》有关规定，就业困难人员是指因身体状况、技能水平、家庭因素、失去土地等原因难以实现就业，以及连续失业一定时间仍未能实现就业的人员。就业困难人员的具体范围，由省、自治区、直辖市人民政府根据本行政区域的实际情况规定。

企业（单位）按季将符合享受社会保险补贴条件人员的缴费情况单独列出，向当地人力资源社会保障部门申请补贴。社会保险补贴申请材料应附：符合享受社会保险补贴条件的人员名单及《居民身份证》复印件、《就业创业证》复印件、劳动合同等就业证明材料复印件、社会保险征缴机构出具的社会保险费明细账（单）、企业（单位）在银行开立的基本账户等凭证材料，经人力资源社会保障部门审核后，财政部门将补贴资金支付到企业（单位）在银行开立的基本账户。

4．企业为高校毕业生开展岗前培训享受什么优惠政策？

按照《国务院关于进一步做好新形势下就业创业工作的意见》（国发〔2015〕23号）、《国务院办公厅关于做好2014年全国普通高等学校毕业生就业创业工作的通知》（国发〔2014〕22号）、《财政部　人力资源社会保障部关于进一步加强就业专项资金管理有关问题的通知》（财社〔2011〕64号）等文件规定，企业新录用毕业年度高校毕业生与其签订6个月以上期限劳动合同，在劳动合同签订之日起6个月内由企业依托所属培训机构或政府认定的培训机构开展岗前就业技能培训的，根据培训后继续履行劳动合同情况，按照当地确定的职业培训补贴标准的一定比例，对企业给予定额职业培训补贴。

企业开展岗前培训前，需将培训计划大纲、培训人员花名册及《居民身份证》复印件、劳动合同复印件等材料报当地人力资源社会保障部门备案，培训后根据劳动者继续履行劳动合同情况，向人力资源社会保障部门申请职业培训补贴。申请材料经人力资源社会保障部门审核后，财政部门按规定将补贴资金直接拨入企业在银行开立的基本账户。企业申请职业培训补贴应附：培训人员花名册、培训人员《居民身份证》复印件、《就业创业证》复印件、劳动合同复印件、职业培训合格证书等凭证材料。

对小型微型企业新招用高校毕业生按规定开展岗前培训的，各地要根据当地物价水平，适当提高培训费补贴标准。

5．高校毕业生从企业到机关事业单位就业后的工龄如何计算？

按照《国务院关于进一步做好普通高等学校毕业生就业工作的通知》（国发〔2011〕16号）等文件规定，高校毕业生从企业、社会团体到机关事业单位就业的，其按规定参加企业职工基本养老保险的缴费年限合并为连续工龄。

6．高校毕业生到企业特别是中小企业就业可否在当地落户？

按照《国务院办公厅关于做好2014年全国普通高等学校毕业生就业创业工作的通知》（国发〔2014〕22号）、《国务院办公厅关于做好2013年全国普通高等学校毕业生就业工作的通知》（国办发〔2013〕35号）文件规定，要简化高校毕业生就业程序，消除其在不同地区、不同类型单位之间流动就业的制度性障碍，切实落实允许包括专科生在内的高校毕业生在就（创）业地办理落户手续的政策（直辖市按有关规定执行）。

省会及以下城市要放开对吸收高校毕业生落户的限制，简化有关手续，应届毕业生凭《普通高等学校毕业证书》、《全国普通高等学校毕业生就业报到证》、与用人单位签订的《就业协议书》或劳动（聘用）合同办理落户手续；非应届毕业生凭与用人单位签订的劳动（聘用）合同和《普通高等学校毕业证书》办理落户手续。高校毕业生到小型微型企业就业、自主创业的，其档案可由当地市、县一级的公共就业人才服务机构免费保管。办理高校毕业生档案转递手续，转正定级表、调整改派手续不再作为接收审核档案的必备材料。

7．流动人员人事档案如何保管？

按照《关于进一步加强流动人员人事档案管理服务工作的通知》（人社部发〔2014〕90号）、《流动人员人事档案管理暂行规定》（人发〔1996〕118号）规定，流动人员档案具体包括：非公有制企业和社会组织聘用人员的档案；辞职辞退、取消录（聘）用或被开除的机关事业单位工作人员档案；与企事业单位解除或终止劳动（聘用）关系人员的档案；未就业的高校毕业生及中专毕业生的档案；自费出国留学及其他因私出国（境）人员的档案；外国企业常驻代表机构的中方雇员的档案；自由职业或灵活就业人员的档案；其他实行社会管理人员的档案。

流动人员人事档案管理实行集中统一、归口管理的管理体制，主管部门为政府人力资源社会保障部门，接受同级党委组织部门的监督和指导。流动人员人事档案具体由县级以上（含县级）公共就业和人才服务机构及经人力资源社会保障部门授权的单位管理，其他单位未经授权不得管理流动人员人事档案。严禁个人保管本人或他人的档案。跨地区流动人员的人事档案，可由其户籍所在地或现工作单位所在地的公共就业和人才服务机构管理。

高校毕业生到具有档案管理权限的机关、事业单位、国有企业就业的，由单位直接接收、管理档案。到无档案管理权限的单位（私营企业、外资企业等）就业的，可由各地公共就业和人才服务机构负责提供档案管理等人事代理服务。高校毕业生离校时没有就业的，档案可由学校统一发回原户籍所在地公共就业和人才服务机构保管。档案不允许个人保存。

2015年1月1日起，取消收取人事关系及档案保管费、查阅费、证明费、档案转递费等名目的费用。各级公共就业和人才服务机构应提供免费的流动人员人事档案基本公共服务。

8．什么是人事代理？

公共就业和人才服务机构可在规定业务范围内接受用人单位和个人委托，从事下列人事代理服务：（1）流动人员人事档案管理；（2）因私出国政审；（3）在规定的范围内申报或组织评审专业技术职务任职资格；（4）转正定级和工龄核定；（5）大中专毕业生接收手续；（6）其他人事代理事项。

9．高校毕业生怎样办理人事代理？

按照《人才市场管理规定》中有关规定，人事代理方式可由单位集体委托代理，也可由个人委托代理；可多项委托代理，也可单项委托代理；可单位全员委托代理，也可部分人员委托代理。

单位办理委托人事代理，须向代理机构提交有效证件及委托书，确定委托代理项目。经代理机构审定后，由代理机构与委托单位签订人事代理合同书，明确双方的权利和义务，确立人事代理关系。

10．高校毕业生如何与用人单位订立劳动合同？

《中华人民共和国劳动合同法》第七条规定，用人单位自用工之日起即与劳动者建立劳动关系。

第十条规定，建立劳动关系，应当订立书面劳动合同。已建立劳动关系，未同时订立书面劳动合同的，应当自用工之日起一个月内订立书面劳动合同。用人单位与劳动者在用工前订立劳动合同的，劳动关系自用工之日起建立。

第八条规定，用人单位（企业、个体经济组织、民办非企业单位等组织）招用劳动者时，应当如实告知劳动者工作内容、工作条件、工作地点、职业危害、安全生产状况、劳动报酬，以及劳动者要求了解的其他情况；用人单位有权了解劳动者与劳动合同直接相关的基本情况，劳动者应当如实说明。

第九条规定，用人单位招用劳动者，不得扣押劳动者的居民身份证和其他证件，不得要求劳动者提供担保或者以其他名义向劳动者收取财物。

11．什么是社会保险？我国建立了哪些社会保险制度？

社会保险是指国家通过立法，按照权利与义务相对应的原则，多渠道筹集资金，对参保者在遭遇年老、疾病、工伤、失业、生育等风险情况下提供物质帮助（包括现金补贴和服务），使其享有基本生活保障、免除或减少经济损失的制度安排。

《中华人民共和国社会保险法》第二条规定，国家建立基本养老保险、基本医疗保险、工伤保险、失业保险、生育保险等社会保险制度，保障公民在年老、疾病、工伤、失业、生育等情况下依法从国家和社会获得物质帮助的权利。其中，基本养老保险制度包括职工基本养老保险制度、新型农村社会保险制度和城镇居民社会养老保险制度；基本医疗保险制度包括职工基本医疗保险制度、新型农村合作医疗制度和城镇居民医疗保险制度。

12．用人单位应该履行哪些社会保险义务？享有哪些社会保险权利？

（1）社会保险义务：一是申请办理社会保险登记的义务；二是申报和缴纳社会保险费的义务；三是代扣代缴职工社会保险的义务；四是向职工告知缴纳社会保险费明细的义务。

（2）社会保险权利：一是有权免费查询、核对其缴费记录；二是有权要求社会保险经办机构提供社会保险咨询等相关服务；三是可以参加社会保险监督委员会，对社会保险工作提出咨询意见和建议，实施社会监督；四是对侵害自身权益和不依法办理社会保险事务的行为，有权依法申请行政复议或者提起行政诉讼。此外，还有权对违反社会保险法律、法规的行为进行举报、投诉。

13．参加社会保险的个人享有哪些权利？

高校毕业生依法缴纳社会保险费后，享有以下权利：

（1）有权依法享受社会保险待遇。

（2）有权监督本单位为其缴费情况。

（3）有权免费向社会保险经办机构查询、核对其缴费和享受社会保险待遇权益记录。

（4）有权要求社会保险经办机构提供社会保险咨询等相关服务。

（5）对侵害自身权益和不依法办理社会保险事务的行为，有权依法申请行政复议或者提起行政诉讼。

此外，还有权对违反社会保险法律、法规的行为进行举报、投诉。

14．目前国家对用人单位及其职工和参保个人缴纳社会保险费的费率是如何规定的？

（1）用人单位及其职工缴纳社会保险费的费率。根据《国务院关于完善企业职工基本养老保险制度的决定》（国发〔2005〕38号）、《国务院关于建立城镇职工基本医疗保险制度的决定》（国发〔1998〕44号）、《失业保险条例》（国务院令〔1999〕258号）规定，用人单位缴纳基本养老保险、基本医疗保险和失业保险的费率，分别是原则上为本单位工资总额的20%、6%左右和2%；用人单位缴纳工伤保险费按照《工伤保险条例》（国务院令第586号）规定实行行业差别费率和浮动费率，有关费率确定按照国家相应规定执行；用人单位缴纳生育保险费的费率按照《企业职工生育保险试行办法》（劳部发〔1994〕504号）规定执行，由统筹地区政府根据实际情况自行确定，但不得超过用人单位工资总额的1%。职工本人缴纳基本养老保险、基本医疗保险和失业保险的费率，分别为本人工资的8%、2%和1%。

（2）参保个人缴纳社会保险费的费率。根据《国务院关于完善企业职工基本养老保险制度的决定》（国发〔2005〕38号）规定，无雇工的个体工商户和灵活就业人员参加职工基本养老保险的缴费费率为20%，其中8%计入个人账户；无雇工的个体工商户和灵活就业人员参加职工基本医疗保险的缴费费率，按国家有关规定，统筹地区可以参照当地基本医疗保险建立统筹基金的缴费水平确定。

（3）城镇居民参加居民医疗保险和农村居民参加新型农村社会养老保险及新型农村合作医疗，主要采取定额方式缴纳社会保险费。

15．高校毕业生如何处理劳动人事纠纷？

发生劳动人事争议，可以通过协商解决。当事人不愿协商或协商不成的，可以向调解组织申请调解；不愿调解、调解不成或者达成调解协议后不履行的，可以向劳动人事争议仲裁委员会申请仲裁；对仲裁裁决不服的，除法律另有规定的外，可以向人民法院提起诉讼。

对用人单位违反劳动保障法律、法规和规章的情况，高校毕业生可向人力资源社会保障部门举报、投诉。劳动保障监察机构将依法受理，纠正和查处有关违法行为。

16．什么是服务外包和服务外包企业？

服务外包是指企业将其非核心的业务外包出去，利用外部优秀的专业化团队来承接该业务，从而使其专注核心业务，达到降低成本、提高效率、增强企业核心竞争力和对环境应变能力的一种管理模式。

服务外包企业是指其与服务外包发包商签订中长期服务合同，承接服务外包业务的企业。

17．目前服务外包产业主要涉及哪些领域及地区？

服务外包分为信息技术外包服务（ITO）、技术性业务流程外包服务（BPO）和技术性知识流程外包（KPO）等。ITO包括软件研发及外包、信息技术研发服务外包、信息系统运营维护外包等领域。BPO包括企业业务流程设计服务、企业内容管理数据库服务、企运营数据库服务、企业供应链管理数据库服务等领域。KPO 包括知识产权研究、医药和生物技术研发和测试、产品技术研发、工业设计、分析学和数据挖掘、动漫及网游设计研发、教育课件研发、工程设计等领域。

我国目前有服务外包示范城市 31 个，分别是北京、天津、上海、重庆、大连、沈阳、深圳、广州、武汉、哈尔滨、成都、南京、南通、镇江、西安、济南、杭州、宁波、合肥、郑州、南昌、长沙、南宁、乌鲁木齐、大庆、济南、青岛、苏州、无锡、厦门、福州。

18. 服务外包企业吸纳高校毕业生有哪些财政支持？

按照《国务院办公厅关于鼓励服务外包产业加快发展的复函》（国办函〔2010〕69号）、《人力资源社会保障部、商务部关于加快服务外包产业发展促进高校毕业生就业的若干意见》（人社部发〔2009〕123号）等文件规定，对符合条件的服务外包企业，每新录用 1 名大学以上学历员工从事服务外包工作并签订 1 年期以上劳动合同的，给予企业不超过每人 4 500 元的培训支持；对符合条件的培训机构培训的从事服务外包业务人才（大学以上学历），通过服务外包业务专业知识和技能培训考核，并与服务外包企业签订 1 年期以上劳动合同的，给予培训机构每人不超过 500 元的培训支持。

服务外包企业吸纳高校毕业生参加就业见习的，享受相关财政补助政策。服务外包企业吸纳就业困难高校毕业生就业，享受社会保险补贴等扶持政策。就业困难高校毕业生参加服务外包培训可按规定享受职业培训补贴和职业技能鉴定补贴。

二、鼓励引导高校毕业生面向城乡基层、中西部地区及民族地区、贫困地区和艰苦边远地区就业

19. 什么是基层就业？

基层就业就是到城乡基层工作。国家近几年出台了一系列优惠政策鼓励高校毕业生积极参加社会主义新农村建设、城市社区建设及应征入伍。一般来讲，"基层"既包括广大农村，也包括城市街道社区；既涵盖县级以下党政机关、企事业单位，也包括社会团体、非公有制组织和中小企业；既包含单位就业，也包括自主创业、自谋职业。

20. 国家鼓励毕业生到基层就业的主要优惠政策包括哪些？

按照《国务院关于进一步做好新形势下就业创业工作的意见》（国发〔2015〕23号）、《国务院办公厅关于做好 2014 年全国普通高等学校毕业生就业创业工作的通知》（国发〔2014〕22号）、《国务院办公厅关于做好 2013 年全国普通高等学校毕业生就业工作的通知》（国办发〔2013〕35号）和《国务院关于进一步做好普通高等学校毕业生就业工作的通知》（国发〔2011〕16号）等文件规定：

（1）完善工资待遇进一步向基层倾斜的办法，健全高校毕业生到基层工作的服务保障机制，鼓励毕业生到乡镇特别是困难乡镇机关事业单位工作。

（2）对高校毕业生到中西部地区、艰苦边远地区和老工业基地县以下基层单位就业、履行一定服务期限的，按规定给予学费补偿和国家助学贷款代偿（本专科学生每人每年最高不超过 8 000 元、研究生每人每年最高不超过 12 000 元）。

（3）结合政府购买服务工作的推进，在基层特别是街道（乡镇）、社区（村）购买一批公共管理和社会服务岗位，优先用于吸纳高校毕业生就业。

（4）落实完善见习补贴政策，对见习期满留用率达到 50% 以上的见习单位，适当提高

见习补贴标准。

（5）将求职补贴调整为求职创业补贴，对象范围扩展到已获得国家助学贷款的毕业年度高校毕业生。

各地区要结合城镇化进程和公共服务均等化要求，充分挖掘教育、劳动就业、社会保障、医疗卫生、住房保障、社会工作、文化体育及残疾人服务、农技推广等基层公共管理和服务领域的就业潜力，吸纳高校毕业生就业。要结合推进农业科技创新、健全农业社会化服务体系等，引导更多高校毕业生投身现代农业。

高校毕业生在中西部地区和艰苦边远地区县以下基层单位从事专业技术工作，申报相应职称时，可不参加职称外语考试或放宽外语成绩要求。充分挖掘社会组织吸纳高校毕业生就业潜力，对到省会及省会以下城市的社会团体、基金会、民办非企业单位就业的高校毕业生，所在地的公共就业人才服务机构要协助办理落户手续，在专业技术职称评定方面享受与国有企事业单位同类人员同等待遇。

对到农村基层和城市社区从事社会管理和公共服务工作的高校毕业生，符合公益性岗位就业条件并在公益性岗位就业的，按照国家现行促进就业政策的规定，给予社会保险补贴和公益性岗位补贴。

（1）对到农村基层和城市社区其他社会管理和公共服务岗位就业的，给予薪酬或生活补贴，同时按规定参加有关社会保险。

（2）自2012年起，省级以上机关录用公务员，除部分特殊职位外，均应从具有2年以上基层工作经历的人员中录用。市（地）级以下机关特别是县乡机关招录公务员，应采取有效措施积极吸引优秀应届高校毕业生报考，录用计划应主要用于招收应届高校毕业生。

（3）对具有基层工作经历的高校毕业生，在研究生招录和事业单位选聘时同等条件下优先录取。

21．什么是基层社会管理和公共服务岗位？

所谓基层社会管理和公共服务岗位，包括大学生村官、支教、支农、支医、乡村扶贫，以及城市社区的法律援助、就业援助、社会保障协理、文化科技服务、养老服务、残疾人居家服务、廉租房配套服务等岗位。

2009年4月，人力资源社会保障部下发《关于公布第一批基层社会管理和公共服务岗位目录的通知》（人社部函〔2009〕135号），向社会公布第一批基层社会管理和公共服务岗位目录，以指导各地做好鼓励和引导高校毕业生到基层就业的工作。这批发布的岗位目录共分为基层人力资源和社会保障管理、基层农业服务、基层医疗卫生服务、基层文化科技服务、基层法律服务、基层民政、托老托幼、助残服务、基层市政管理、基层公共环境与设施管理维护及其他等12大类领域，包括在街道（乡镇）、社区（村）等基层单位从事公共就业服务、社会保障、劳动关系协调、劳动监察、农业、扶贫开发、医疗、卫生、保健、防疫、文化、科技、体育、普法宣传、民事调解、托老、养老、托幼、助残、公共设施设备管理养护等相关事务管理服务工作的50种岗位。

22．什么是其他基层社会管理和公共服务岗位？

在街道社区、乡镇等基层开发或设立的相应的社会管理和公共服务岗位。部分由政府出资，或由相关组织和单位出资。所安排使用的人员按规定享受相关补贴。

23．什么是公益性岗位？

由政府开发、以满足社区及居民公共利益为目的的管理和服务岗位。对符合条件在公益性岗位安置就业的就业困难人员，按规定给予社会保险补贴和岗位补贴。符合公益性岗位安置条件的就业困难高校毕业生，可按规定享受公益性岗位就业援助政策。

24. 什么是公益性岗位社会保险补贴？

按照《财政部、人力资源社会保障部关于进一步加强就业专项资金管理有关问题的通知》（财社〔2011〕64号）规定，对就业困难人员的社会保险补贴实行"先缴后补"的办法。在公益性岗位安排就业困难人员，并缴纳社会保险费的，按其为就业困难人员实际缴纳的基本养老保险费、基本医疗保险费和失业保险费给予补贴，不包括就业困难人员个人应缴纳的基本养老保险费、基本医疗保险费和失业保险费，以及企业（单位）和个人应缴纳的其他社会保险费。社会保险补贴期限，一般最长不超过3年。

25. 什么是公益性岗位补贴？

对在公益性岗位安排就业困难人员就业的单位，按其实际安排就业困难人员人数给予岗位补贴。公益性岗位补贴期限，一般最长不超过3年。

在公益性岗位安排就业困难人员就业的单位，可按季向当地人力资源社会保障部门申请公益性岗位补贴。公益性岗位补贴申请材料应附：符合享受公益性岗位补贴条件的人员名单及《居民身份证》复印件、《就业创业证》复印件、发放工资明细账（单）、单位在银行开立的基本账户等凭证材料，经人力资源社会保障部门审核后，财政部门将补贴资金汇到单位在银行开立的基本账户。

26. 为鼓励高校毕业生面向基层就业，实施学费补偿和助学贷款代偿政策的主要内容是什么？

按照《国务院关于进一步做好新形势下就业创业工作的意见》（国发〔2015〕23号）、《关于调整完善国家助学贷款有关政策的通知》（教财〔2020〕4号）、《财政部、教育部关于印发〈高等学校毕业生学费和国家助学贷款代偿暂行办法〉的通知》（财教〔2009〕15号）等文件规定，高校毕业生（全日制本专科生、高职生、研究生、第二学士学位毕业生）到中西部地区、艰苦边远地区和老工业基地县以下基层单位就业、履行一定服务期限的，按规定给予学费补偿和国家助学贷款代偿。在校学习期间获得国家助学贷款（含高校国家助学贷款和生源地信用助学贷款，下同）的，补偿的学费优先用于偿还国家助学贷款本金及其全部偿还之前产生的利息。定向、委培及在校期间已享受免除全部学费政策的学生除外。

目前，国家助学贷款资助标准已经调整为，全日制普通本专科生（含第二学士学位、高职生，下同）每人每年申请贷款额度不超过8 000元；年度学费和住宿费标准总和低于8 000元的，贷款额度可按照学费和住宿费标准总和确定。

全日制研究生每人每年申请贷款额度不超过12 000元；年度学费和住宿费标准总和低于12 000元的，贷款额度可按照学费和住宿费标准总和确定。

国家助学贷款资助标准调整后，《财政部　教育部　总参谋部关于印发〈高等学校学生应征入伍服义务兵役国家资助办法〉的通知》（财教〔2013〕236号）、《财政部　教育部　民政部　总参谋部总政治部关于实施退役士兵教育资助政策的意见》（财教〔2011〕538号）和《财政部　教育部关于印发〈高等学校毕业生学费和国家助学贷款代偿暂行办法〉的通知》（财教〔2009〕15号）中有关学费补偿、国家助学贷款代偿和学费资助的标准，相应调整为本专科生每人每年最高不超过8 000元、研究生每人每年最高不超过12

000元。学费补偿、国家助学贷款代偿和学费资助的其他事项，仍按原规定执行。

27．国家实施补偿学费和代偿助学贷款的就业地域范围包括哪些？

国家对到中西部地区和艰苦边远地区基层单位就业、并履行一定服务期限的中央部门所属高校毕业生，按规定实施相应的学费补偿和助学贷款代偿。这里涉及的地域范围主要包括：

（1）西部地区：西藏、内蒙古、广西、重庆、四川、贵州、云南、陕西、甘肃、青海、宁夏、新疆12个省（自治区、直辖市）。

（2）中部地区：河北、山西、吉林、黑龙江、安徽、江西、河南、湖北、湖南、海南10个省。

（3）艰苦边远地区：由国务院确定的经济水平、条件较差的一些州、县和少数民族地区。（详情可登录中国政府网查询：ttp://www.gov.cn）。

（4）基层单位。

① 中西部地区和艰苦边远地区县以下机关、企事业单位，包括乡（镇）政府机关、农村中小学、国有农（牧、林）场、农业技术推广站、畜牧兽医站、乡镇卫生院、计划生育服务站、乡镇文化站、乡镇劳动就业服务站等。

② 工作现场地处以上地区县以下的气象、地震、地质、水电施工、煤炭、石油、航海、核工业等中央单位艰苦行业生产第一线。

28．学费补偿和助学贷款代偿的标准和年限是多少？

学费补偿、国家助学贷款代偿及学费减免标准，本专科生每人每年最高不超过8 000元，研究生每人每年最高不超过12 000元。

本专科生、高职生、研究生和第二学士学位毕业生补偿学费或代偿国家助学贷款的年限，分别按照国家规定的相应学制计算。在校学习的时间低于相应学制规定年限的，按照实际学习时间计算补偿学费或代偿助学贷款年限。在校学习时间高于相应学制年限的，按照学制规定年限计算。

每年代偿学费或国家助学贷款总额的三分之一，三年代偿完毕。

29．中央部门所属高校毕业生如何申请学费补偿和助学贷款代偿？

（1）在办理离校手续时向学校递交《学费和国家助学贷款代偿申请表》和毕业生本人、就业单位与学校三方签署的到中西部地区、艰苦边远地区和老工业基地县以下基层单位服务3年以上的就业协议。

（2）在校学习期间获得国家助学贷款的，在与国家助学贷款经办银行签订毕业后还款计划时，注明已申请国家助学贷款代偿，如获得国家助学贷款代偿资格，不需自行向银行还款。

（3）高校负责审查申请资格并上报全国学生资助管理中心。

30．地方所属高校毕业生到基层就业如何获得学费补偿和助学贷款代偿？

按照《财政部、教育部关于印发〈高等学校毕业生学费和国家助学贷款代偿暂行办法〉的通知》（财教〔2009〕15号）要求，各地要抓紧研究制订本地所属高校毕业生面向本辖区艰苦边远地区基层单位就业的学费补偿和助学贷款代偿办法。地方所属高校毕业生到基层就业是否可以获得学费补偿或国家助学贷款代偿，以及如何申请办理补偿或代偿等，请向学校所在地政府有关部门查询。

31．到基层就业如何办理户口、档案、党团关系等手续？

对到中西部地区、艰苦边远地区和老工业基地县以下基层单位就业的高校毕业生，实行来去自由的政策，户口可留在原籍或根据本人意愿迁往就业地区；人事档案原则上统一转至就业单位所在地的县级政府人力资源社会保障部门，由公共就业和人才服务机构提供免费人事代理服务；党团组织关系转至就业单位，在工作期间积极要求入党的，由乡镇一级党组织按规定程序办理。

32．中央有关部门实施了哪些基层就业项目？

近年来，中央各有关部门主要组织实施了5个引导高校毕业生到基层就业的专门项目，包括：团中央、教育部、财政部、人力资源社会保障部四部门从2003年起组织实施的"大学生志愿服务西部计划"；中组部、人力资源社会保障部、教育部等八部门从2006年开始组织实施的"三支一扶"（支教、支农、支医和扶贫）计划；教育部、财政部、人力资源社会保障部、中央编办四部门从2006年开始组织实施的"农村义务教育阶段学校教师特设岗位计划"；中组部、教育部、财政部、人力资源社会保障部等部门从2008年起组织实施的"选聘高校毕业生到村任职工作"；农业部、人社部、教育部等部门从2103年起组织实施的"农业技术推广服务特设岗位计划"。

33．什么是农村义务教育阶段学校教师特设岗位计划？

2006年，教育部、财政部、人事部、中央编办下发《关于实施农村义务教育阶段学校教师特设岗位计划的通知》（教师〔2006〕2号），联合启动实施"特岗计划"，公开招聘高校毕业生到"两基"攻坚县农村义务教育阶段学校任教。特岗教师聘期3年。

34．农村教师特岗计划实施的地区范围包括哪些？

2006—2008年"特岗计划"的实施范围为中西部地区国家扶贫开发工作重点县、西部地区原"两基"攻坚县、纳入国家西部开发计划的部分中部省份的少数民族自治州以及西部地区一些有特殊困难的边境县、少数民族自治县和少小民族县。2009年，实施范围扩大到中西部地区国家扶贫开发工作重点县。

35．农村教师特岗计划招聘对象和条件是什么？

（1）以高等师范院校和其他全日制普通高校应届本科毕业生为主，可招少量应届师范类专业专科毕业生。

（2）取得教师资格，具有一定教育教学实践经验，年龄在30岁以下的全日制普通高校往届本科毕业生。

（3）参加过"大学生志愿服务西部计划"、有从教经历的志愿者和参加过半年以上实习支教的师范院校毕业生同等条件下优先。

（4）报名者应同时符合教师资格条件要求和招聘岗位要求。

36．农村教师特岗计划的招聘程序有哪些？

特岗教师实行公开招聘，合同管理。合同规定用人单位和应聘人员双方的权利和义务。

招聘工作由省级教育、人力资源和社会保障、财政、编办等相关部门共同负责，遵循"公开、公平、自愿、择优"和"三定"（定县、定校、定岗）原则，按下列程序进行：① 公布需求，② 自愿报名，③ 资格审查，④ 考试考核，⑤ 集中培训，⑥ 资格认定，⑦ 签订合同，⑧ 上岗任教。

37．中央有关部分出台了什么文件选聘高校毕业生到村任职？

2008年，中组部、教育部、财政部、人力资源和社会保障部出台了《关于印发〈关于选聘高校毕业生到村任职工作的意见（试行）》的通知》（组通字〔2008〕18号），计划用五年时间选聘10万名高校毕业生到农村担任村党支部书记助理、村委会主任助理或团支部书记、副书记等职务。从2010年开始，扩大选聘规模，逐步实现"一村一名大学生村官"计划的目标。选聘的高校毕业生在村工作期限一般为2～3年。

38．选聘到村任职的对象是什么？要满足哪些条件？

选聘对象为30岁以下应届和往届毕业的全日制普通高校专科以上学历的毕业生，重点是应届毕业和毕业1～2年的本科生、研究生，原则上为中共党员（含预备党员），非中共党员的优秀团干部、优秀学生干部也可以选聘。

基本条件是：① 思想政治素质好，作风踏实，吃苦耐劳，组织纪律观念强。② 学习成绩良好，具备一定的组织协调能力。③ 自愿到农村基层工作。④ 身体健康。此外，参加人力资源和社会保障部、团中央等部门组织的到农村基层服务的"三支一扶""志愿服务西部计划"等活动期满的高校毕业生，本人自愿且具备选聘条件的，经组织推荐可作为选聘对象。

39．选聘到村任职的程序是什么？

选聘工作一般通过个人报名、资格审查、组织考察、体检、公示、决定聘用、培训上岗等程序进行。

40．什么是"三支一扶"计划？

三支一扶是支教、支医、支农、扶贫的简称。2006年，中组部、人事部等八部门下发《关于组织开展高校毕业生到农村基层从事支教、支农、支医和扶贫工作的通知》（国人部发〔2006〕16号），以公开招募、自愿报名、组织选拔、统一派遣的方式，从2006年开始连续5年，每年招募2万名高校毕业生，主要安排到乡镇从事支教、支农、支医和扶贫工作。服务期限一般为2年。招募对象主要为全国普通高校应届毕业生。

2011年4月，人力资源和社会保障部下发《关于继续做好高校毕业生三支一扶计划实施工作的通知》（人社部发〔2011〕27号），决定继续组织开展高校毕业生"三支一扶"计划，从2011年起，每年选拔2万名，五年内选拔10万名高校毕业生到基层从事"三支一扶"服务。

41．什么是大学生志愿服务西部计划？

大学生志愿服务西部计划由共青团中央牵头，教育部、财政部、人力资源和社会保障部共同组织实施。从2003年开始，每年招募1.8万名普通高等学校应届毕业生，到西部贫困县的乡镇从事为期1～3年的教育、卫生、农技、扶贫及青年中心建设和管理等方面的志愿服务工作。

42．什么是农业技术推广服务特设岗位计划？

农业技术推广服务特设岗位计划由农业部牵头，人力资源和社会保障部、教育部及科技部共同组织实施。从2013年开始，每年招募一批普通高等学校应届毕业生，到乡镇或区域性农业技术推广机构从事为期2～3年的农业技术推广、动植物疫病防控、农产品质量安全服务等工作。

43．参加中央部门组织实施的基层就业项目，服务期满后可享受哪些优惠政策？

根据中组部、人力资源和社会保障部、教育部、财政部、共青团中央《关于统筹实施引导高校毕业生到农村基层服务项目工作的通知》（人社部发〔2009〕42号）等政策规定，参加中央部门组织实施的基层就业项目、服务期满的毕业生，享受以下优惠政策：

（1）公务员招录优惠：每年拿出公务员考录计划的一定比例，专门用于定向招录服务期满且考核称职（合格）的服务基层项目人员。服务基层项目人员也可报考其他职位。

（2）事业单位招聘优惠：鼓励在项目结束后留在当地就业，参加各基层就业项目相对应的自然减员空岗，全部聘用服务期满的高校毕业生。从2009年起，到乡镇事业单位服务的高校毕业生服务满1年后，在现岗位空缺情况下，经考核合格，即可与所在单位签订不少于3年的聘用合同。同时，各省、区、市、县及县以上相关的事业单位公开招聘工作人员，应拿出不低于40%的比例，聘用各专门项目服务期满考核合格的高校毕业生。

（3）考学升学优惠：服务期满后三年内报考硕士研究生初试总分加10分；同等条件下优先录取；高职（高专）学生可免试入读成人本科。

（4）国家补偿学费和代偿助学贷款政策：参加各基层就业项目的毕业生，符合规定条件的，可享受相应的学费补偿和助学贷款代偿政策。

（5）服务期满自主创业的，可享受税收优惠、行政事业性收费减免、小额贷款担保和贴息等有关政策。

（6）其他：根据各基层就业项目服务年限计算工龄。服务期满到企业就业的，按照规定转接社会保险关系。

44．高校毕业生到艰苦边远地区或国家扶贫开发工作重点县就业有什么优惠政策？

根据《国务院关于进一步做好普通高等学校毕业生就业工作的通知》（国发〔2011〕16号）规定，对到艰苦边远地区或国家扶贫开发工作重点县就业的高校毕业生，在机关工作的，试用期工资可直接按试用期满后工资确定，试用期满后级别工资高定1~2档；在事业单位工作的，可提前转正定级，转正定级时薪级工资高定1~2级。

三、鼓励大学生应征入伍，报效祖国

45．国家鼓励大学生应征入伍服义务兵役，这里的"大学生"如何界定？

指根据国家有关规定批准设立、实施高等学历教育的全日制公办普通高等学校、民办普通高等学校和独立学院，按照国家招生规定录取的全日制普通本科、专科（含高职）、研究生、第二学士学位的应（往）届毕业生、在校生和已被普通高校录取但未报到入学的学生。

征集的大学生以男性为主，女性大学生征集根据军队需要确定。

46．公民应征入伍需要满足哪些政治条件？

征集服现役的公民必须热爱中国共产党，热爱社会主义祖国，热爱人民军队，遵纪守法，品德优良，决心为抵抗侵略、保卫祖国、保卫人民的和平劳动而英勇奋斗。征兵政治审查的内容包括：应征公民的年龄、户籍、职业、政治面貌、宗教信仰、文化程度、现实表现及家庭主要成员和主要社会关系成员的政治情况等。

47．公民应征入伍要满足哪些基本身体条件？

公民应征入伍要符合国防部颁布的《应征公民体格检查标准》和有关规定。其中，有几项基本条件：

身高：男性160cm以上，女性158cm以上。

体重：男性不超过标准体重的30%，不低于标准体重的15%。女性不超过标准体重的

20%，不低于标准体重的15%。标准体重计算公式如下：

$$标准体重 = （身高 - 110）\text{kg}$$

视力：大学生右眼裸眼视力不低于4.6，左眼裸眼视力不低于4.5。屈光不正，准分子激光手术后半年以上，无并发症，视力达到相应标准的。

内科：乙型肝炎表面抗原呈阴性，等等。

48．应征入伍服义务兵役大学生的年龄是如何规定的？

男性普通高等学校在校生为年满18至22周岁，高职（专科）毕业生可放宽到23周岁，本科及以上学历毕业生可放宽到24周岁。

女性普通高等学校在校生为年满18到20周岁，应届毕业生放宽到22周岁。

49．高校毕业生应征入伍服义务兵役要经过哪些程序？

（1）网上报名预征：有应征意向的高校毕业生可在夏秋季征兵开始之前登录"大学生应征入伍网上报名平台"（网址为http://zbbm.chsi.com.cn或http://zbbm.chsi.cn，下同）进行报名，填写、打印《应届毕业生预征对象登记表》《高校毕业生应征入伍学费补偿国家助学贷款代偿申请表》（以下分别简称《登记表》《申请表》），交所在高校征兵工作管理部门。

（2）初审、初检：毕业生离校前，在高校参加身体初检、政治初审，符合条件者确定为预征对象，高校协助兵役机关将《登记表》《申请表》审核盖章发给毕业生本人，并完成网上信息确认。初审、初检工作最晚在7月15日前完成。

（3）实地应征：高校应届毕业生可在学校所在地应征入伍，也可在入学前户籍所在地应征入伍。

（4）组织高校应届毕业生在学校所在地征集的，结合初审、初检工作同步进行体格检查和政治审查，在毕业生离校前完成预定兵，9月初学校所在地县（市、区）人民政府征兵办公室为其办理批准入伍手续。政治审查以本人现实表现为主，由其就读学校所在地的县（市、区）公安部门负责，学校分管部门具体承办，原则上不再对其入学前和就读返乡期间的现实表现情况进行调查。

（5）在入学前户籍所在地应征入伍的，高校应届毕业生7月30日前将户籍迁回入学前户籍地，持《登记表》《申请表》到当地县级兵役机关参加实地应征，经体格检查、政治审查合格的，9月初由当地县（市、区）人民政府征兵办公室办理批准入伍手续。

50．大学生征集工作由哪个部门牵头负责？

高校所在地兵役机关会同有关部门进入高校开展征集工作，高校由学生管理部门或学校武装部门牵头负责，有意向参军入伍的大学生可向所在学校学工部（处）、就业中心、资助中心或武装部咨询有关政策。

51．高校毕业生应征入伍服义务兵役享受哪些优惠政策？

高校毕业生应征入伍服义务兵役，除享有优先报名应征、优先体检政审、优先审批定兵、优先安排使用"四个优先"政策，家庭按规定享受军属待遇外，还享受优先选拔使用、学费补偿和国家助学贷款代偿、退役后考学升学优惠、就业服务等政策。

52．高校毕业生应征入伍"四个优先"政策是怎样规定的？

高校毕业生预征对象参军入伍享受"四个优先"政策：

（1）优先报名应征。报名由县级兵役机关直接办理。夏秋季征兵开始前，县级兵役机关通知其报名时间、地点、注意事项等。确定为预征对象的高校毕业生，持《应届毕业生预征对象登记表》，可以直接到学校所在地或户籍所在地县级兵役机关报名应征。

（2）优先体检政考。体检由县级兵役机关直接办理。夏秋季征兵体检前，县级兵役机关通知其体检时间、地点、注意事项等。确定为预征对象的高校毕业生，未能在规定时间内在学校参加体检的，本人持《应届毕业生预征对象登记表》，可在征兵体检时间内报名直接参加体检。

（3）优先审批定兵。审批定兵时，应当优先批准体检政审合格的高校毕业生入伍。高职（专科）以上文化程度的合格青年未被批准入伍前，不得批准高中文化程度的青年入伍。

（4）优先安排使用。在安排兵员去向时，根据高校毕业生的学历、专业和个人特长，优先安排到军兵种或专业技术要求高的部队服役；部队对征集入伍的高校毕业生，优先安排到适合的岗位，充分发挥其专长。

53．大学生应征入伍服义务兵役，国家有何资助？

高等学校学生应征入伍服义务兵役国家资助，是指国家对应征入伍服义务兵役的高校学生，在入伍时对其在校期间缴纳的学费实行一次性补偿或获得的国家助学贷款（国家助学贷款包括校园地国家助学贷款和生源地信用助学贷款，下同）实行代偿；应征入伍服义务兵役前正在高等学校就读的学生（含按国家招生规定录取的高等学校新生），服役期间按国家有关规定保留学籍或入学资格、退役后自愿复学或入学的，国家实行学费减免。

54．高校学生应征入伍享受学费补偿、国家助学贷款代偿及学费减免的标准是多少？

按照《关于调整完善国家助学贷款有关政策的通知》（教财〔2020〕4号）、《财政部　教育部　总参谋部关于印发〈高等学校学生应征入伍服义务兵役国家资助办法〉的通知》（财教〔2013〕236号）规定：

（1）学费补偿、国家助学贷款代偿及学费减免标准，本专科生每人每年最高不超过8 000元，研究生每人每年最高不超过12 000元。

（2）学费补偿或国家助学贷款代偿金额，按学生实际缴纳的学费或获得的国家助学贷款（国家助学贷款包括本金及其全部偿还之前产生的利息，下同）两者金额较高者执行，据实补偿或者代偿。退役复学后学费减免金额，按学校实际收取学费金额执行。超出标准部分不予补偿、代偿或减免。

（3）获学费补偿学生在校期间获得国家助学贷款的，补偿资金必须首先用于偿还国家助学贷款。如补偿金额高于国家助学贷款金额，高出部分退还学生。

55．高校学生应征入伍服义务兵役都可以享受国家资助政策吗？

在校期间已免除全部学费的学生，定向生、委培生和国防生，其他不属于服义务兵役到部队参军的学生，均不享受学费补偿和国家助学贷款代偿政策。

56．高校学生应征入伍服义务兵役享受学费补偿、国家助学贷款代偿和学费减免的年限如何计算？

学费补偿、国家助学贷款代偿和学费减免的年限，按照国家对本科、专科（高职）、研究生和第二学士学位规定的相应修业年限据实计算。以入伍时间为准，入伍前已达到的修业规定年限，即为学费补偿或国家助学贷款代偿的年限；退役复学后应完成的国家规定的修业年限的剩余期限，即为学费减免的年限；复学后攻读更高层次学历不在减免学费范围之内。

专升本、本硕连读、中职高职连读、第二学士学位毕业生补偿学费或代偿国家助学贷款的年限，分别按照完成本科、硕士、专科（高职）和第二学士学位阶段学习任务规定的学习时间计算。

专升本、本硕连读学制在校生，在专科或本科学习阶段应征入伍的，以实际学习时间实行学费补偿或国家助学贷款代偿；在本科或硕士学习阶段应征入伍的，以本科已学习时间或硕士已学习时间计算，实行学费补偿或国家助学贷款代偿，其以前专科学习时间或本科学习时间不计入学费补偿或国家助学贷款代偿。中职、高职连读学生学费补偿或国家助学贷款代偿的年限，按照高职阶段实际学习时间计算。

57．高校学生申请应征入伍服义务兵役国家资助的程序是什么？

（1）应征报名的高校学生登录大学生征兵报名系统，按要求在线填写、打印《高校学生应征入伍学费补偿国家助学贷款代偿申请表》（一式两份，以下简称《申请表》）并提交学校学生资助管理部门。在校期间获得国家助学贷款的学生，需同时提供《国家助学贷款借款合同》复印件和本人签字的一次性偿还贷款计划书。

（2）学校相关部门对《申请表》中学生的资助资格、标准、金额（如有生源地信用助学贷款，学校应联系贷款经办银行或贷款经办地县级学生资助管理机构确认贷款金额）等相关信息审核无误后，对《申请表》加盖公章，一份留存，一份返还学生。

（3）学生在征兵报名时将《申请表》交至入伍所在地县级人民政府征兵办公室。学生通过征兵体检被批准入伍后，县级人民政府征兵办公室对《申请表》加盖公章并返还学生。

（4）学生将《申请表》原件和入伍通知书复印件，寄送至原就读高校学生资助管理部门。

58．因个人原因被部队退回，高校学生已获国家资助的经费要被收回吗？

因本人思想原因、故意隐瞒病史或弄虚作假、违法犯罪等行为造成退兵的学生，学校取消其受助资格，并不得申请学费减免。各省（区、市）人民政府征兵办公室应在接收退兵后及时将被退回学生的姓名、就读高校、退兵原因等情况逐级上报至国防部征兵办公室，并按照学生原就读高校的隶属关系，通报同级教育行政部门。

被部队退回并被取消资助资格的学生，如学生返回原户籍所在地，已补偿的学费或代偿的国家助学贷款资金由学生户籍所在地县级教育行政部门会同同级人民政府征兵办公室收回；如学生返回原就读高校，已补偿的学费或代偿的国家助学贷款由学生原就读高校会同退役安置地县级人民政府征兵办公室收回。各县级教育行政部门和各高校应在收回资金后十日内，逐级汇总上缴全国学生资助管理中心。收回资金按规定作为下一年度学费补偿或国家助学贷款代偿经费。

59．高校毕业生入伍服义务兵役年限是多少？

我国现行的义务兵役制度服役年限是两年。

60．大学生士兵退役后享受哪些就学优惠政策？

（1）高职（专科）学生入伍经历可作为毕业实习经历。

（2）退役大学生士兵入学或复学后免修军事技能训练，直接获得学分。

（3）设立"退役大学生士兵"专项硕士研究生招生计划。根据实际需求，每年安排一定数量专项计划，专门面向退役大学生士兵招生。在全国研究生招生总规模内单列下达，不得挪用。

（4）将高校在校生（含高校新生）服兵役情况纳入推免生遴选指标体系。鼓励开展推荐优秀应届本科毕业生免试攻读研究生工作的高校在制定本校推免生遴选办法时，结合本校具体情况，将在校期间服兵役情况纳入推免生遴选指标体系。在部队荣立二等功及以上的退役人员，符合研究生报名条件的可免试（指初试）攻读硕士研究生。

（5）将考研加分范围扩大至高校在校生（含高校新生）。退役人员在继续实行普通高校应届毕业生退役后按规定享受加分政策的基础上，允许普通高校在校生（含高校新生）应征入伍服义务兵役退役，在完成本科学业后3年内参加全国硕士研究生招生考试，初试总分加10分，同等条件下优先录取。

（6）退役大学生士兵专升本实行招生计划单列。高职（专科）学生应征入伍服义务兵役退役，在完成高职学业后参加普通本科专升本考试，实行计划单列，录取比例在现行30%的基础上适度扩大，具体比例由各省份根据本地实际和报名情况确定。

（7）高校新生录取通知书中附寄应征入伍优惠政策。高校向新生寄送《录取通知书》时，附寄应征入伍宣传单，宣传单主要包括优惠政策概要、报名流程指南、学籍注册要求等。

（8）放宽退役大学生士兵复学转专业限制。大学生士兵退役后复学，经学校同意并履行相关程序后，可转入本校其他专业学习。

（9）具有高职（高专）学历的，退役后免试入读成人本科，或经过一定考核入读普通本科；荣立三等功以上奖励的，在完成高职（专科）学业后，免试入读普通本科。

（10）应征入伍的高校毕业生退役后参加政法干警招录培养体制改革试点考试时，教育考试笔试成绩总分加10分。

61．什么是政法干警招录培养体制改革试点考试？

国家为培养政治业务素质高，实战能力强的应用型、复合型政法人才，加强政法机关公务员队伍建设，2008年开始重点从部队退役士兵和普通高校毕业生中选拔优秀人才，为基层政法机关特别是中西部和其他经济欠发达地区的县（市）级以下基层政法机关提供人才保障和智力支持。

62．应征入伍的高校应届毕业生离校后户口档案存放在哪里，如何迁转？

被确定为预征对象的高校应届毕业生，回入学前户籍所在地应征的，将户口迁回入学前户籍所在地，档案转到入学前户籍所在地人才交流中心存放。在学校所在地应征的，可将户籍和档案暂时保留在学校。

高校应届毕业生批准入伍后，其户口档案予以注销，档案放入新兵档案。

63．高校应届毕业生退役后户档迁移有何优惠政策？

高校应届毕业生入伍服义务兵役退出现役后一年内，可视同当年的高校应届毕业生，凭用人单位录（聘）用手续，向原就读高校再次申请办理就业报到手续，户档随迁（直辖市按照有关规定执行）。

64．什么是士官？其与义务兵有什么区别？

我军现役士兵按兵役性质分为义务兵役制士兵和志愿兵役制士兵。义务兵役制士兵称为义务兵，志愿兵役制士兵称为士官。士官属于士兵军衔序列，但不同于义务兵役制士兵，是士兵中的骨干。义务兵实行供给制，发给津贴；士官实行工资制和定期增资制度。

65．没有参加网上报名预征的大学生是否还可以应征入伍并享受有关优惠政策？

未参加网上报名预征的大学生，在征兵期间需要补办网上预征手续，没有经过网上报名预征的大学生不享受有关优惠政策。

四、积极聘用高校毕业生参与国家和地方重大科研项目

66．国家和地方重大科研项目包括哪些？

按照《科技部、教育部、财政部、人力资源社会保障部、国家自然科学基金委员会关于鼓励科研项目单位吸纳和稳定高校毕业生就业的若干意见》（国科发财〔2009〕97号）规定，由高校、科研机构和企业所承担的民口科技重大专项、973计划、863计划、科技支撑计划项目及国家自然科学基金会的重大重点项目等，可以聘用高校毕业生作为研究助理或辅助人员参与研究工作。此外的其他项目，承担研究的单位也可聘用高校毕业生。

67．哪些高校毕业生可以被吸纳为研究助理或辅助人员？

吸纳对象主要以优秀的应届毕业生为主，包括高校及有学位授予权的科研机构培养的博士研究生、硕士研究生和本科生。

68．科研项目吸纳的高校毕业生是否为在编职工？

不是项目承担单位的正式在编职工，被吸纳高校毕业生需与项目承担单位签订服务协议，明确双方的权利、责任和义务。

69．科研项目承担单位与被吸纳高校毕业生签订的服务协议应包含哪些内容？

服务协议应包含：

（1）项目承担单位的名称和地址。
（2）研究助理的姓名、居民身份证号码和住址。
（3）服务协议期限。
（4）工作内容。
（5）劳务性费用数额及支付方式。
（6）社会保险。
（7）双方协商约定的其他内容。

服务协议不得约定由毕业生承担违约金。

70．服务协议的期限如何约定？

根据《人力资源社会保障部办公厅关于重大科研项目单位吸纳高校毕业生参与研究工作签订服务协议有关问题的通知》（人社厅发〔2009〕47号）等文件规定，服务协议期限最多可签订三年，三年以下的服务协议期限已满而项目执行期未满的，根据工作需要可以协商续签至三年。

71．服务协议履行期间可以解除协议吗？

服务协议履行期间，毕业生可以提出解除服务协议，但应提前15天书面通知项目承担单位。

项目承担单位提出解除服务协议的，应当提前30日书面通知毕业生本人。研究助理被解除服务协议或协议期满终止后，符合条件的毕业生可按规定享受失业保险待遇。

72. 被吸纳高校毕业生如何获取报酬？

由项目承担单位向高校毕业生支付劳务性费用，具体数额按照国家有关规定，参照相应岗位标准，由双方协商确定。

73. 项目承担单位是否给被吸纳的高校毕业生上保险？

项目承担单位应当为毕业生办理社会保险，具体包括基本养老保险、基本医疗保险、失业保险、工伤保险、生育保险，并按时足额缴费。参保、缴费、待遇支付等具体办法参照各项社会保险有关规定执行。

74. 被吸纳的高校毕业生户档如何迁转？

毕业生参与项目研究期间，根据当地情况，其户口、档案可存放在项目承担单位所在地或入学前家庭所在地公共就业和人才服务机构。项目承担单位所在地或入学前家庭所在地公共就业和人才服务机构应当免费为其提供户口、档案托管服务。

75. 服务协议期满后如何就业？

协议期满，如果项目承担单位无意续聘，则毕业生到其他岗位就业。同时，国家鼓励项目承担单位正式聘用（招用）人员时，优先聘用担任过研究助理的人员。项目承担单位或其他用人单位正式聘用（招用）担任过研究助理的人员，应当分别依据《中华人民共和国劳动合同法》《国务院办公厅转发人事部关于在事业单位试行人员聘用制度意见的通知》（国办发〔2002〕35号）等规定执行。

76. 毕业生服务协议期满被用人单位正式录（聘）用后，如何办理落户手续？工龄如何接续？

担任过研究助理的人员被正式聘用（招用）后，按照有关规定，凭用人单位录（聘）用手续、劳动合同和《普通高等学校毕业证书》办理落户手续；工龄与参与项目研究期间的工作时间合并计算，社会保险缴费年限合并计算。

五、鼓励支持高校毕业生自主创业，稳定灵活就业

77. 高校毕业生自主创业，可以享受哪些优惠政策？

按照《国务院关于进一步做好新形势下就业创业工作的意见》（国发〔2015〕23号）、《国务院办公厅关于深化高等学校创新创业教育改革的实施意见》（国办发〔2015〕36号）等文件规定，高校毕业生自主创业优惠政策主要包括：

（1）税收优惠：持人社部门核发《就业创业证》（注明"毕业年度内自主创业税收政策"）的高校毕业生在毕业年度内（指毕业所在自然年，即1月1日至12月31日）创办个体工商户、个人独资企业的，3年内按每户每年8 000元为限额依次扣减其当年实际应缴纳的营业税、城市维护建设税、教育费附加和个人所得税。对高校毕业生创办的小型微利企业，按国家规定享受相关税收支持政策。

（2）创业担保贷款和贴息支持：对符合条件的高校毕业生自主创业的，可在创业地按规定申请创业担保贷款，贷款额度为10万元。鼓励金融机构参照贷款基础利率，结合风险分担情况，合理确定贷款利率水平，对个人发放的创业担保贷款，在贷款基础利率基础上上浮3个百分点以内的，由财政给予贴息。

（3）免收有关行政事业性收费：毕业2年以内的普通高校毕业生从事个体经营（除国家限制的行业外）的，自其在工商部门首次注册登记之日起3年内，免收管理类、登记类

和证照类等有关行政事业性收费。

(4) 享受培训补贴：对高校毕业生在毕业学年（即从毕业前一年7月1日起的12个月）内参加创业培训的，根据其获得创业培训合格证书或就业、创业情况，按规定给予培训补贴。

(5) 免费创业服务：有创业意愿的高校毕业生，可免费获得公共就业和人才服务机构提供的创业指导服务，包括政策咨询、信息服务、项目开发、风险评估、开业指导、融资服务、跟踪扶持等"一条龙"创业服务。各地在充分发挥各类创业孵化基地作用的基础上，因地制宜建设一批大学生创业孵化基地，并给予相关政策扶持。对基地内大学生创业企业要提供培训和指导服务，落实扶持政策，努力提高创业成功率，延长企业存活期。

(6) 取消高校毕业生落户限制，允许高校毕业生在创业地办理落户手续（直辖市按有关规定执行）。

78．大学生创业工商登记有什么要求？

深化商事制度改革，进一步落实注册资本登记制度改革，坚决推行工商营业执照、组织机构代码证、税务登记证"三证合一"，推进"三证合一"登记制度改革意见和统一社会信用代码方案，实现"一照一码"。放宽新注册企业场所登记条件限制，推动"一址多照"、集群注册等，降低大学生创业门槛。

79．对大学生自主创业学籍管理有什么要求？

根据《教育部关于做好2016届全国普通高等学校毕业生就业创业工作的通知》（教学〔2015〕12号）文件规定，对有自主创业意愿的大学生，实施弹性学制，放宽学生修业年限，允许调整学业进程、保留学籍休学创新创业。

80．高校对自主创业大学生可提供什么条件？

根据《教育部关于做好2016届全国普通高等学校毕业生就业创业工作的通知》（教学〔2015〕12号）文件规定，各地各高校建设一批大学生创业示范基地，继续推动大学科技园、创业园、创业孵化基地和实习实践基地建设，高校应开辟专门场地用于学生创新创业实践活动，教育部工程研究中心、各类实验室、教学仪器设备等原则上都要向学生开放。各高校要优化经费支出结构，多渠道统筹安排资金，支持创新创业教育教学，资助学生创新创业项目。

81．高校毕业生怎样提升自主创业的能力？

各高校要根据人才培养定位和创新创业教育目标要求，促进专业教育与创新创业教育有机融合，调整专业课程设置，挖掘和充实各类专业课程的创新创业教育资源，在传授专业知识过程中加强创新创业教育。面向全体学生开发开设创新创业必修课和选修课，纳入学分管理。

各地人力资源社会保障部门已形成一些成熟的创业培训模式，如"GYB"（产生你的企业想法）、"SYB"（创办你的企业）、"IYB"（改善你的企业）；高校毕业生可选择参加创业培训和实训，并可按规定享受培训补贴，以提高创业能力。

82．高校如何开展创新创业教育？

健全创新创业教育课程体系。高校要加快创新创业教育优质课程信息化建设，推出一批资源共享的慕课、视频公开课等在线开放课程。建立在线开放课程学习认证和学分认定制度。组织学科带头人、行业企业优秀人才，联合编写具有科学性、先进性、适用性的创新创业教育重点教材。

改革教学方法和考核方法。高校要广泛开展启发式、讨论式、参与式教学，扩大小班化教学覆盖面，推动教师把国际前沿学术发展、最新研究成果和实践经验融入课堂教学，注重培养学生的批判性和创造性思维，激发创新创业灵感。运用"大数据"技术，掌握不同学生学习需求和规律，为学生自主学习提供更加丰富多样的教育资源。改革考试考核内容和方式，注重考查学生运用知识分析、解决问题的能力，探索非标准答案考试，破除"高分低能"积弊。

强化创新创业实践。高校要加强专业实验室、虚拟仿真实验室、创业实验室和训练中心建设，促进实验教学平台共享。各地区、各高校科技创新资源原则上向全体在校学生开放，开放情况纳入各类研究基地、重点实验室、科技园评估标准。鼓励各地区、各高校充分利用各种资源建设大学科技园、大学生创业园、创业孵化基地和小微企业创业基地，作为创业教育实践平台，建好一批大学生校外实践教育基地、创业示范基地、科技创业实习基地和职业院校实训基地。完善国家、地方、高校三级创新创业实训教学体系，深入实施大学生创新创业训练计划，扩大覆盖面，促进项目落地转化。举办全国大学生创新创业大赛，办好全国职业院校技能大赛，支持举办各类科技创新、创意设计、创业计划等专题竞赛。支持高校学生成立创新创业协会、创业俱乐部等社团，举办创新创业讲座论坛，开展创新创业实践。

83．如何向高校毕业生创设的小微企业优先转移科技成果？

国家鼓励利用财政性资金设立的科研机构、普通高校、职业院校，通过合作实施、转让、许可和投资等方式，向高校毕业生创设的小微企业优先转移科技成果。

84．怎样申请创业担保贷款？在哪些银行可以申请创业担保贷款？

创业担保贷款按照自愿申请、社区推荐、人力资源社会保障部门审查、贷款担保机构审核并承诺担保、商业银行核贷的程序，办理贷款手续。

各国有商业银行、股份制商业银行、城市商业银行和城乡信用社都可以开办创业担保贷款业务，各地区根据实际情况确定具体经办银行。在指定的具体经办银行可以办理创业担保贷款。

85．哪些项目属于微利项目？

微利项目由各省、自治区、直辖市人民政府结合当地实际情况确定，并报财政部、中国人民银行、人力资源和社会保障部备案。对于从事微利项目的，财政据实全额贴息，展期不贴息。

86．离校后未就业高校毕业生如何参加就业见习？

人力资源社会保障部门通过媒体、公共就业和人才服务机构及电视、网络、报纸等多种渠道，发布就业见习信息，公布见习单位名单、岗位数量、期限、人员要求等有关内容，或者组织开展见习单位和高校毕业生的双向选择活动，帮助离校未就业高校毕业生和见习单位对接。离校后未就业回到原籍的高校毕业生可与原籍所在地人力资源社会保障部门及当地团组织联系，主动申请参加就业见习。

87．就业见习期限有多长？

高校毕业生就业见习期限一般为3~12个月。高校毕业生就业见习活动结束后，见习单位对高校毕业生进行考核鉴定，出具见习证明，作为用人单位招聘和选用见习高校毕业生的依据之一。在见习期间,由见习单位正式录(聘)用的,在该单位的见习期可以作为工龄计算。

88．离校未就业高校毕业生参加就业见习享受哪些政策和服务？

（1）获得基本生活补助(基本生活补助费用由见习单位和地方政府分担,各地要根据当地经济发展和物价水平,合理确定和及时调整基本生活补助标准)。

（2）免费办理人事代理。

（3）办理人身意外伤害保险。

（4）见习期满未被录用可继续享受就业指导与服务。

89．见习单位能享受什么优惠政策？

对企业(单位)吸纳离校未就业高校毕业生参加就业见习的,由见习企业(单位)先行垫付见习人员见习期间基本生活补助,再按规定向当地人力资源社会保障部门申请就业见习补贴。

就业见习补贴申请材料应附：实际参加就业见习的人员名单,就业见习协议书,见习人员《居民身份证》复印件、《登记证》复印件和大学毕业证复印件,企业(单位)发放基本生活补助明细账(单),企业(单位)在银行开立的基本账户等凭证材料,经人力资源社会保障部门审核后,财政部门将资金支付到企业(单位)在银行开立的基本账户。

见习单位支出的见习补贴相关费用,不计入社会保险缴费基数,但符合税收法律法规规定的,可以在计算企业所得税应纳税所得额时扣除。

90．高校毕业生如何申请参加职业培训？

职业培训由各地人力资源社会保障部门负责组织实施。高校毕业生可到当地人力资源社会保障部门咨询了解职业培训开展情况,选择适宜的培训项目参加。

职业培训工作主要由政府认定的培训机构、技工院校或企业所属培训机构承担。

91．高校毕业生能否享受职业培训补贴政策？如何申请职业培训补贴？

高校毕业生毕业年度内参加就业技能培训或创业培训,可按规定向当地人力资源社会保障部门申请职业培训补贴。毕业后按规定进行了失业登记的高校毕业生参加就业技能培训或创业培训,也可向当地人力资源社会保障部门申请职业培训补贴。

按照《财政部　人力资源社会保障部关于进一步加强就业专项资金管理有关问题的通知》(财社〔2011〕64号)等文件规定,申请材料经人力资源社会保障部门审核后,财政部门按规定将补贴资金直接拨付给申请者本人。职业培训补贴申请材料应附：培训人员《居民身份证》复印件、《就业创业证》复印件、职业资格证书(专项职业能力证书或培训合格证书)复印件、就业或创业证明材料、职业培训机构开具的行政事业性收费票据(或税务发票)等凭证材料。

高校毕业生参加就业技能培训或创业培训后,培训合格并通过职业技能鉴定取得初级以上职业资格证书(未颁布国家职业技能标准的职业应取得专项职业能力证书或创业培训合格证书),6个月内实现就业的,按职业培训补贴标准的100%给予补贴。6个月内没有实现就业的,取得初级以上职业资格证书,按职业培训补贴标准的80%给予补贴;取得专项职业能力证书或创业培训合格证书,按职业培训补贴标准的60%给予补贴。

92．高校毕业生如何获取职业资格证书？

高校毕业生个人可向职业技能鉴定所(站)自主申请职业技能鉴定。职业技能鉴定要参加理论知识考试和操作技能（专业能力）考核。经鉴定合格者，由人力资源社会保障部门核发相应的职业资格证书。

93．高校毕业生能否享受职业技能鉴定补贴政策，如何申请技能鉴定补贴？

按照《财政部 人力资源社会保障部关于进一步加强就业专项资金管理有关问题的通知》（财社〔2011〕64号）等文件规定，对高校毕业生在毕业年度内通过初次职业技能鉴定并取得职业资格证书或专项职业能力证书的，按规定给予一次性职业技能鉴定补贴。

通过初次职业技能鉴定并取得职业资格证书或专项职业能力证书的，可向职业技能鉴定所在地人力资源社会保障部门申请一次性职业技能鉴定补贴。职业技能鉴定补贴申请材料应附：申请人《居民身份证》复印件、《就业创业证》复印件、职业资格证书复印件、职业技能鉴定机构开具的行政事业性收费票据（或税务发票）等凭证材料，经人力资源社会保障部门审核后，财政部门按规定将补贴资金支付给申请者本人。

六、为高校毕业生提供就业指导、就业服务和就业援助

94．主要有哪些机构为高校毕业生提供就业服务？

（1）公共就业和人才服务机构。

由各级人力资源社会保障部门举办的公共就业和人才服务机构，为高校毕业生免费提供政策咨询、就业信息、职业指导、职业介绍、就业援助、就业与失业登记或求职登记等各项公共服务，按规定为登记失业高校毕业生免费提供人事档案管理等服务。此外，还定期开展面向高校毕业生的公共就业和人才服务专项活动，比如每年5月"民营企业招聘周"、每年9月"高校毕业生就业服务月"、每年11月"高校毕业生就业服务周"等，为高校毕业生和用人单位搭建供需对接平台。

（2）高校毕业生就业指导机构。

目前，各省教育部门、各高校普遍建立了高校毕业生就业指导机构，为毕业生提供就业咨询、用人单位招聘及实习实训信息、求职技巧、职业生涯辅导、毕业生推荐、实习实践能力提升和就业手续办理等多项就业指导和服务。

（3）职业中介机构。

主要包括从事人力资源服务的经营性机构，政府鼓励各类职业中介机构为高校毕业生提供就业服务，对为登记失业高校毕业生提供服务并符合条件的职业中介机构按规定给予职业介绍补贴。

95．职业中介机构如何享受职业介绍补贴？

按照《财政部 人力资源社会保障部关于进一步加强就业专项资金管理有关问题的通知》（财社〔2011〕64号）等文件规定，在工商行政部门登记注册的职业中介机构，可按经其就业服务后实际就业的登记失业人员人数向当地人力资源社会保障部门申请职业介绍补贴。

职业介绍补贴申请材料应附：经职业中介机构就业服务后已实现就业的登记失业人员名单、接受就业服务的本人签名及《居民身份证》复印件、《就业创业证》（以下简称《登记证》）复印件、劳动合同等就业证明材料复印件、职业中介机构在银行开立的基本账户等凭证材料。申请材料经人力资源社会保障部门审核后，财政部门按规定将补贴资金汇到职业中介机构在银行开立的基本账户。

96．高校毕业生获取就业信息的主要渠道有哪些?

（1）浏览各类就业信息网站，包括中央有关部门主办的全国性就业信息网站、地方有关部门主办的就业信息网站、各高校就业信息网站及校内 BBS 求职版面、其他专业性就业网站等。

（2）参加各类招聘和双向选择活动，包括国家有关部门、各地、学校、用人单位等相关机构组织的各类现场或网络招聘活动。

（3）参与校企合作实习，包括社会实践、毕业实习等活动。

（4）查阅媒体广告，如报纸、刊物、电台、电视台、视频媒体等。

（5）他人推荐，如导师、校友、亲友等。

（6）主动到单位求职自荐等。

97．在校期间高校毕业生可以通过哪些途径提升就业能力?

在学好专业知识技能的同时，根据学校要求或安排，毕业生可以通过选修或必修就业指导课程、参与学校组织的就业实习、技巧辅导、模拟招聘等活动，学习和了解相关职业的资料和信息，充分借助社会实践平台，全面提升就业能力。

高校毕业生还可通过学校实施的毕业证书与职业资格证书"双证书"制度，组织到企业顶岗实习，参加人力资源社会保障部门认定的定点机构开展的职业技能培训等，切实增强自身的岗位适应能力与就业竞争力，促进职业素养的养成。

98．困难家庭高校毕业生包括哪些毕业生? 享受哪些帮扶政策?

困难家庭高校毕业生是指来自城镇低保家庭、低保边缘户家庭、农村贫困家庭和残疾人家庭的普通高校毕业生。

各级机关考录公务员、事业单位招聘工作人员时，免收困难家庭高校毕业生的报名费和体检费。

为帮助困难家庭的高校毕业生求职就业，高校一般都会安排经费作为困难家庭毕业生的求职补助，或对已成功就业的困难家庭毕业生给予奖励。困难家庭的毕业生可向所在院系书面申请。学校也应根据平时掌握的情况，对困难家庭的毕业生给予主动帮助。

从 2013 年起，对享受城乡居民最低生活保障家庭、获得国家助学贷款的毕业年度内高校毕业生，可给予一次性求职创业补贴，补贴标准由各省级财政、人力资源社会保障部门会同有关部门根据当地实际制定，所需资金按规定列入就业专项资金支出范围。

99．高校毕业生如何办理就业登记和失业登记? 离校后未就业如何获得相应的就业指导和服务?

在法定劳动年龄内、有劳动能力和就业要求、处于无业状态的城镇常住人员，可以到常住地的公共就业服务机构进行失业登记。各地公共就业服务机构要为登记失业的各类人员提供均等化的政策咨询、职业指导、职业介绍等公共就业服务和普惠性就业政策，并逐步使外来劳动者与当地户籍人口享有同等的就业扶持政策。将《就业失业登记证》调整为《就业创业证》，免费发放，作为劳动者享受公共就业服务及就业扶持政策的凭证。有条件的地方可积极推动社会保障卡在就业领域的应用。

100．离校未就业高校毕业生享受哪些服务和政策?

按照《国务院办公厅关于做好 2013 年全国普通高等学校毕业生就业工作的通知》（国办发［2013］35 号）和《人力资源社会保障部关于实施离校未就业高校毕业生就业促进

计划的通知》（人社部发〔2013〕41号）要求，为做好离校未就业高校毕业生就业工作，从2013年起实施离校未就业高校毕业生就业促进计划：

（1）地方各级人社部门所属公共就业人才服务机构和基层公共就业服务平台要面向所有离校未就业高校毕业生（包括户籍不在本地的高校毕业生）开放，办理求职登记或失业登记手续，发放《就业创业证》，摸清就业服务需求。其中，直辖市为非本地户籍高校毕业生办理失业登记办法按现行规定执行。

（2）对实名登记的所有未就业高校毕业生提供更具针对性的职业指导。

（3）对有求职意愿的高校毕业生要及时提供就业信息。

（4）对有创业意愿的高校毕业生，各地要纳入当地创业服务体系，提供政策咨询、项目开发、创业培训、融资服务、跟踪扶持等"一条龙"创业服务，及时提供就业信息。

（5）要将零就业家庭、经济困难家庭、残疾等就业困难的未就业高校毕业生列为重点工作对象，提供"一对一"个性化就业帮扶，确保实现就业。

（6）对有就业见习意愿的高校毕业生，各地要及时纳入就业见习工作对象范围，确保能够随时参加。

（7）对有培训意愿的离校未就业高校毕业生，各地要结合其专业特点，组织参加职业培训和技能鉴定，按规定落实相关补贴政策。

（8）地方各级公共就业人才服务机构要为离校未就业高校毕业生免费提供档案托管、人事代理、社会保险办理和接续等一系列服务，简化服务流程，提高服务效率；有条件的地方可对到小微企业就业的离校未就业高校毕业生，提供免费的人事劳动保障代理服务。

（9）加大人力资源市场监管力度，严厉打击招聘过程中的欺诈行为，及时纠正性别歧视和其他各类就业歧视。加大劳动用工、缴纳社会保险费等方面的劳动保障监察力度，切实维护高校毕业生就业后的合法权益。

附件 2　生涯金句 100 条

1. 职业规划就是规划人生的远景，彩绘生命的蓝图，发挥自己的才能，写出人生的剧本。
2. 职业规划包括如何成长、学习、谋生及生活，是一连串思考、选择、计划、打拼、发展的终生历程。
3. 职业规划的目的，在于掌握住现在、看得见未来，促进自我了解、自我定位、自我发展及自我实现。
4. 成功的人生，需要自己去经营，别再说了，莫再等了，现在就为自己的人生做好规划，为人生点亮一盏明灯，赢在人生起跑点上。
5. 人生是一趟旅行，只卖单程票，不卖回程票。
6. 时间就是生命，人生何其短暂，请珍惜有限岁月，活出自己，活出生命。
7. 人生之路要自己走，要过怎样的人生，完全是自己的选择，只有自己才能赋予生命最佳的诠释。
8. 人生像演员，不同的场合，不同的阶段，扮演不同的角色，重要的是，无论演什么，就要像什么。
9. 人生的愿望在于：成为自己的老板，掌握自己的命运，主宰自己的时间，创造自己的快乐，追求自己的幸福。
10. 人生的标的在于：感觉被欣赏，人格被尊重，成就被肯定，生而能尽欢，死而能无憾。
11. 生活的目的在于：活得实在，活得自在，活出健康，活出品味，活出快乐，活出豪气，活出尊严。
12. 人生最重要的事，不是您现在站在何处，而是您今后要朝哪个方向，只要方向对，找到路，就不怕路远。
13. 成功的人生，胜于成功的事业，一味追求事业的赢家，最后可能变成人生的输家。
14. 佛前的灯，不必刻意去点，最重要的是，点亮自己的心灯，知道自己的起跑点及目的地，想出最适合自己的方式，按部就班跑向目的地。
15. 人的一生是一连串决定交织而成的过程，其精华在于自己如何选择。生命的最高境界，就是选对舞台，尽情挥洒才华，走出自己的路。
16. 人生成功的定义，要自己去找寻；人生快乐的感觉，要自己去诠释；千万不要迷失在别人的看法中。
17. 价值观就是我们对事物好与坏、对与错的看法，我们觉得好的、对的、重要的、应该的，都代表了我们的价值观，因人而异，系于一念之间。

18. 在对人、对事方面，如果能尽量选择朝愉快的方向去想，就会愈来愈感到愉快。

19. 一个人只要想法愿意改变，事情就有转机，改变的意念会愈强，胜算就愈大，成功的机会远留给拥抱变化、渴望改变的人。

20. 人生是计划的过程，计划的主人是自己，计划做得具体，执行做得确实，胜算必然属于自己。

21. 积极的人，充满乐观，展现活力，总是知道自己的方向，要的是什么，更清楚地知道，自己该如何去做。

22. 人在高潮时，千万不可得意忘形，否则骄兵必败；人处低潮时，千万不可灰心丧志，否则郁卒自灭。

23. 一个人如果心态开放，保持好奇，破除成见，不断进修，求新求变，将会视野开阔，拥有创意人生。

24. 快不快乐在自己，快乐从心起，自己求，要学习。

25. 当一个人感到很知足、心不烦、身不疲、无所求、心能安的时候，快乐就在其中。

26. 当一个人感到吃得下、玩得动、睡得好、没牵挂、很满足的时候，幸福就在其中。

27. 快乐的源泉在于：知足、无求、尽责、无怨、宽容、感恩、舍得、放下、忘记。

28. 职业规划的步骤是先觉知、有意愿、量己力、衡外情、定目标、找策略、重实践、善反省、再调整、重出发的循环历程。

29. 职业规划的前提在于：主角是自己，愿意改变自己，要量力适性，参考家人意见，有求好心，有企图心，有行动决心。

30. 一个人就算饱学之士，如果不能了解自己、掌握自己，就称不上是个有智慧的人。

31. 知己是职业规划的起点，唯有充分了解自己，职业规划才能做到量力适性，人生才能过得如自己所想。

32. 要了解自己，就要认清我是谁？我是怎样的一个人？我有哪些生涯资产及战力？我要到哪里去？我要如何达到目的？

33. 目标代表个人的愿景，是心中的罗盘，人生因有目标，才会执着去追求，才会有成功的希望。

34. 人生有梦，筑梦踏实，将自己的梦想，以阶段性的小目标，落实在具体的计划中，然后身体力行，积极实践，就是职业规划最具体的表现。

35. 人生是连续的过程，珍视过程，就是钟爱自己；渴望、信心及行动是圆梦三部曲。

36. 人生以40岁为分水岭，前20年，为人作嫁，工作以量为中心；后20年，为己多活，工作要以质为中心。

37. 人生幸福三诀：一是不要拿自己的错误惩罚自己；二是不要拿自己的错误惩罚别人；三是不要拿别人的错误惩罚自己。

38. 人生虽有终点，生命却是无涯，生活可以随便，生命却要认真，怎样安排此生，是自己的责任。

39. 欲望以提升热忱，毅力以磨平高山。

40. 你若要喜爱你自己的价值，你就得给世界创造价值。

41. 自我控制是最强者的本能。

42. 灰心丧志是失败之源；患得患失是痛苦之源；焦虑忧患是疾病之源；知足、感恩、善解、包容是快乐之源；健康、平安、心安是幸福之源。

43．人生最终的价值在于觉醒和思考的能力，而不只在于生存。

44．对人不尊敬，首先就是对自己的不尊敬。

45．做一个有心人，经常思考自己的前途，策划每个阶段的发展模式，更不要因为白白虚度了几年光阴而放弃追求。当一个人开始有所计划的时候，他永远都不会晚！

46．人生要灵活，未来时代的工作者们可能必须要经常转换职业角色。

47．设计阶段人生，并不是叫你立刻放弃眼前的工作，因为不少人真的很爱自己现在从事的这份工作，只是无暇把手头的工作与未来的目标联系起来。其实眼前的工作所获得的依然是短期利益，它固然很重要，但适度而具体的发展规划，才是你追逐的梦。

48．生涯要规划，更要经营，起点是自己，终点也是自己，没有人能代劳。

49．人之所以能，是相信能。

50．积极的人在每一次忧患中都看到一个机会，而消极的人则在每个机会中都看到某种忧患。

51．每一发奋努力的背后，必有加倍的赏赐。

52．人生伟业的建立，不在能知，乃在能行。

53．含泪播种的人一定能含笑收获。

54．任何的限制，都是从自己的内心开始的。

55．一个人最大的破产是绝望，最大的资产是希望。

56．不要等待机会，而要创造机会。

57．积极的人充满乐观、展现活力，总是知道自己的方向，要的是什么，更清楚地知道自己该如何去做。

58．人生最美好的生活方式：莫过于和一群志同道合的人奔跑在理想的道路上！回头，有一路的故事；低头，有坚定的脚步！抬头，有清晰的远方和理想的目标！把握现在，赢在将来！

59．不如就利用孤单一人的时间使自己变得更优秀，给未来的人一个惊喜，也给自己一个好的交代。

60．没有过不去的经历，只有走不出的自己，愿你有告别不快乐的底气，更有不畏前进的勇气。

61．假如真的不知道将来要做什么，索性就先做好眼前的事儿。只要今日比昨天过得好，就是进步。长此以往，时间自然会还你一个意想不到的将来。

62．想改变时就改变，因为你还有时间。世间所有事都敌不过一个懒，懒得做懒得改变，就会开始麻木，学会自我安慰。有书看时就看书，能运动时就运动，不对自己妥协，不必变成一个不断将就的人，要变成更喜欢的自己。

63．你只有勤奋地去学习，你才可以对循规蹈矩的生活说不，你才有过自己喜爱的生活资本，你才敢大胆地追梦。在你准备过自己喜爱的生活方式之前，必须很勤奋很勤奋，这是你的资本。实际上，最好的时光是今日。

64．以前发脾气，几天几夜哄不好。如今生个气，一转眼就觉没必要。时间令人渐渐地长成了好脾气，因此，看一个人成熟的程度，要看他平息怒气需要多长时间。

65．把脾气拿出来，那叫本能；把脾气压下去，那叫本事。

66. 管好自己的嘴，讲话不要图一时痛快、信口开河，"良言一句三冬暖，伤人一语六月寒"，说话要用脑子，敏事慎言，话多无益，不扬人恶，自然就能化敌为友。

67. 简单的事重复做，你就是专家；重复的事用心做，你就是赢家。

68. 学历是铜牌，能力是银牌，人脉是金牌，思维是王牌。

69. 成功的人可以无数次修改方法，但绝不轻易放弃目标；不成功的人总是修改目标，就是不改变方法。

70. 在制定职业生涯规划时，首先要确立志向，这是制定职业生涯规划的关键。

71. 在制定职业生涯规划时，要分析环境条件的特点，环境的发展变化情况，自己与环境的关系，自己在这个环境中的地位及环境对自己有利的条件与不利的条件，等等。

72. 绚丽的彩虹永远都在雨过天晴后。到困难时不要抱怨，既然改变不了过去，那么就努力改变未来。一份信心，一份努力，一份成功；十分信心，十分努力，十分成功。

73. 宝剑锋从磨砺出，梅花香自苦寒来。

74. 业精于勤，荒于嬉；行成于思，毁于随。

75. 三军可夺帅也，匹夫不可夺志也。

76. 再长的路，一步步也能走完；再短的路，不迈开双脚也无法到达。

77. 君子喻于义，小人喻于利。

78. 成功不是将来才有的，而是从决定去做的那一刻起，持续累积而成。

79. 人生伟业的建立，不在能知，乃在能行。

80. 一个年轻人如果在三年的时间里没有任何想法，他这一生就基本这个样子，没有多大改变了。

81. 征服畏惧、建立自信的最快最确实的方法就是去做你害怕的事，直到你获得成功的经验。

82. 信心是命运的主宰。

83. 只要愿意学习，就一定能够学会。

84. 容易发怒，是品格上最为显著的弱点。

85. 学问是苦根上长出来的甜果。

86. 志士惜年，贤人昔日，圣人惜时。

87. 学之广在于不倦，不倦在于固志。

88. 努力是成功之母。

89. 纸上得来终觉浅，绝知此事要躬行。

90. 韬略终须建新国，奋飞还得读良书。

91. 习惯是一个人思想与行为的领导者。

92. 拼着一切代价，奔你的前程。

93. 柔弱的蔓草扭在一起也会变得结实。

94. 最普通的工作，没有动手之前，总觉得又费时又费劲。关键问题就是要开动脑筋，考虑好了，一做就成。

95. 读书而不思考，等于吃饭而不消化。

96. 不教一日闲过。

97. 默认自己无能，无疑是给失败制造机会。

98．未来将属于两种人：思想的人和劳动的人。实际上这两种人是一种人，因为思想也是劳动。

99．不傲才以骄人，不以宠而作威。

100．礼仪的目的与作用使得本来的顽梗变柔顺，使人们的气质变温和，使他尊重别人，和别人合得来。

附件3　教育部推荐大学生必读书目100本

当代大学生应树立这样的理念：阅读是生命不可缺少的组成部分，是追求幸福、快乐、精彩、高尚人生的途径。把阅读融入宝贵的大学生活，使其成为大学校园的一道靓丽的风景，并为自己珍藏一份厚重的记忆。让终身学习、毕生阅读成为一种习惯和风尚，正如南宋诗人尤袤所说："饥读之以当肉，寒读之以当裘，孤寂而读之以当友朋，幽忧而读之以当金石琴瑟也。"只有当读书变成了学生希望干的事情，才会有真正的愉快教育；只有读书变成学生终身守护的珍爱的兴趣的时候，才会有真正意义上的终身教育；只有读书变成学生长知识、长见识、觅知音、寻智慧的内在需求的时候，才会有真正的创造教育；只有读书变成了整整一代人闲暇时间表上的一项普遍的内容的时候，才会有民族素质整体水平的真正提高。

1995年，联合国教科文组织宣布4月23日为"世界读书日"。这一天是西班牙著名作家塞万提斯和英国著名作家莎士比亚的辞世纪念日。据资料表明，自"世界读书日"宣布以来，已有超过100个国家和地区参与此项活动。"希望散居在全球各地的人们，无论是年老还是年轻，无论是贫穷还是富有，无论是患病还是健康，都能享受阅读的乐趣，都能尊重和感谢为人类文明做出巨大贡献的文学、文化、科学思想大师们，都能保护知识产权。"这是"世界读书日"发布时的主旨宣言，也是"世界读书日"一直以来遵循的准则。

有句名言说得好："读书不能改变人生的长度，但可改变人生的厚度；读书不能改变人生的起点，但可改变人生的终点。"

教育部高等教育司指定"大学生必读书目100本"（附表3.1），这些入选图书均为古今中外具有代表性的文学著作，反映了不同时期的学术风尚和成就，具有很强的经典性和学术性。书山有路，此书为径。愿同学们在不断的阅读中重塑自己的人格，从圣贤豪杰的智慧中吸取有益的营养，为未来的发展打下坚实的基础。

附表3.1　大学生必读书目100本

序号	书名	作者、出版社及出版年代
1	《语言问题》	赵元任著，商务印书馆，1980年
2	《语言与文化》	罗常培著，语文出版社，1989年
3	《汉语语法分析问题》	吕叔湘著，商务印书馆，1979年
4	《修辞学发凡》	陈望道著，上海教育出版社，1979年
5	《汉语方言概要》第二版	袁家骅等著，语文出版社，1983年

续表

序号	书名	作者、出版社及出版年代
6	《马氏文通》	马建忠著,商务印书馆,1983年
7	《汉语音韵》	王力著,中华书局,2002年
8	《训诂简论》	陆宗达著,北京出版社,1980年
9	《中国语言学史》	王力著,山西人民出版社,1981年
10	《中国文字学》	唐兰著,上海古籍出版社,2001年
11	《中国历代语言学论文选注》	吴文祺,张世禄主编,上海教育出版社,1986年
12	《普通语言学教程》	(瑞士)索绪尔著,高名凯译,岑麒祥,叶蜚声校注,商务印书馆,1980年
13	《语言论》	高名凯著,商务印书馆,2011年
14	《西方语言学名著选读》	胡明扬主编,中国人民大学出版社,2007年
15	《应用语言学》	刘涌泉,乔毅编著,上海外语教育出版社,1991年
16	《马克思恩格斯论文学与艺术》	陆梅林辑注,人民文学出版社,1983年
17	《在延安文艺座谈会上的讲话》	毛泽东著,见《毛泽东选集》第3卷,人民出版社,1991年
18	《邓小平论文艺》	邓小平著,中共中央宣传部文艺局编,人民文学出版社,1989年
19	《中国历代文论选》	郭绍虞主编,上海古籍出版社,1979年
20	《文心雕龙选译》	刘勰著,周振甫译注,中华书局,1980年
21	《诗学》	亚里斯多德著,罗念生译,人民文学出版社,1986年
22	《西方文艺理论史精读文献》第3版	章安祺编,中国人民大学出版社,2003年
23	《20世纪西方美学名著选》	蒋孔阳,朱立元主编,复旦大学出版社,1987年
24	《西方美学史》	朱光潜著,人民文学出版社,2002年
25	《文学理论》	(美)韦勒克,沃伦著,刘象愚,邢培明,陈圣生等译,生活·读书·新知三联书店,1984年
26	《比较文学与文学理论》	(美)韦斯坦因著,刘象愚译,辽宁人民出版社,1987年
27	《诗经选》	余冠英选注,人民文学出版社,2012年
28	《楚辞选》	马茂元选注,人民文学出版社,1998年
29	《论语译注》	杨伯峻译注,中华书局,2009年
30	《孟子译注》	杨伯峻译注,中华书局,2005年
31	《庄子今注今译》	陈鼓应译注,中华书局,2009年
32	《乐府诗选》	余冠英选注,人民文学出版社,2003年
33	《史记选》	司马迁著,王伯祥选注,人民文学出版社,1982年
34	《陶渊明集》	逯钦立校注,中华书局,2018年
35	《李白诗选》第3版	复旦大学古典文学教研组编著,人民文学出版社,1983年

续表

序号	书名	作者、出版社及出版年代
36	《杜甫诗选》	山东大学中文系古典文学教研室选注,人民文学出版社,1998年
37	《李商隐选集》	李学锴等选注,人民文学出版社,1997年
38	《唐宋八大家文选》	牛宝彤选注,甘肃人民出版社,1984年
39	《唐人小说》	汪辟疆校录,上海古籍出版社,1978年
40	《唐诗选》	中国社会科学院文学研究所编,人民文学出版社,1978年
41	《唐宋词选》	中国社会科学院文学研究所编,人民文学出版社,1981年
42	《宋诗选注》第3版	钱钟书选注,人民文学出版社,2017年
43	《苏轼选集》	王水照选注,上海古籍出版社,2014年
44	《元人杂剧选》	顾肇仓选注,人民文学出版社,1958年
45	《辛弃疾词选》	朱德才选注,人民文学出版社,2017年
46	《西厢记》	王实甫著,王季思校注,人民文学出版社,1998年
47	《三国演义》	罗贯中著,人民文学出版社,1998年
48	《水浒传》	施耐庵著,人民文学出版社,1997年
49	《西游记》	吴承恩著,人民文学出版社,1997年
50	《今古奇观》	抱瓮老人辑,冯裒标校,上海古籍出版社,1992年
51	《牡丹亭》	汤显祖著,人民文学出版社,1963年
52	《聊斋志异选》	蒲松龄著,人民文学出版社编辑部编,人民文学出版社,1959年
53	《儒林外史》	吴敬梓著,天津人民出版社,2007年
54	《红楼梦》	曹雪芹著,天津人民出版社,2007年
55	《长生殿》	洪昇著,康保成校点,岳麓书社,2003年
56	《桃花扇》	孔尚任著,楼含松、黄征、许建平校注,浙江古籍出版社,1998年
57	《老残游记》	刘鹗著,天津古籍出版社,2005年
58	《鲁迅小说集》	鲁迅著,广州古籍出版社,2015年
59	《野草》	鲁迅著,天津人民出版社,2011年
60	《女神》	郭沫若著,人民文学出版社,1978年
61	《郁达夫小说集》	郁达夫著,浙江人民出版社,1982年
62	《新月诗选》	陈梦家著,上海科学技术文献出版社,2014年
63	《子夜》	茅盾著,商务印书馆,2020年
64	《家》第3版	巴金著,人民文学出版社,2013年
65	《沈从文小说选集》	沈从文著,人民文学出版社,1982年
66	《骆驼祥子》	老舍著,北京教育出版社,2018年
67	《曹禺选集》	曹禺著,人民文学出版社,2004年

续表

序号	书名	作者、出版社及出版年代
68	《艾青诗选》	艾青著，人民文学出版社，1979年
69	《围城》	钱钟书著，人民文学出版社，1980年
70	《赵树理选集》	赵树理著，人民文学出版社，2002年
71	《现代派诗选》	蓝棣之编选，人民文学出版社，2009年
72	《创业史》	柳青著，中国青年出版社，2009年
73	《茶馆》	老舍著，人民文学出版社，2015年
74	《王蒙代表作》	王蒙著，张学正编，黄河文艺出版社，1990年
75	《白鹿原》	陈忠实著，人民文学出版社，2012年
76	《余光中精品文集》	余光中著，安徽人民出版社，1999年
77	《台湾小说选》	《台湾小说选》编辑委员会选编，人民文学出版社，1979年
78	《中国当代文学作品选》	华南师范大学文学院当代文学教研室等编，广东教育出版社，2008年
79	《希腊的神话和传说》	（德）施孔布著，楚图南译，人民文学出版社，1959年
80	《俄狄浦斯王》	罗念生译，人民文学出版社，1983年
81	《神曲》	（意）但丁著，朱维基译，河北人民出版社，1996年
82	《哈姆莱特》	莎士比亚著，卞之琳译，河北人民出版社，1996年
83	《伪君子》	莫里哀著，谈戈改写，天津人民出版社，2007年
84	《浮士德》	歌德著，董问樵译，复旦大学出版社，1982年
85	《悲惨世界》	（法）雨果著，李丹，方于译，人民文学出版社，1992年
86	《红与黑》	（法）司汤达著，罗玉君译，上海文艺出版社，2007年
87	《高老头》	（法）巴尔扎克著，傅雷译，长江文艺出版社，2018年
88	《双城记》	（英）狄更斯著，人民文学出版社，2020年
89	《德伯家的苔丝》	（英）哈代著，陈占敏译，长江文艺出版社，2020年
90	《卡拉马佐夫兄弟》	（俄）陀思妥耶夫斯基著，耿济之译，春风文艺出版社，2017年
91	《安娜·卡列尼娜》	（俄）托尔斯泰著，周扬，谢索台译，人民文学出版社，1956年
92	《母亲》	（俄）高尔基著，许海峰译，江苏凤凰文艺出版社，2017年
93	《百年孤独》	（哥伦比亚）加西亚·马尔克斯著，范晔译，南海出版社，2011年
94	《喧哗与骚动》	（美）福克纳著，李文俊译，上海译文出版社，2007年
95	《等待戈多》	（法）贝克特著，余中先译，湖南文艺出版社，2006年
96	《沙恭达罗》	（印）迦梨陀娑著，季羡林译，人民文学出版社，1959年
97	《泰戈尔诗选》	（印）泰戈尔著，冰心，吴岩译，中央编译出版社，2015年

续表

序号	书名	作者、出版社及出版年代
98	《雪国》	（日）川端康成著，叶渭渠，唐月梅译，天津人民出版社，2005年
99	《一千零一夜》	（阿拉伯）纳训译，人民文学出版社，1957年
100	《外国文学作品选》	郑克鲁编选，复旦大学出版社，1999年

附件4 职场十大经典理论

1．尊重人才的成长规律——蘑菇管理

蘑菇管理是许多组织对待初出茅庐者的一种管理方法，初学者被置于阴暗的角落（不受重视的部门，或打杂跑腿的工作），浇上一头大粪（无端的批评、指责、代人受过），任其自生自灭（得不到必要的指导和提携）。

相信很多人都有过这样一段蘑菇的经历，这不一定是坏事，尤其当一切刚刚开始的时候，当几天蘑菇，能够消除我们很多不切实际的幻想，让我们更加接近现实，看问题也更加实际。一个组织，一般对新进的人员都是一视同仁，从起薪到工作都不会有大的差别。无论你是多么优秀的人才，在刚开始的时候，都只能从最简单的事情做起，蘑菇的经历，对于成长中的年轻人来说，就像蚕茧，是羽化前必须经历的一步。因此，如何高效率地走过生命的这一段，从中尽可能汲取经验并尽快成熟起来，并树立良好的值得信赖的个人形象，是每个刚入社会的年轻人必须面对的课题。

2．复杂事情简单化——奥卡姆剃刀定律

12世纪，英国奥卡姆的威廉主张唯名论，只承认确实存在的东西，认为那些空洞无物的普遍性概念都是无用的累赘，应当被无情地剔除。他主张如无必要，勿增实体。这就是常说的奥卡姆剃刀。

这把剃刀曾使很多人感到威胁，被认为是异端邪说，威廉本人也因此受到迫害。然而，事实并未损害这把刀的锋利，相反，经过数百年的岁月，奥卡姆剃刀已被历史磨得越来越快，并早已超载原来狭窄的领域，而具有广泛、丰富、深刻的意义。

奥卡姆剃刀定律在企业管理中可进一步演化为简单与复杂定律：把事情变复杂很简单，把事情变简单很复杂。这个定律要求，我们在处理事情时，要把握事情的主要实质，把握主流，解决最根本的问题，尤其要顺应自然，不要把事情人为地复杂化，这样才能把事情处理好。

3．目标和方法要统一——手表定理

手表定理是指一个人只有一只表时，可以知道现在是几点钟；但当他同时拥有两只表时，却无法确定时间。

两只手表并不能告诉一个人更准确的时间，反而会让看表的人失去对准确时间的信心。手表定理在企业经营管理方面给我们一种非常直观的启发，就是对同一个人或同一个组织的管理，不能同时采用两种不同的方法，不能同时设置两个不同的目标，甚至一个人不能由两个人同时指挥，否则将使这个企业或这个人无所适从。

手表定理所指的另一层含义在于，每个人都不能同时选择两种不同的价值观；否则，你的行为将陷于混乱状态。

4．走出舒适区获得心流体验——不值得定律

不值得定律最直观的表述是：不值得做的事情，就不值得做好。这个定律再简单不过了，但其重要性常常被人们忽视或遗忘。

不值得定律反映人们的一种心理，一个人如果从事的是一份自认为不值得做的事情，往往会保持冷嘲热讽、敷衍了事的态度，不仅成功率低，而且即使成功，也不觉得有多大的成就感。因此，对个人来说，应在多种可供选择的奋斗目标及价值观中挑选一种，然后为之奋斗。选择你所爱的，爱你所选择的，才可能激发我们的斗志。

而对一个企业或组织来说，则要很好地分析员工的性格特性，合理分配工作，如让成就欲较强的职工单独或牵头完成具有一定风险和难度的工作，并在其完成时给予及时的肯定和赞扬；让依附欲较强的职工更多地参与某个团体协同工作；让权力欲较强的职工担任一个与之能力相适应的主管。同时要加强员工对企业目标的认同感，让员工感觉到自己所做的工作是值得的，这样才能激发职工的热情。

5．在竞争与合作中达到双赢——零和游戏原理

零和游戏是指一项游戏中，游戏者有输有赢，一方所赢正是另一方所输，游戏的总成绩永远为零。零和游戏原理之所以广受关注，主要是因为人们在社会的方方面面都能发现与零和游戏类似的局面，胜利者的光荣后面往往隐藏着失败者的辛酸和苦涩。20世纪，人类经历两次世界大战、经济高速增长、科技进步、全球一体化及日益严重的环境污染，零和游戏观念正逐渐被双赢观念所取代。

人们开始认识到利己不一定要建立在损人的基础上，通过有效合作，皆大欢喜的结局是可能出现的。但从零和游戏走向双赢，各方面要有真诚合作的精神和勇气，在合作中不要小聪明，不要总想占别人的小便宜，要遵守游戏规则，否则双赢的局面就不可能出现，最终吃亏的还是合作者自己。

6．团队合作不是人力的简单相加——华盛顿合作规律

华盛顿合作规律说的是一个人敷衍了事，两个人互相推诿，三个人则永无成事之日。多少有点类似于三个和尚的故事，一个和尚挑水喝，两个和尚抬水喝，三个和尚没水喝。人与人的合作，不是人力的简单相加，而是要复杂和微妙得多。在这种合作中，假定每个人的能力都为1，那么，10个人的合作结果有时比10大得多，有时甚至比1还要小。因为人不是静止物，而更像方向各异的自量，相互推动时自然事半功倍，相互抵触时则一事无成。我们传统的管理理论中，对合作研究得并不多，最直观的反映就是，目前的大多数管理制度和行为都是致力于减少人力的无谓消耗，而非利用组织提高人的效能。换言之，不妨说管理的主要目的不是让每个人做得更好，而是避免内耗过多。

7．注重团队中的薄弱环节——木桶定律

木桶定律是讲一只木桶能装多少水，这完全取决于它最短的那块木板。这就是说，任何一个组织可能面临着一个共同问题，即构成组织的各个部分是优劣不齐的，而劣势部分往往决定着整个组织的水平。水桶定律和酒与污水定律不同，后者讨论的是组织中的破坏力量，而水桶定律中最短的木板却是组织中有用的一个部分，只不过比其他部分差一些，你不能把它们当成烂苹果扔掉。强弱只是相对而言的，无法消除，问题在于你容忍这种弱点到什么程度，如果严重到成为阻碍工作的瓶颈，你就不得不有所动作。

8．只有第一，没有第二——马太效应

《新约·马太福音》中有这样一个故事：一个国王远行前，交给3个仆人每人1锭银

子，吩咐道：你们去做生意，等我回来时再来见我。

国王回来时，第一个仆人说：主人，你交给我的1锭银子，我已赚了10锭。于是，国王奖励他10座城邑。第二个仆人报告：主人，你给我的1锭银子，我已赚了5锭。于是，国王奖励他5座城邑。第三个仆人报告说：主人，你给我的1锭银子，我一直包在手帕里，怕丢失，一直没有拿出来。于是，国王命令将第三个仆人的1锭银子赏给第一个仆人，说：凡是少的，就连他所有的，也要夺过来。凡是多的，还要给他，叫他多多益善，这就是马太效应。美国科学史研究者用"马太效应"这个术语概述：任何个体、群体或地区，在某一方面获得成功和进步，就会产生一种积累优势，就会有更多的机会取得更大的成功和进步。

对企业经营发展而言，马太效应告诉我们，要想在某一个领域保持优势，就必须在此领域迅速做大。当你成为某个领域的领头羊时，即便投资回报率相同，你也能更轻易地获得比弱小的同行更大的收益。而若没有实力迅速在某个领域做大，就要不停地寻找新的发展领域，才能保证获得较好的回报。

9．晋升是最糟糕的激励措施——彼得原理

每个组织都是由各种不同的职位、等级或阶层的排列所组成的，每个人都隶属于其中的某个等级。彼得原理是美国学者劳伦斯·彼得在对组织中人员晋升的相关现象研究后得出的一个结论：在各种组织中，雇员总是趋向于晋升到其不称职的地位。

彼得原理有时也被称为向上爬的原理。这种现象在现实生活中无处不在：一名称职的教授被提升为大学校长后，却无法胜任；一个优秀的运动员被提升为主管体育的官员，而无所作为。对一个组织而言，一旦相当部分人员被推到其不称职的级别，就会造成组织的人浮于事，效率低下，导致平庸者出人头地，发展停滞。因此，这就要求改变单纯的根据贡献决定晋升的企业员工晋升机制，不能因某人在某个岗位上干得很出色，就推断此人一定能够胜任更高一级的职务。将一名职工晋升到一个无法很好地发挥才能的岗位，不仅不是对本人的奖励，反而使其无法很好地发挥才能，也给企业带来损失。

10．及时清除烂苹果——酒与污水定律

酒与污水定律是指把一匙酒倒进一桶污水里，得到的是一桶污水；如果把一匙污水倒进一桶酒里，得到的还是一桶污水。

在任何组织里，几乎都存在几个难缠的人，他们存在的目的似乎就是为了把事情搞糟。最糟糕的是，他们像果箱里的烂苹果，如果不及时处理，它会迅速传染，把果箱里其他苹果也弄烂。烂苹果的可怕之处在于它那惊人的破坏力。一个正直能干的人进入一个混乱的部门可能会被吞没，而一个无德无才者能很快将一个高效的部门变得一盘散沙。

组织系统往往是较脆弱的，它建立在相互理解、妥协和容忍的基础上，很容易被侵害、被毒化。破坏者能力非凡的另一个重要原因在于，破坏总比建设容易。一个能工巧匠花费时日精心制作的陶瓷器，一头驴子一秒钟就能毁坏掉。如果一个组织里有这样的一头驴子，即使拥有再多的能工巧匠，也不会有多少像样的工作成果。如果你的组织里有这样的一头驴子，你应该马上把它清除掉，如果你无力这样做，就应该把它拴起来。

虽然今天的职场比以往宽容，年轻人的成长机会很多，不再需要"多年媳妇熬成婆"，但是这些基本理论的道理不会变。如果把职场精英比作一把钢刀，那么职场就像一块"磨刀石"，无论你有多么愚钝或锋利，都很难逃脱被它狠狠打磨的命运。这十个经典理论如

同职场《圣经》一样，读懂这些理论并应用到职场中，你就能高效率地走过"蘑菇期"，运用"剃刀"化繁为简，放弃"不值得"的职位，清除"污水"，早日脱胎换骨，成为更好的自己。

参 考 文 献

1. 期刊

[1] 董方. 大学生职业生涯规划的探究与解读 [J]. 经济研究导刊, 2009 (9): 239-240.

[2] 吴琪. 大学生职业生涯规划的调查研究 [J]. 山西财经大学学报 (高等教育版), 2007, 10 (3): 67-72.

[3] 白强, 高定伦. 大学生职业规划教育调查 [J]. 重庆大学学报 (社会科学版), 2011 (4): 173-177.

[4] 钟曲平. 提高大学生就业能力的主要经验和做法 [J]. 科技促进发展 (应用版), 2010 (2): 161.

[5] 田洪伟. 《大学生职业发展与就业指导》课程建设研究 [J]. 出国与就业 (就业版), 2010 (19): 47-48.

[6] 林晓影. 对大学生职业生涯规划设计的研究 [J]. 新课程 (教育学术), 2011 (6): 44-45.

[7] 吴家霆. 试论大学生职业生涯设计若干问题 [J]. 出国与就业 (就业版), 2011 (11): 58-59.

[8] 魏艳. 高校应如何培养和提高大学生的就业能力 [J]. 吉林教育, 2011 (26): 4-5.

[9] 沈慧敏. 毕业了, 求职路上还好吗? [J]. 中国大学生就业, 2011 (16): 32-34.

[10] 王海明. 浅议大学毕业生的就业及职业规划问题 [J]. 河北企业, 2011 (7): 67.

[11] 董瑞虎. 大学生也要学点"理财"本领 [J]. 教育与职业, 2011 (19): 91.

[12] 苏永涛, 李钰龙. 大学生职业生涯规划主题教育的探索与实践 [J]. 齐鲁师范学院学报, 2011 (4): 59-62.

[13] 于慧娟. 高校辅导员在学生职业生涯规划中的作用 [J]. 安徽文学 (下半月), 2011 (6): 212-213.

[14] 毛旭. 从高校辅导员视角对大学生职业生涯规划的几点思考 [J]. 青年文学家, 2011 (9): 84.

[15] 钟玉文, 涂莉, 韩涛. 试论高校大学生就业的准确定位 [J]. 民营科技, 2011 (8): 64.

[16] 田蕾. 大学生职业生涯规划中存在的问题 [J]. 出国与就业 (就业版), 2011 (15): 52.

［17］杨国峰. 大学生职业生涯规划的现状与对策［J］. 佳木斯大学社会科学学报，2011（3）：126-127.

［18］吴永波，左小玉，王蓉. 基于生活方式的大学生职业规划调查研究［J］. 中国人才，2011（14）：116-117.

［19］周骏宇. 职业规划应从大一开始［J］. 中国就业，2007（9）：23.

［20］王芹. 普通本科院校大一新生职业规划教育初探［J］. 科技致富向导，2011（23）：21，28.

［21］韦芳，柯强. 地方本科院校大学生学业规划与职业规划教育研究［J］. 机械职业教育，2011（9）：53-54.

［22］关宇. 当代大学生体质现状及对策的研究［J］. 辽宁体育科技：2004（5）：18-24.

［23］魏雅珍. 新形势下影响高校毕业生心理健康问题研究［J］. 吉林工程技术师范学院学报，2017（8）：32-34.

2. 图书

［1］阴军莉，谢伟. 大学生职业生涯规划（入学版）［M］. 北京：北京工业大学出版社，2019.

［2］刘晓燕，熊立新. 大学生职业生涯与发展规划［M］. 西安：西安交通大学出版社，2013.

［3］方志中，刘明明. 我的大学：新生入学读本［M］. 北京：新华出版社，2012.

［4］罗伯特·里尔登，珍妮特·伦兹，小詹姆斯·桑普森. 职业生涯发展与规划［M］. 侯志瑾，译. 4版. 北京：高等教育出版社，2016.

［5］高校教材委员会. 大学生就业指导［M］. 沈阳：辽宁教育出版社，2016.

［6］韩丽霞，郑志慧，王妍. 大学生职业生涯规划实用教程［M］. 北京：人民邮电出版社，2018.

［7］刘琳琳，谢伟. 大学生就业与职场指导教程［M］. 北京：北京工业大学出版社，2019.

［8］朱莉·摩根斯坦恩. 快乐工作精彩生活：平衡工作与生活的神奇秘诀［M］. 白春昭，译. 深圳：海天出版社，2007.

［9］许湘岳，吴强. 自我管理教程［M］. 北京：人民出版社，2011.